KB059708

출판생태계 살리기

출판생태계 살리기
:자기기만과 무기력을 넘어

변정수 지음

한국출판마케팅연구소

실천적 연대의 밑거름이 되기를

이 책의 몸통은, '출판가 쟁점'이라는 타이틀로 2004년 1월부터 이듬해 3월까지 〈기획회의〉에 연재한 30편의 글에 바탕을 두고 있다. 이미 8년 전에 쓴 글들을 새삼스레 다시 묶어낼 작정을 한 데에는 두 가지 계기가 있다.

우선은 2010년 5월부터 이듬해 7월까지 〈한겨레〉에 '책마을 돋보기'로 썼던 15편의 글을 다시 간추려 읽다가 떠오른 묘한 '기시감' 때문이다. 짧다고는 할 수 없는 세월이 지났는데도, 내가 '출판가 쟁점'에서 제기했던 '현안'들이 어느 하나 해결된 것 없이 여전히 '초미의 현안'으로 고스란히 남아 있으며, 심지어 어떤 문제들은 8년 전의 글이 너무나 순진해보일 만큼이나 더는 어떻게 손을 쓸 수 없게 악화되어 있기까지 하다는 끔찍한 사실에 소름이 돋았다.(이런 소회를 「목 마른 사람이 샘 판다」라는 제목의 글로 〈기획회의〉 306호(2011.11.20.) 지면을 통해 밝힌 바 있다. 이 글은 『편집자로 산다는 것』에 이미 재수록했기에 이 책에 함께 묶지는 못했다.) 나는 이 책을 통해 '개선되지 않는 현실'의 참담함을 드러내려 한다.

출판 환경의 변화로 인해 더러 시의성에 걸맞지 않는 대목이 없는 것은 아니지만, 또한 그 사이 사안을 바라보는 내 시선이 조금 달라지거나 심지어 글을 쓸 당시에 미처 살피지 못한 오류를 뒤늦게 깨달은 경우마저 있지만, 연재 당시의 원문을 수정하지 않고 그대로 살리는 것을 원칙으로 한 것은 그래서이다. 이왕 책으로 묶어낼 바에야 현재 시점에서 글을 다시 다듬고 이제 더는 유효하지 않은 내용을 덜어내는 것이 논지를 더 선명하게 전달하는 데는 분명 더 효과적이겠지만, 그보다는 7년 남짓의 시차를 둔 글들에 담긴 문제의식이 얼마나 유사한가를 독자들이 직접 확인하면서 출판산업에 드리운 그늘이 얼마나 깊고 어두운지 실감하기를 바라는 마음이 더 큰 탓이다. 다만 오해의 소지가 있는 대목이나 글이 발표된 뒤에 덧붙일 내용이 생겨난 경우는 (대괄호 안에 고딕체로) 주석을 붙여 최대한 현재 시점에서 읽을 수 있도록 배려했다.

그에 비하면 무시해도 좋을 만큼 사소하긴 하지만, 한 가지 계기가 더 있기는 하다. 지난 가을 인터넷 서평 사이트인 '프레시안북스'에 『문화로 먹고살기』(반비)에 대한 다소 비판적인 시각의 서평을 기고한 일이 있는데, "대안 제시가 부실하다고 지적하는 서평자에게도 뚜렷한 대안은 없어 보인다"는 취지의 댓글이 달린 것을 보고 좀 부아가 일었다. 그 글만 떼어놓고 보면 그런 평가가 무리도 아니고, 어쩌면 그 글을 통해 나를 처음 알았을지도 모를 그 독자에게 내 글의 맥락을 온전히 이해하기 위해 내가 지난 몇 년간 써왔던 글을 대충이라도 훑어야 할 의무가 있는 것도 물론 아니지만, "나도 이런 대안쯤은 제시한 적이 있고, 따라서 그런 비판을 할 자격쯤은 있다"고 항변하고 싶어졌다. 게다가 지난 연말 '출판비평'을 주제로 열린 어느 토론회의 발표문에 "한국에서 출판비평을 하는 사람은 두 사람뿐"이라는 내용이 있더라는 얘기를 전해 듣기까지 했다. 그 발표에 언급된 두 분은 한국출판마케팅연구소 한기호 소장과 한국출판연구소 백원근 책임연구원이다. 물론 이 두 분은 감히 나와 견주기조차 민망할 만큼 훌륭하신 분들이지만, "그럼 지금껏 내가 써 왔던 글은 '출판비평'이 아니면 도대체 뭐였을까?" 하는 자괴감이 드는 건 어쩔 수 없었다.

꼭 누가 알아주기를 바라는 공명심 따위에서는 아니다. 내 글의 존재가 무시되는 것 자체는 얼마든지 웃어넘길 수 있지만, 그건 달리 말해 10년 가까이 줄기차게 떠들어온 내용이 기실 '아무도 듣지 않는 공허한 혼잣말'에 지나지 않았다는 뜻이기도 하다. 누군가에게는 이미 여러 지면을 통해 지겹도록 되풀이된 식상한 내용일지도 모르겠지만, 그래도 안 들린다면 더 크고 더 또렷한 목소리로 한 번쯤은 더 힘껏 소리라도 질러보고 싶어졌다.

이 책에 실린 글들은, 넓게 보아 2003년에 낸 비평집 『만장일치는 무효다』(모티브)에서 '지식산업을 위한 변명'이라는 제목으로 묶었던 13편의 글들의 연장선에 있다. 그 사이에 얼마간 성장을 하기도 했겠지만, 내가 출판을 보는 근본적인 시각에 큰 차이는 없으리라는 점에서 그렇게 말할 수 있다. 하지만 그 글들을 쓰던 무렵과 이 책에 실린 글들을 써온 시기 사이에는 개인사적으로 커다란 차이가 하나 있다. 대략 새천년 언저리쯤에 해당하는 그 무렵에 나는 출판계 주변을 떠돌면서 '일용 저술 노동'의 일환으로 출판 평론도 썼던 셈이지만, 2003년 이후 내 자의식의 가장 깊은 곳에는 '출판을 가르

치는 선생'으로서의 직업적 책임감이 자리 잡게 되었다. '내가 가르
치는 업계의 후배들에게 물려주어야 할 현실'로 엄중하게 다가오는
출판생태계의 황폐함은, 그저 '출판밥을 먹어본 적이 있는 독자의
한 사람'으로서 바라볼 때와는 사뭇 다른 절박함을 불러일으킨다.
적어도 '차마 믿고 싶지 않은' 참혹한 현실을 냉정하게 직시하지 못
한 채 공허하기 짝이 없는 '희망 어린 전망'에만 솔깃한 자기기만과
나아가 어렵사리 절망적인 현실에 눈이 열린다 해도 오히려 그래서
더욱 '어떻게 해볼 엄두조차 나지 않는' 무기력까지 고스란히 대물
림되도록 내버려둘 수만은 없었다. 그 절박함에서 비롯된 내 다짐,
달리 말해 내게 '출판비평'이란 어떤 작업인가를 해명한 '출판가 쟁
점' 연재의 첫 글을 이 책의 프롤로그로 붙였다.

  이 책은 크게 여덟 부분으로 나누어 묶었다. 제1장은 상대적으로
(출판 종사자가 아닌) 일반 독자들도 쉽게 이해할 수 있도록 현재의
출판 환경을 총론적으로 정리한 글로 묶었다. 본론에 해당하는 제2
장부터 제6장까지는 앞서 밝혔듯 〈기획회의〉의 '출판가 쟁점'과 〈한
겨레〉의 '책마을 돋보기'에 실었던 글들을 주제에 따라 나누어 묶었
다. 제2장은 출판산업 공공화의 전망을 토론하는 계기를 마련하기
위한 글들로 구성했고, 제3장은 흔히 출판생태계 황폐화의 '주범'으
로 지목되곤 하는 유통 문제를 다룬 글들과 책의 유통과 긴밀히 연
결되어 있는 도서정보 유통(책의 홍보) 문제를 다룬 글들을 함께 묶
었다. 제4장은 독서 문화의 왜곡과 그에 조응하여 나타난 대중추수
적 출판이 이러한 왜곡을 심화시키는 악순환 구조를 성찰하기 위한
글들, 제5장은 출판산업의 노동 현실을 드러내고 출판 노동자의 실
천적 연대를 모색하기 위한 글들, 제6장은 출판 후속 세대 재생산을

위한 고민을 담은 글들과 그 연장선에서 현장 편집자들이 실무적으로 부딪치는 질문거리에 대해 내 의견을 밝힌 글들을 담았다. 고정 연재가 아닌 지면에 쓴 글들은 크게 두 범주로 나누어, 산업구조에 대한 관심을 드러낸 글을 제7장에, 이른바 '트랜드 비평'에 해당하는 글들을 제8장에 담았다.

이 책을 묶기 위해 글들을 간추리는 사이, 한국출판문화산업진흥원장 '낙하산 인사' 사태가 벌어졌다. 대한출판문화협회와 한국출판인회의가 한목소리로 항의를 조직하는 유례 없는 광경이 펼쳐졌고, 심지어 9개 출판사의 노동조합으로 구성된 전국언론노동조합 출판협의회 준비위에서도 가세하는 그야말로 '범출판계'의 움직임이 일어났다. 업계의 주체들이 소외된 채 결행된 비전문가의 낙하산 인사는 철회되어야 마땅하고, 이를 계기로 정부의 좀더 전향적인 출판산업 정책을 요구하는 힘을 결집할 필요성을 부인하거나 경시하고 싶지도 않다. 그러나 모처럼 출판인들이 폭넓게 연대하며 움직이는 모습은 아름답고도 고무적인 일임에 틀림없지만, 다른 한편 씁쓸하게 느껴지기도 한다.

기존의 한국간행물윤리위원회를 대신하는 출판문화산업진흥원은 출판계의 오랜 숙원이었고 그래서 기대가 클 수밖에 없지만, 막상 속내를 들여다보면 인력과 예산 면에서 크게 달라진 것 없이 그저 '간판만 바꿔단' 것이 아닌가를 의심하지 않을 수 없는 상황에서 막말로 그 수장이 어떤 인물인가가 이렇게까지 큰 반향을 일으킬 일인가. 적어도 그보다 훨씬 더 실질적으로 출판인들의 사활이 걸린 '도서정가제' 문제나 더 근본적인 이해가 맞물린 '도서관 정책'이나

'교육 정책'에 도대체 언제 이렇게 큰 목소리를 낸 적이 있었던가. 하물며 사용자 단체에 맞서 제 목소리 한번 제대로 내본 적이 없는 노동조합까지 굳이 함께 나설 만큼 엄청난 일일까. 정작 실속에는 둔감하고 상징에만 예민한 꼴이 아닌가 싶어 썩 개운치만은 않다.

물론 출판계를 대표하는 인물이 그 자리에 앉는다면, 도서정가제를 비롯한 업계의 긴급한 현안을 좀더 힘 있게 밀어붙일 수도 있고, 출판 환경에 지대한 영향을 미치는 사회 정책이나 교육 정책 또는 여타 분야에 대한 문화 정책에도 일정한 발언권을 확보하기 위해 애쓸 수도 있다. 그다지 중요한 일이 아니라는 뜻이 아니라, 그보다 훨씬 더 중요한 일에도 결집된 힘을 보여주기는커녕 무력함만을 여지 없이 드러내거나 심지어 작은 이해관계의 차이에 얽매어 사분오열하면서 서로 딴소리로 소모적인 입씨름에 매몰되기 일쑤였던 것에 비추어 상당히 신기하게까지 여겨진다는 것이다. 그럴 리 없기를 바라지만, 혹시라도 오히려 '구체적이고도 실질적인 이해가 첨예하게 걸리지 않은' 그저 '상징적인' 사안이어서 역설적으로 누구라도 한몫 거드는 게 손쉬울 뿐인 게 아니기만을 바랄 따름이다. 물론 '공멸'의 위기의식이 그만큼 고조되었기에 가능한 일이었다면 가장 좋을 것이다. '위기'야말로 '기회'인 만큼 설령 '상징적'인 사안으로 촉발된 게 얼마간 사실이라 해도 모쪼록 이번 일이 좀더 강고한 실천적 연대가 조직되는 하나의 실마리가 되기를 바란다.

이 책에 실린 62편의 글 가운데 38편(원고량을 기준으로 보면 이보다 훨씬 비중이 높다)이 〈기획회의〉 지면을 통해 발표된 글이다. 늘 든든한 힘이 되어주시는 한기호 소장께 분에 넘치는 격려를 받아왔기에

10

이 책이 태어날 수 있었다. 필설로 표현하기엔 감사의 마음이 너무 크고 무겁다. 글을 정리하면서 다시 읽어보니 유독 선배 한 분의 흔적이 곳곳에서 눈에 띈다. 이름을 밝히고 정식으로 인용하기도 했고 '어느 선배'라고 대충 눙치면서 '훔친' 대목도 없지 않다. 언제나 정직한 성찰의 자극이면서 전범이기도 한 김규항 선배께 새삼스럽게 고맙고 미안하다. 무엇보다도 이 책이 출판생태계를 좀더 건강하게 만들기 위한 실천적 연대의 작은 계기라도 될 수 있다면, 더 바랄 나위가 없을 것이다. '에필로그'로 붙인 글의 제목처럼 '함께 새벽을 열어갈' 모든 이들에게 이 책으로 연대의 다짐을 대신한다.

2012년 8월
열대야의 폭염 속에서
변정수

차례

책머리에 실천적 연대의 밑거름이 되기를 ── 5

프롤로그 밥그릇 앞에서 정직해지기 ── 15

제1장 출판은 왜 사양산업이 되었는가
    '인문 정신'은 무엇으로 사는가 ── 23
    출판은 왜 사양산업이 되었는가 ── 37
    한국 출판문화의 현주소 ── 53

제2장 출판산업의 공공화를 위하여
    책값 할인은 소비자의 이익인가 ── 63
    왜 정부가 출판 시장에 개입해야 하는가 ── 66
    대규모 출판 자본, 부러우면 지는 거다 ── 69
    자본의 영세성은 극복의 대상인가 ── 72
    출판산업의 공공화를 위하여 ── 77
    번역자의 권리를 보호하기 위하여 ── 82
    생뚱맞은 '도서환불제' 주장 ── 88

제3장 조폭들은 출판계를 떠나라
    출판 시장 건전화, 소비자들이 나서자! ── 95
    온라인 서점들의 '할인율 시위'… 비난보다 견인을 ── 98
    '조폭'들은 출판계를 떠나라! ── 101
    '체념'을 넘어서 ── 107
    신용 대출 활성화를 위해서도 유통 합리화는 필요하다 ── 113

양질의 도서 정보가 독자를 창출한다 —— 118

문제는 다시 '도서관'이다 —— 121

"어둠 속에 떨지 말고 자수하여 광명 찾자" —— 124

전쟁에도 수단과 방법은 있다 —— 129

제4장 당의정의 효능을 묻는다

월드컵에 흔들리지 않는 독서 시장을 위하여 —— 137

독서활동 감시로 독자를 만들겠다고? —— 140

좋은 책은 독자가 알아준다고? —— 143

당의정의 효능을 묻는다 —— 148

'실용서'라는 이름의 도깨비 —— 153

'그들만의 리그'를 타파하기 위하여 —— 158

제5장 출판계의 '조감독'들은 어디에?

출판계 '외주 교열' 관행 근절돼야 —— 165

직장보육 확대, 출판계가 앞장서자 —— 168

출판인들이여 '희망버스'에 함께 타자 —— 171

도시락 싸들고 다니며 말릴 일 —— 174

벼룩의 간을 내먹을 사람들 —— 179

눈 가리고 아웅하기 —— 185

번역 출판의 원숭이들 —— 190

출판인이 정치에 관심을 가져야 하는 이유 —— 196

출판계의 '조감독'들은 어디에? —— 201

굶어 죽어도 공장에서 일하는 건 싫다고? —— 207

판권면의 딜레마 —— 213

제6장 배워서 남 주자

'독서 진흥'과 '출판인 양성', 모두 성공하려면 —— 221

출판계에도 '공개 오디션'을 도입하자 —— 224

'무책임한 책'은 퇴출해야 —— 227

편집자를 양성하는 직업 교육은 가능한가 —— 230

'인턴십 제도'를 재론함 —— 235

'나이배기 신입'을 위한 변명 —— 241

배워서 남 주자! —— 246

'정답'을 찾지 말고 '의견'을 구하라 —— 251

그건 '기획'이 아니다! —— 256

제7장 출판가 쟁점, 끝나지 않은 이야기

2005년 새해 아침의 소망 —— 263

말 한마디가 천 냥 빚을 갚는다 —— 268

엔터테인먼트가 된 책, '연예인'이 된 저자 —— 273

문학상, '영광'인가 '족쇄'인가 —— 281

스마트교육의 허와 실 —— 287

편집 노동자의 인권과 생산성이 양립하려면 —— 293

〈출판저널〉은 '국내 유일의 출판정론지'인가 —— 300

출판산업, '주체성'이 아니라 '다양성'이 문제다 —— 307

제8장 책이란 무엇인가, 무엇이어야 하는가

인문교양서, 아직은 희망이 있다고? —— 315

20대는 책에 등을 돌렸는가 —— 318

말하는 척 침묵하기, 침묵하는 척 웅변하기 —— 321

강준만에게는 무언가 특별한 것이 있다? —— 329

팬덤, 혹은 소외의 그늘 —— 335

책이란 무엇인가, 무엇이어야 하는가 —— 346

엔터테인먼트와 문학 —— 351

에필로그 함께 새벽을 열어갈 '사람'을 부르며 —— 357

찾아보기 —— 363

밥그릇 앞에서 정직해지기

2004

지난 연말, 한 해를 돌아보며 굵직한 사건들을 되돌아보자는 취지로 기획된 방송 프로그램에 출연할 기회가 있어 2003년 출판계에는 어떤 일들이 있었는지를 일부러 찾아보았다. 내 생각으로는 아무래도 3월에 시행에 들어간 도서정가제 법제화가 최대의 사건이 아니었나 싶다. 말도 많았고 탈도 많았으며 아직도 논란의 불씨가 남아 있기는 하지만, 이 지면에 새삼스럽게 '행차 뒤의 나팔'을 불어대고 싶지는 않다. 다만 두어 해 전 도서정가제를 둘러싼 우여곡절의 한복판에서 벌어졌던 논쟁의 여운을 기억해두고 싶다는 정도의 소회쯤은 언급하고 싶다. 그 무렵 어느 월간지의 지면에 출판평론가 최성일 씨에 의해 소개된 적도 있던 그 논쟁은, 각기 다른 사회적 배경과 이해관계 속에 논쟁에 참여했던 모든 사람들에게 여러 모로 유익하고 생산적인 토론이었다. 인터넷 매체에서 벌어지는 지루한 논쟁들이 흔히 그러하듯이 소모적인 입씨름으로 추락하지 않고 끝까지 유쾌한 긴장감 속에 토론이 진행될 수 있었던 것은, 한 참여자의 말을 빌자면, "(모든 참여자들이) 각자의 이해관계에 충실하게 그리고 나름의 논리를 세워서 열심히 싸우는" 모습을 유감없이 보여주었기 때문일 것이다.

우리 사회에서 특정한 사안에 대해 제대로 격조를 갖춘 토론이 잘 이루어지지 않는 이유는 여러 가지가 있겠지만, 토론에 참여하는 사람들이 자신의 이해관계를 감춘 채 짐짓 중립적이고 공정한 척한 다는 데서도 그 일단을 찾아볼 수 있을 것이다. 그리고 토론을 지켜 보는 사람들 역시도 이해관계를 노골적으로 드러내지 않는 발언 쪽 에 더 많은 점수를 준다. 다시 말해 섣부르게 이해관계를 드러냈다 가는 '밥그릇 싸움'이라고 매도당하면서 설득력을 크게 잃게 되고 그러다 보니 토론은 언제나 하나마나한 공자님 말씀들로 이어지면 서 공허하게 겉돌거나 또는 끝내 숨길 수 없는 이해관계가 왜곡된 방향으로 돌출되면서 논점에서 벗어난 소모적이고 지리멸렬한 자 존심 싸움이 되어 버리기 일쑤이다.

도대체 '밥그릇 싸움'이 왜 나쁜가? 아니 우리들 하루하루의 일상 이 밥그릇을 위한 전쟁이 아니면 뭐란 말인가. 짐짓 고상한 척, 이슬 만 먹고 사는 척, 여간해서는 자신의 이해관계를 드러내지 않으려 하는 토론 자세를 훌륭하고 성숙한 태도인 양 여기는 우리들의 오래 된 편견은 정면으로 수정되어야 한다. 근본적으로 토론이란 특정 사 안에 대해 서로 이해관계를 달리 하는 사람들이 머리를 맞대고 서로 에게 가장 바람직한 방향으로 이해관계를 조정해가는 과정이기 때 문이다. 애당초 '밥그릇 싸움'일 수밖에 없는 일을 하면서 '밥그릇 싸 움'이 아닌 척 포장을 하고 있으니 그게 생산적일 리가 없는 것이다.

출판계에서, 특히나 현장 편집자들 사이에서 오가는 크고 작은 이야깃거리들을 공론화해보자는 취지로 마련된 것으로 알고 있는 이 지면을 어쭙잖은 글발로 어지럽히겠다는 만용을 감행하기로 하면서, 어떤 태도를 취하는 것이 바람직할까를 많이 고민했다. 그리고 내가 얻은 결론은, 나는 중립적이지도 공정하지도 않겠다는 것이다. 나는 나 자신과 또 나와 비슷한 처지에 있는 다른 사람들의 이해관계에 대해 되도록이면 철저하게 편협하려고 노력할 것이며, 그 밥그릇을 편파적으로 옹호할 것이다. 나는 그러한 태도만이 이 지면에서 앞으로 다루게 될 사안들에 대한 출판계 안팎의 토론이 소모적인 탁상공론에 머물지 않고 생산적인 토론으로 나아가는 실마리라도 제공해 줄 것이라고 확신한다.

그렇다고 나(또는 나와 비슷한 처지에 있는 이들)의 밥그릇을 옹호하기 위해 터무니없는 억지를 부리거나 앞뒤도 맞지 않는 생떼를 쓸 수도 있다는 이야기는 당연히 아니다. 내 밥그릇을 지키기 위한 나의 무기는 오로지 이성에 근거한 논리일 뿐이며, 그것이 치밀하지 못한 데서 비롯되는 실패는 마땅히 감수할 것이다. 단지 실은 밥그릇을 옹호하고 있으면서도 마치 그렇지 않은 척 '저열한 밥그릇 싸움'과는 차원이 다른 거창하고 고상한 명분을 추구하는 척 얄팍한 술수를 쓰지 않고 더 치열하게 나의 밥그릇에 정직해지겠다는 각오를 밝히는 것뿐이다. 따라서 앞으로 이 지면을 읽는 독자들도 정직하게 자신의 이해관계에 비추어 나의 의견에 동의하거나 동의하지 않으면 그뿐일 것이다. 요컨대 반론은 언제든 환영하지만, 이를테면 "그건 당신 생각일 뿐"이라는 식의 반론은 하나마나한 요령부득에 지나지 않으리라는 점을 미리 환기하고자 하는 것이다. 맞다. 앞으로 여기에 쓸 이야기들은 순전히 '내 생각'이다. 그래서 뭐가 어쨌다는 것인가? 정작 반론을 펴야 할 곳은 바로 그 지점일 것이다.

내가 이 지면을 통해 출판인들의 입에 오르내리는 여러 사안들을 다루면서 편협하게 옹호하고자 하는 밥그릇의 정체를 좀더 구체적으로 미리 밝혀놓는 것도 나쁘지 않을 듯하다. 이것은 독자들과의 약속이기도 하지만, 동시에 새삼스럽게 각오를 다지는 나 자신과의 약속이다.

가장 근본적으로 나는 '돈'이 아니라 '사람'의 입장에 설 것이다. 이렇게만 표현하면 많은 이들이 무슨 그런 당연한 이야기를 하느냐고 고개를 갸웃거릴지 모르지만, 그렇다면 이렇게 다르게 표현하면 사람에 따라서는 조금은 표정이 달라질 것이다. 출판산업을 구성하고 있는 요소들 사이의 관계에서 나는 '출판 자본'의 편이 아니라 '출판 노동자'의 편에 서겠다는 것이다. 같은 이유에서 나는 자본을 앞세운 대형 출판사가 아니라 자본이라고 하기에도 민망한 열악한 조건에서 고군분투하고 있는 소규모 출판사의 편에 설 것이며, 이른바 잘나가는 출판사에서 상대적으로 좋은 대우를 받고 있는 출판 종사자들이 아니라 끊임없이 자신을 소모시키며 고갈되고 부품화되어갈 수밖에 없는 처지에 있는 동료들과 나아가 틀림없이 출판계 언저리에서 종잇밥을 함께 먹고 있으면서도 온전한 출판인으로 대접받지조차 못하는 수많은 출판 주변산업 종사자들의 편일 것이다.

그리고 나아가 인문주의의 입장을 표방하는 지식인의 한 사람으로서, 다른 어느 분야에 앞서 인문 분야 출판의 이해관계에 충실할 것이다. 다시 강조하지만, 그것은 출판의 여러 다른 분야의 가치를 인문 분야보다 낮보거나 인문 분야의 출판이 더 의미 있는 일이라고 생각해서가 아니다. 그것은 순전히 거기에 내 소중한 밥그릇이 걸려 있기 때문이다. 마찬가지로 나는 대형 출판사들도 나름대로 고

충이 있으리라는 것을 부인하지 않으며, 출판산업 전체가 구조적인 위기에 직면하고 있는 마당에 자본을 마냥 적대시하는 것도 그다지 현명한 일은 아니라고 생각한다. 그럼에도 불구하고 내가 편파적일 수밖에 없는 이유는, 순전히 내가 내 밥그릇에 정직하고 싶기 때문이지 다른 이유는 아무것도 없다.

또한 좀더 거시적인 구조에서 출판산업의 미래를 전망할 때 나는 '시장'이 아니라 '공공'의 편이다. 그것은 내가 애당초 '사회주의자'여서가 아니라, 그것이 내 밥그릇에 가장 정직한 길이라고 믿기 때문이다. 즉 출판계 언저리에서 밥을 먹고 있는 출판산업 노동자의 한 사람으로서 내 밥그릇을 지키자면 궁극적으로 사회주의자가 될 수밖에 없기 때문이지, 그 반대가 아니다.

끝으로 부탁 한 말씀. 격주로 돌아올 지면을 충실하게 채우자면 출판계 안팎에서 떠도는 이야기들에 귀를 세우고 있어야겠지만, 한 개인의 시야는 아무래도 좁을 수밖에 없다. 뒷골목 술자리에서 안줏거리처럼 오가는 이야기들 중에 이 지면을 통해 공론화될 만한 내용이 있다면 언제든 제보해주시기를 부탁드리며, 2004년도 건강하고 활기찬 한 해가 되기를 기원하는 것으로 새해 인사를 대신한다.

〈기획회의〉(옛 〈송인소식〉)에 30회에 걸쳐 연재한 '출판가 쟁점'의 첫 글로, 이 책에 실린 모든 글의 가장 근원적인 내면적 동인을 해명한 글이라 여겨 책의 맨 앞에 붙인다.
《송인소식》 2004.1.5.

제1장

출판은 왜 사양산업이 되었는가

'인문 정신'은 무엇으로 사는가 2006

지난 1997년부터 꾸준히 발간해오던 단행본 시리즈 '인물과사상'이 2005년 초 적지 않은 이들의 아쉬움 속에 서른세 번째 호를 끝으로 종간을 선언했다. 비슷한 시기에 신년 특별호 형식으로 스물아홉 번째 호를 낸 뒤 잠정 휴간 상태에서 복간을 추진하기 위해 물밑에 서나마 분주하게 움직였던 계간 〈당대비평〉도 최근(2005년 말) 더이 상의 활로 모색을 포기하기에 이르렀다. 두 매체는 성격이나 지향 또는 주독자층은 물론 발간 규모까지 상당히 달랐던 만큼, 종간에 이르게 된 사정에도 결코 가볍지 않은 차이가 있을 것이다. 그럼에 도 불구하고 세간의 시선은 이 두 사건을 모종의 연쇄로 바라보고 싶어 하는 듯하며, 여기에 2004년 여름 19호로 막을 내린 〈아웃사이더〉까지 연결 짓고 심지어 2003년에 폐간한 계간지 〈사회비평〉 까지 한데 묶어 언급하기도 한다. 이러한 시선의 배경에도 나름대 로 분명한 이유는 있다. 요컨대 시장의 위축을 초래한 복잡한 정황 이야 매체마다 다르겠지만, 궁극적으로 발간 비용을 보전하기에는 어림도 없는 판매의 부진과 그로 인해 발생한 적자의 누적이라는

'직접적 사인死因'을 공유한다는 점 또한 어김없는 사실이다. 〈인물과사상〉 시리즈의 독자들과 계간 〈당대비평〉의 독자들이 감쪽같이 약속을 한 게 아닌 이상, 이것을 이 시대의 어떤 징후로 의미심장하게 받아들이는 것도 무리는 아니다. 사실 그 징후는 이미 오래 전부터 예감되던 것이기도 하다.

전설이 된 '3천 사수대'

한때 출판가에는 '3천 사수대'라는 말이 떠돌았다. 아주 엉터리가 아닌 일정 수준 이상의 내용이 있는 책이라면 초쇄 3천 부 정도는 소비해주는 독자들이 분명히 존재한다는 낙관이 담긴 말이다. 가령 이런 식이다. "내용도 좋고, 의미도 있는데, 과연 이런 책이 팔릴까?" "크게 성공하지는 못하겠지만, 그래도 3천 사수대가 있는데……. 크게 손해를 보지도 않겠지." 그런 자신감을 바탕으로 다양한 내용의 책이 공존할 수 있는 질적으로 풍성한 출판문화가 형성되었다. 벌써 10년 안팎의 세월 저편의 일이다.

　1990년대 중반을 넘어서며, '3천 사수대'라는 말은 어느 새 '2천 사수대'라는 말로 자연스럽게 대체되었다. 때를 같이하여 '경제가 하루아침에 반토막이 났다'는 구제금융 사태가 일어났고 대형 도매상의 연쇄 부도가 이어지는 흉흉한 분위기 속에서 출판 시장이 나날이 양적으로 축소되는 엄연한 현실에도 불구하고, '2천 사수대'에 대한 굳건한 믿음이 출판문화의 질적 수준을 최소한으로 유지시켜주는 거의 유일한 버팀목이었다. 지난 10여 년 동안 한 해도 거르지 않고 '단군 이래 최대 불황'을 호소해왔던(웃지 마시라. 해마다 똑같은 수사가 되풀이되는 바람에 식상해졌을망정 엄살은 아니다. 전년도에 비해 단행본 시장의 매출이 큰 폭으로 감소하는 일이 해마다 거듭되었기 때문이다.) 출판계에서, 최근까지도 (비록 대부분 단명에 그칠망정) 창업이 오히려 늘어나고 덩달아 (역시 비록 종국에는 아무짝에도 쓸모없는 폐지더미가 되겠지만) 출간 종수도 쑥쑥 늘어나는 '시장 원리'만으로는 도무지 이해할 길 없는 기현상이 일어나는 것도 그래서일 것이다. 물론 앞 문장에서 괄호 안에 달아놓은 뱀발이 시사하듯, 몇 년 전만 해도 분명한 실체로 존재하던 '2천 사수대'는 이제 흔적조차 찾을 길이 막연한 허구이다.

인문교양서의 범주에 속하는 단행본은 5~6백 부 판매를 넘기기가 어렵다는 것이 공공연한 상식이다. 그러니 1천 부면 선전善戰이고, 2천 부면 '대박'이다. 안 팔리는 상품은 시장에서 도태되는 것이 당연하다고 믿는 시장주의자들은, 모든 책들이 그런 것도 아니고 몇 만 부, 몇 십만 부씩 팔리는 책도 엄연히 있는데 그게 왜 문제냐고 반문할지도 모른다. 요컨대 "팔리는 책을 만들면 되지, 왜 안 팔리는 걸 굳이 만들겠다고 죽는 소리를 늘어놓느냐"는 것이다. 과연 그런가. 가령 대다수의 독자들은 별 관심이 없겠지만, 상대적으로 소수의 독자들에게는 절실하게 필요한 내용을 담은 원고가 있다고 하자. 그걸 책으로 만들어봐야 본전도 못 건진다고 해서 시장 진입이 봉쇄된다면, 그 책을 꼭 필요로 하는 독자들의 문화향유권은 어떤 운명에 처하는가. 그것이 무시되어도 괜찮은 사회라면, 그 사회에는 아무 희망이 없다.

아무려나, 2백만도 아니고, 2만도 아니고, 고작 2천 명의 독자 집단만으로 지지될 수 있었던 문화적 다양성이 불과 몇 년 사이에 질식 상태로까지 치달은 까닭을 밝히자면, 그들이 과연 누구였으며 어떤 문화적 동인動因에 의해 시장을 형성했었는지를 들여다볼 필요가 있다.

'세미나'가 사라진 대학사회

예나 이제나 먹고살기 바쁜 사람들은 현실적으로 책을 접할 시간적·정신적 여유가 없다. 하물며 당장 눈앞의 실용적인 필요를 충족하는 내용도 아닌 순수하게 '영혼'을 살찌우는 '마음의 양식'을 향유한다는 것은 사치로까지 여겨졌다. 그래서 모든 국민이 '인간으로서의 존엄과 가치'를 누린다는 것은 헌법적 이상일 따름이었다. 그것은 선택받은 소수의 특권이었고, 그 특권은 대개 대학사회의 일원이 되는 것으로 구체화되었다. 인문적 교양이 사회 전체의 자산이라는 점에서 매우 불행한 일이긴 하지만, 전통적으로 인문교양서의 주독자층이 대학생들이었다는 것을 부인할 사람은 거의 없다. 물론 인문적 교양을 향유할 특권을 꿈이나마 꿀 수 있는 사람들이 '대학생들이 읽는 책'에 애정과 관심을 보임으로써 잠재적인 확산시장이 폭넓게 형성되었다. 쉽게 말해 '2천 사수대'가 무너졌다는 것은 대학생들이 인문교양서의 소비를 거절하고 있다는 뜻이다.

뻔한 얘기를 어렵게 빙빙 돌려 말하는 데는 이유가 있다. 정작 문제는 흔해빠진 개탄에 불과한 '대학생들이 도무지 책을 읽지 않는다'는 사실 자체가 아니라 '왜' 그렇게 되었는가이다. 거꾸로 일반적으로 사람들이 어떤 조건에서 책을 읽게 되는가라는 문제를 뒤집어 생각해보자. 경험의 폭과 깊이가 다른 무엇에 앞서 삶의 질을 향상시키는 결정적이거나 최소한 유력한 요인이라고 믿을 때, 협소한 직접 경험의 한계를 뛰어넘어 다른 시공간의 삶과 대화하기 위해 책을 읽는다. 또는 그렇게 축적된 인문적 교양이 일상에서 마주치는 다른 사람들로부터 자신의 존재를 존중받을 수 있게 해주는 결정적이거나 최소한 유력한 준거라고 믿을 때, 그러한 존중을 확보하기 위해 또는 그 존중에 값하기 위해 책을 읽는다. 그리고 자신의 삶을 차분히 되돌아볼 수 있는 지혜를 구하고 자신이 처한 상황을 스스로 판단하는 힘을 기르는 데 있어 책이 다른 어느 매체보다 탁월한 매개라고 믿을 때, 영상매체가 아무리 위력을 떨치고 디지털매체가 일상을 파고들수록 그들을 매개로는 좀처럼 쉽게 해소되지 않는 갈증을 가장 효과적으로 해소하기 위해 더더욱 책을 읽게 된다. 그러나 이 모든 믿음들이 낡은 것으로 여겨질 때, 인문적 교양이든 나아가 '인간으로서의 존엄과 가치'조차도 더이상 자신의 삶을 지지한다고 믿을 수 없게 되었을 때, 책은 존재 자체로 차라리 '폭력'이다.

지난 10여 년 사이에 대학사회를 둘러싸고 일어났던 여러 가지 변화 양상의 배경에는 이제 더이상 대학사회에 진입하는 것이 특권일 수 없게 되었다는, 그러나 그로 인해 사회 전체가 '평등'에 한 발 다가서기는커녕 오히려 대다수 사회 구성원의 소외 위에 군림하는 특권은 더욱 강화되었다는 정황이 직간접적으로 개입하고 있다. 석사학위 소지자가 10년 전의 대졸자보다 더 흔해진 세상에서 까딱한 발만 잘못 디디면 지금껏 '부모 잘 만난 덕'에 누려왔던 사회적 지위의 추락에 직면할 수도 있다는(그리고 살벌한 대학입시 경쟁에 볼모 잡혀 황폐화된 중등교육의 현장에서 몸으로 경험했듯, 한국 사회에서 한 번의 낙오자에게 두 번째 기회는 없다는) '공포' 앞에서, 폭넓은 인문적 교양을 통해 삶의 질을 고양시킬 수 있으리라고 믿을 수 있다면 그 거야말로 '평균 수준의 교양'에조차 못 미치는 미망迷妄에 불과할 것이다. 또는 이렇게 대학입시 경쟁에서 낙오하지 않기 위한 '점수 따는 기계' 노릇이 이제 피 말리는 취업 전쟁에서 낙오하지 않기 위한 '학점 따는 기계' '외국어 점수 따는 기계' 노릇으로 연장된 마당에, 한가하게(!) 전공과 무관한 '골치 아프기만 한' 책들을 뒤적이며 당장 먹고살 길을 개척하는 데도 하등 도움이 안 될 화두話頭를 매개로 사회적 소통을 모색하려 드는 것은, 조롱당하지나 않으면 다행일 일이다. 하물며 이 모든 '고단한' 일상으로부터 잠시나마 벗어나 억압된 욕망을 대리배설이라도 하지 않으면 터져버릴 지경인데, 삶을 성찰하는 힘을 부추기는 데 탁월한 위력이 있는 책이라는 매체는 귀찮기만 한 방해물일 따름이다.

사실 '3천 사수대'의 정체는 별 게 아니다. 인문교양서 시장의 붕괴는 대학사회에서 이른바 '세미나'라고 불리던 자발적 토론 문화의 붕괴와 정확히 맞물려 일어난 현상이다. 나는 20년 전의 내 빈약한 독서 목록에 비춰볼 때, 그보다 훨씬 더 뛰어난 독서 범위를 가진 '요즘 대학생'들을 간혹 만날 때가 있다. 그 시절이었다면, 동서고금의 문화적 축적물을 두루 섭렵하는 과정에서 형성된 자기만의 세계 앞에서 앞서 말한 의미의 '존중'이 절로 우러나왔을 것이다. 그의 존재가 나의 지적 편력에 자극이 될 수 있다면 심지어 '경외감'까지 생길 수도 있다. 그런데 어쩐 일인지 '상당히 똑똑하다'는 인상보다는 '상당히 답답하다'는 인상을 받을 때가 더 많다. 왠지 '자폐적'으로 느껴지기까지 한다. 아마도 내가 받은 인상이 아주 그른 것이 아니라면, '함께 책을 읽으며 서로를 자극하는 커뮤니티'가 사라져버린 가운데 '혼자만의 골방'에서 빠져나오지 못한 채 책에 담긴 문화적 축적을 '향유'하기보다는 그저 책이라는 상품을 '소비'했기 때문일 것이다.

소통이 없다면 본질적인 의미의 독서도 없다. 그때 책을 통해 얻어지는 것은, 다른 시공간의 삶에 대한 간접 경험이 아니라 '지식 검색 사이트'만 뒤져도 어렵지 않게 얻을 수 있는 그야말로 '아무짝에도 쓸모없는'(혹 퀴즈 프로그램에 출연해서 상금을 타는 데나 소용될까) 지식의 덩어리들일 따름이다. 그리고 책을 통해 얻은 성찰이 자신의 삶에서 의미 있게 변주되기에는, 이미 짜여져 주어진 일상 앞에 이들은 너무나 무기력하다. 삶에 대한 무력감은 그대로 둔 채 아무리 많은 것을 보고 들은들 그것은 그저 스쳐가는 '풍경'일 따름이다. 그래서 예컨대 『전태일 평전』(아름다운전태일)을 무척 감동적으로 읽었다는 사람이 '박정희 시대'를 매우 긍정적으로 평가하던 기존의 태도를 전혀 수정할 생각조차 하지 않으면서도 스스로 아무런 모순을 느끼지 못하는 희한한 일이 벌어지기도 한다. 책에 글자로 적힌 내용은 지식으로 남았으되, 책의 행간에 담긴 의미를 자신의 삶으로 가지고 들어와 '경험'으로 소화해내는 데는 실패한 것이다.

물론 이렇게 된 것은 전적으로 지금 사회의 틀을 형성·유지하고 있는 (나 자신까지를 포함한) 기성세대들의 탓이다. 가장 감수성이 예민하고 다른 삶에 대한 흡수력이 왕성할 성장기에, 아무도 '왜'를 질문하는 방법을 가르치지 못했다. 오히려 제 자식을 아무것도 스스로 판단할 수 없는 '바보'들로 만들기에 열을 올렸다. 어느 대학 교수는 요즘 대학생들의 상당수가 수강신청조차 '엄마가 대신'해준다며 개탄했다. "그런 데 신경 쓸 시간에 공부나 한 자 더 하라"는 것일 게다. 물론 이때의 공부가 스스로를 돌아보며 세상 속에서 자신의 위치를 가늠하는 준거를 마련하기 위한 것은 당연히 아닐 터이다. 사회 구석구석에 촘촘히 짜여진 '권력의 사다리'에서 추락하지 않도록 기를 쓰라는 뜻일 게다. 그 사다리에 매달려 있는 어른들이 그 덫으로부터 '탈주'하면 사라져 버릴 사다리인데도, 어느 누구도 그걸 치울 생각은 하지 않고 제 자식은 물론 남의 자식까지 그 끔찍한 덫으로 밀어넣는 것이다. 다들 "문제가 있다는 건 알지만 어쩔 수 없다"고만 한다.

따지고 보면 '요즘 젊은이'들의 무기력이란, 단지 기성세대의 사회에 대한 무기력이 세대 재생산을 통해 확대된 결과물일 따름이다. 그래서 "생각 좀 하고 살라"고 충고라도 할 양이면, 기성세대의 말투를 그대로 흉내 내서는 "어리석은 줄은 알지만 사는 게 다 그런 건데 뭐, 어쩔 수 없지 않은가"라고 대꾸한다. 어쩌면 이미 그 자체만으로는 특권일 수 없는 대학 교육의 수혜자라는 이유로, 여전히 폐지되거나 완화되지조차 않은 특권을 가진 이들에게나 어울릴 법한 '자기 삶의 주인은 자기 자신'이라는 하나마나한 말을 늘어놓는 것 자체가 그들에게 너무나 잔인한 일인지도 모른다.

그리고 그 결과는 참담하다. 자신들의 삶을 옥죄며 아무 의미 없는 것으로 만들고 있는 '권력의 사다리'라는 치명적인 덫에서 빠져나올 수 있는, 그것을 무력화할 수 있는 삶에 대한 성찰과 정치적 상상력은 (굳이 '책'이라는 매개가 아니더라도) 다른 삶의 경험과 소통하면서 그것을 자신의 경험으로 기꺼이 소화해내는 데서부터 싹틀 것이기 때문이다. 인류 역사가 축적해온 다양한 경험들이 그저 '풍경'으로 소비된다는 것은, '지금과는 다른 세상', 적어도 '지금보다는 좀더 나은 세상'을 향한 가능성이 싹부터 잘려나간다는 것을 의미한다.

출판문화는 더이상 출판산업의 문제가 아니다

상황이 이러한데도, "그러니까 아무도 거들떠보지 않을 복잡하고 어려운 얘기일랑 그만 집어치우고, 부담 없이 읽을 수 있도록 좀 쉽고 가볍게 책을 만들라"는 식으로 말하는 건 부당하다. 그건 '책'을 만들지 말고 그냥 책의 형태를 가진 '유행 상품'이나 만들라는 말이기 때문이다. 지금도 그런 유행 상품은 이른바 '베스트셀러'라는 이름으로 서점에 차고 넘친다.

하지만 단언하건대, 인문교양서 시장 5~6백 부의 현실을 그대로 방치한다면 5년이 채 못 가 요즘 소위 '잘 나간다'는 자기계발·실용처세서 시장도 부메랑을 맞으면서 단행본 시장 전체가 궤멸할 것이다. 인문교양서의 기반 없이는 '문자 텍스트를 이해하는 능력' 자체가 퇴보할 것이며, 어차피 읽지도 않을, 읽는다 해도 재미라곤 없는 '암호문'에 지나지 않을 책을 살 사람은 없기 때문이다. 아마도 유일한 예외가 있다면 아동·청소년 시장이겠지만, 그것은 수요자(독자)와 소비자(구매자)가 다르다는, 즉 실수요자가 구매에 대한 결정권을 행사하지 못한다는 이 시장의 특성 때문이지 그 이상의 다른 의미는 없다. 아닌 게 아니라 요즘 젊은이들의 '국어 능력', 문서의 의미를 이해하거나 조리 있게 의견을 진술하는 능력이 형편없어졌다는 여러 조사 결과들이 나오고 있기도 하다.

〔나의 이런 불길한 예언(?)은 몇 년 뒤 현실로 나타났다. 한동안 단행본 시장을 주도하던 자기계발서 시장은 눈에 띄게 위축되었다. 게다가 '영원한(?)

블루 오션'으로 여겨지던 아동서 시장의 형편도 예전에 비해 크게 어려워졌다. 좀더 정밀한 분석이 필요하겠지만, 거칠게 보자면 사회 양극화가 심화되면서 (아이들에게만이라도) '책을 사주고 싶어도 사줄 수 없는' 가구가 늘었기 때문일 것이다.)

매체 환경이 달라졌다며, 인터넷에 익숙한 세대의 독자에게 다가가기 위해 너무 무겁지도 밋밋하지도 않은 책이 필요하다고 말하지만, 책이 아무리 가벼운들 아무리 화려한들 인터넷을 따라갈 수 있을까. 작금의 출판 시장을 주도하는 이 트랜드는 기실 백전백패百戰百敗의 전략일 뿐이다. 하지만 말이 쉬울 따름이지, '다른 매체가 아닌 책만 할 수 있는 것'을 보여준다는 건 단지 책을 좀더 잘 만들려는 노력으로 환원될 수 없는 문제이다. 소비자가 보고 싶어 하지 않는 것을 보여줄 방법이 '시장' 안에는 없으며, 책을 읽고 거기에 담긴 문화적 축적을 향유하려는 욕구 자체가 사회 전체적으로 감소하고 있다는 것이 분명한 사실이기 때문이다.

그렇다면 책의 미래는 어떻게 하면 잃어버린 독자를 다시 만들어낼 수 있는가에 달려 있다. 답은 다 나와 있다. 다른 삶에 대한 경험의 폭과 깊이가 삶의 질을 고양시키는 결정적이거나 최소한 유력한 요인이라는 믿음, 그렇게 축적된 인문적 교양이 자신이 속한 일상적 커뮤니티에서 자신의 존재를 존중받을 수 있는 결정적이거나 최소한 유력한 준거라는 믿음, 다름 아닌 책이 삶의 지혜를 구하는 성찰의 기회를 제공하고 자신의 처지에 대한 판단력을 기르는 데 가장 탁월한 매개라는 믿음을 복원하면 된다. 이 모든 것들이 '먹고살 만한' 사람들이나 누릴 여유가 아니라, 모든 사회 구성원의 기본권이며 오히려 대다수가 그 최소한의 '인간으로서의 존엄과 가치'조차 누릴 수 없는 세상을 조금이라도 바꿔나가기 위해서라면 더욱 절실하게 필요하다는 자각이 우선되어야 함은 물론이다. 바로 이것이 '인문 정신'이다.

무엇이 그것을 가로막고 있는가. 거창하게 '무한경쟁의 논리를 강요하는 신자유주의'까지 소급해 들어갈 생각은 없다. 신자유주의적 질서가 삶을 황폐화한다는 것을 몰라서가 아니라, "그게 현실이니까 어쩔 수 없다"지 않은가.

가장 쉬운 일부터 시작하자. 다음 세대의 삶까지 신자유주의의 제물로 바치고 싶지 않다면, 한창 다른 삶에 대한 호기심과 소통의 욕구가 왕성한 시기에 그 욕구를 오히려 짓누르고 있는(그래서 해소되지 않는 욕구를 끝내 자기 파괴로 배설하려 들게까지 하는) 비인간적 교육 제도만이라도 뜯어고쳐야 한다. 방법은 아주 간단하다. 대학의 서열 구조를 뒤흔들면 된다. 좋은 학교, 나쁜 학교가 일렬로 줄을 서 있는 상태에서는 아무리 대학 정원을 늘리고 수혜 범위를 늘려도 입시 경쟁은 완화되지 않는다. 대학 교육을 원하는 모든 사람에게 똑같은 교육의 질을 보장하는 것이 현실적으로 불가능할뿐더러 학문의 자율성을 위협할 수 있는 발상이라면, 최소한 국공립 대학만이라도 다 통합을 해서 똑같은 교육의 질을 보장함으로써 서울과 지방 사이의 서열 구조를 무너뜨리면 된다. 한 해에 13만 명 정도(국·공립대 입학 정원)씩만이라도 입학을 위해 서로 경쟁할 필요가 없어진다면, 그리고 그 교육의 질이 소위 '하향 평준화'되지 않도록 국가가 보장한다면, 성장기의 청소년들에게 훨씬 풍요로운 문화적 체험의 가능성이 열릴 것이다. 여기에 반대할 사람은 이 '권력 사다리'의 최상층부에 속한 극소수들뿐이며, 대중은 기꺼이 그들을 사회의 공적

公敵으로 지목할 수 있을 것이다. 비아냥거려서 죄송하지만, 최소한 '군대 안 간 사람'은 그 사유를 불문하고 사람 취급을 하려 들지 않는 정도의 '평등 감수성'(?)이라면, 이 방안에 반대하는 사람이 국회의원이나 대통령이 되는 일은 꿈도 못 꾸게 하는 것도 얼마든지 가능할 것이다.

나아가 전혀 다른 각도에서 '3천 사수대'를 복원(?)할 수도 있다. 꼭 대학에만 '독서 커뮤니티'가 생겨나고 대학생들만 인문적 교양을 향유하라는 법이 있는가. 지역사회는 그 단위가 될 수 없는가. 물론 이때 '독서 커뮤니티'가 꼭 모여서 책을 함께 읽는다는 외연적 의미만은 아니다. 그보다는 예컨대 아파트 평수나 가구주의 직업 따위가 아니라 순전히 인문적 교양의 축적을 사회적 존중의 준거로 삼아 형성되고 유지되는 네트워크라는 내포적 의미에서 사용한 개념이다. 이것을 매개할 수 있는 제도의 핵심은 지역 공공도서관이다. 만일 인구 1만 명당 1개씩의 공공도서관이 운영된다면 전국적으로 4천 개가 넘을 것이다. 인구밀도가 높은 도시 지역이라면 누구나 걸어갈 수 있는 위치에 도서관이 있다는 뜻이며, 읽고 싶은 책이 있다면 당연히 사 보는 대신 도서관을 통해 다른 주민들과 돌려 읽게 될 것이다. 거기에 대학도 지역사회에 도서관을 개방하고 주민들이 커뮤니티를 형성하는 데 도움이 될 프로그램을 적극적으로 개발한다면 더 좋은 일이다.(대학의 서열 구조가 교란되면, 대학의 지역 사회 활동도 좋은 학교를 평가하는 하나의 기준이 될 것이다!) 그런데도 출판산업은 망하는 게 아니라 오히려 흥한다. 사라지는 것은 몇 십만 부를 넘는 베스트셀러일 뿐이다. 그 대신 시장성이 없다는 이유로 사장될 수도 있는 더 많은, 더 다양한 저작들이 출간으로 이어질 수 있으며, 그로 인해 저작 활동이 활성화되고 따라서 책의 질도 향상될 것이다.

재원은 걱정하지 않아도 된다. 도서관이 꼭 번듯한 독립 건물이어야 한다는 건 전시 행정에 길들여진 공무원들이나 할 발상이다. 이미 행정 체계 개편의 시대적 흐름과 맞물리며 지역복지센터 개념으로 위상을 잡아가고 있는 읍·면·동사무소의 건물을 활용하면 된다. 그 안에 들어갈 책의 구매 비용도 아주 쉽게 해결할 수 있다. 서점을 통해 판매되는 책에 공공도서관 지원을 위한 특별소비세를 붙이면 된다. 우리나라는 세계적으로도 책값이 아주 싼 편이므로 책값의 2~3백%를 매겨도 된다. 굳이 돈을 들여서라도 개인 서재를 꾸미겠다는 고급 취향을 가지고 있거나 가까운 이에게 마음의 선물로 책을 증정할 만한 여유와 문화적 센스를 가진 이들이 서점에서 책을 한 권 살 때마다 두세 권의 책이 도서관에 들어갈 수 있게 되는 것이다. 더 나아가 마치 흡연자들이 담배에 붙는 엄청난 세금을 통해 국민 건강을 위한 비용을 분담하듯이, 책과는 정반대로 삶에 대한 성찰을 값싼 위안으로 대체하며 삶의 질을 황폐하게 하는 각종 배설 산업들에도 분담금을 물리면 된다. 그리고 이렇게 마련된 재원을 독서 커뮤니티를 지지하는 프로그램이 얼마나 활성화되어 있는가에 따라 차등 배분함으로써, 도서관이 단순한 서고書庫나 나라가 운영하는 도서대여점으로 전락하는 것을 막을 수도 있다.

이렇게 단 몇 문단으로 정리될 수 있는 뻔한 내용이 왜 실현되지 않는가. 바로 무관심 때문이다. 먹고살기 바쁘다는 이유로, '어쩔 수 없는 현실'이라는 체념으로 무기력하게 주저앉아 있기 때문이다. 어차피 국공립대 통합은 물론이려니와 도서관 지원을 위한 특별세를 도입하는 것은 국회에서 할 일이고, 실제로 지역사회에 도서관을 운영하는 것은 지방의회에서 할 일이다. 평소에는 먹고살기 바쁘더라도 선거 때만 정신차려도 출판문화가 살고, 출판산업이 살고, 아이들 교육이 살고, 우리 삶의 질이 살고, 우리 사회의 미래가 산다. 마침 2006년에는 지방선거가 있다.

〔다가오는 2012년 대통령선거에서, '국공립대 통합'을 본격적으로 쟁점화하려는 움직임이 일고 있는 것은 매우 고무적인 일이다. 다른 수많은 쟁점들에 묻혀 크게 부각되지 못할 수도 있기에 좀더 지켜보기는 해야겠지만, 혹시라도 어느 정당에서든 이 방안을 공약으로 내세운다면 지지를 아끼지 말아야 할 것이다.〕

〈인물과사상〉 2006. 1.

출판은 왜 사양산업이 되었는가 2011

전자책에 대한 오해와 진실

몇 해 전부터 '종이책'의 종말을 점치는 담론들이 꾸준히 확산되었다. 아닌 게 아니라 요즘 지하철을 타보면, 책을 읽는 사람은커녕 신문을 읽고 있는 사람을 찾기도 쉽지 않다. 대신 스마트폰이나 아이패드에 코를 박고 있는 사람들이 부쩍 늘었고, 앞으로도 점점 늘어날 것으로 쉽게 짐작할 수 있다. 교육과학기술부에서도 이런 시대적 추세에 부응하여, 2015년까지 '서책형 교과서'를 '디지털 교과서'로 대체하여 학교 현장의 풍경도 이렇게 만들겠다고 한다.〔이에 대한 비판은 제7장의 「스마트교육의 허와 실」에 담았다.〕 종이책은 정말 머지않은 장래에 자취를 감추든가 골동품으로나 여겨질 것인가.

이 질문에, 막연한 분위기에 휩쓸리지 않고 제대로 대답을 내놓으려면 몇 가지 검토해야 할 문제들이 있다. 그 가운데 가장 중요한 것은 '가격'이다. 구체적으로 이렇게 질문해보자. 가령 종이책으로 구입할 때 한 권의 가격이 1만 원 하는 책이 있다면, 같은 내용을 전자매체에 내려받기만 할 때 얼마쯤의 가격이 적당하다고 생각하는가.

실제로 이런 조사를 정밀하게 해보지는 않았지만, 대략 2천 원에서 3천 원쯤이라고 대답하는 사람이 아마도 가장 많을 것이고 5천 원 이상을 지불해도 상관없다고 대답할 사람은 거의 없을 것이다.

그런데 책값에 대한 이런 대중적 '감각'에는 커다란 오해가 한 가지 개입되어 있다. 좀더 쉽게 설명하기 위해, 질문을 조금만 바꿔보자. 한 권에 1만 원짜리 종이책이 있다면, 이 책 한 권을 만들기 위해 '종이를 사서 인쇄를 하고 책을 묶는' 순수하게 물리적인 과정에 들어가는 비용이 얼마쯤일 거라고 생각하시는가. 다시 말해 그런 물리적 과정을 없애버린다면 지불하지 않아도 될 비용이 얼마쯤일까. 놀라지 마시라. 책의 규격과 재질, 인쇄 방식에 따라 얼마든지 달라질 수 있기에 싸잡아 말하기가 조심스럽긴 하지만, 본문에 색도 인쇄를 하지 않는 일반 단행본의 경우 아무리 많이 잡아도 2~3천 원을 넘지 않는 게 보통이다. 의심스럽다면 비슷한 규격의 (별다른 디자인이 없는) 평범한 공책 한 권의 가격이 얼마쯤일지를 어림해 보시면 된다.

그런데 이렇게만 말하면, 도대체 책값이 왜 그리 비싼 건지, 혹시 엄청난 폭리나 가격 거품이 있는 건 아닌지 의심하시는 분도 있을 게다. 혹시 '책'이 아니라 '공책'의 가격이라면 이런 의심이 크게 잘못된 것은 아닐 것이다. 하지만 우리가 책을 사는 것은 그 안에 들어있는 내용에 대해 대가를 지불하는 것이다. 몇 십만 원짜리 컴퓨터 프로그램을 사면서 시디값이 몇 푼이나 한다고 이리 비싼 값을 매기느냐는 식으로 셈하는 사람이 어리석다면, 책값이라고 하면 으레 종이값과 인쇄비부터 따지고 드는 발상 역시 마찬가지다.

결국, 같은 내용을 종이에 인쇄하지 않고 전자매체로 전송했을 때 지불하지 않아도 되는 비용이 '종이를 사서 인쇄를 하고 책으로 묶는' 비용뿐이라면(좀더 엄밀히 따지자면 '책을 팔기 위해 옮기고 보관하는' 비용도 포함해야 하지만, 전자책의 전송 및 보안 시스템의 개발과 유지 관리에도 적잖은 비용이 필요한 만큼 일단 그 부분은 무시하자), 1만 원짜리 종이책을 전자책 형태로 공급할 때 적정 가격은 대략 7천 원 선이라는 계산이 나온다. 그런데 바람직한가의 여부를 떠나서 오랜 세월에 걸친 경험 속에서 문화적으로 형성된 가격에 대한 '감각'이 쉽게 변하기 어렵다면, 적정 가격이 2~2천 원쯤이라고 생각되는 상품의 정가가 7천 원으로 매겨져 있을 때 선뜻 지갑을 열 사람이 과연 얼마나 될까. 지금도 이미 '종이책' 시장에서 광범위하게 벌어지고 있는 일이긴 하지만, 애써 만들어낸 책을 한 권이라도 더 팔아 현금을 확보하기 위해 '생산 원가에도 못 미치는' 터무니없는 헐값을 내건 무분별한 덤핑이 더욱 판을 칠 것은 불을 보듯 훤한 일이고, 출판산업의 재생산 기반은 와해될 것이다.

　물론 음반 시장은 몰락했지만 대중음악산업 자체는 음원 시장이라는 대체 시장을 성장시키면서 살아남았던 사례를 근거로, 이런 전망이 너무 비관적이라는 반론을 펴는 분들도 없지는 않을 게다. 쉽게 말해 가격이 떨어지는 만큼 수요가 늘 수만 있다면, 7천 원짜리가 2천 부 팔리나 2천 원짜리가 7천 부 팔리나 마찬가지 아니겠느냐는 식으로 생각할 수도 있다. 사실 책을 만드는 데 들어가는 초기 비용 가운데 실제로 가장 많은 비중을 차지하는 것이 '주어진 내용을 좀더 읽기 편하게 가공하여 일정한 공간(종이책이라면 지면, 전자책이라면 수신장치가 요구하는 규격의 프레임)에 보기 좋게 배열하는' 비용이고 이 과정은 일단 완결되면 판매량의 증가에 따라 추가 비용이 요구되지 않는다는 점에서, 딴은 일리가 있는 생각이기도 하다.

〔이 글이 발표된 뒤, 이 대목에 관해 "대중음악산업의 현실을 모르는 무책임한 서술"이라는 식의 비판을 받았다. 오해의 여지가 있음을 흔쾌히 인정한다. 그러나 음원 시장으로의 재편에 대한 긍정적 평가에 동의한다는 뜻도 전혀 아니고, 그러한 재편 과정에서 대중음악 종사자들의 삶이 더욱 황폐해지고 음악의 질도 저하되었다는 주장에도 전적으로 동의한다. 다만 그런 현실 인식에 동의하지 않는 분들에게 대중음악산업의 현실을 환기하는 것은 이 글의 주제를 크게 넘어서는 일이기에 글의 논점을 좀더 분명하게 좁히기 위해 불가피하게 단순화했음을 양해해주시기 바라며, '설령 이러한 반론의 근거가 사실이라 해도'라는 가정법 표현을 생략한 불찰로 인해 혹시라도 상처를 받은 대중음악 종사자나 애호가가 있다면 깊이 사과드린다.〕

잠깐 옆길로 새자면, 바로 이 점 때문에 책은 '생산 원가'를 기계적으로 셈할 수가 없다. 판매량이 증가하는 데 반비례하여 총생산비에서 이러한 초기 비용이 차지하는 비율이 줄어들면서, 한 권당 생산 원가도 낮아진다는 것이다. 거꾸로 말해 판매가 부진하면 결과적으로 '생산 원가'가 높아질 수밖에 없다. 혹시 착각하시는 분이 있을까봐 덧붙이자면, 이것은 일반 공산품 제조업에서 생산 규모가 커질수록 원가가 낮아진다는 원리와는 전혀 다른 개념이다. 대량생산이 '규모의 효율성'을 확보한다는 뜻이 아니라, 생산 규모와 무관하게 초기에 지불해야 하는 비용의 경직성이 크다는 뜻이다. 이것은 책뿐 아니라 모든 문화상품의 본질적 속성이다. 가령 영화의 예를 들자면, 관객이 1만 명일지 100만 명일지는 개봉을 해야 알 수 있는 일이지만 그와 무관하게 개봉 이전에 이미 제작비의 대부분을 집행한 상태인 것처럼, '모험성' 또는 '위험성'이 그만큼 크다는 점을 지적한 것이다. 그리고 바로 이런 속성 때문에 이미 발생한 손해를 최대한 만회하려다 보면 '겉으로 남고 안으로 밑지는' 덤핑의 유혹에 취약해질 수밖에 없기도 하다.

아무려나, 다시 본론으로 돌아와서, 음원 시장이 음반 시장을 대체한 것처럼 전자책이 종이책을 대체할 수도 있지 않겠느냐는 낙관적인 반론은 정당한가를 따져보자. 대중음악과 책은 수용 양상이 상당히 다르다. 사람마다 취향이 있게 마련이라 단지 값이 싸다는 이유만으로 아무 음악이나 소비하지는 않겠지만, 그래도 아주 싫어하는 장르가 아닌 한, 크게 부담되는 가격이 아니라면 구매를 결정하는 데 상대적으로 그리 큰 고민이 필요하지는 않다. 게다가 마니아가 아닌 이상 음악을 들을 때는 음악에만 집중하는 경우는 별로 없다. 그러나 책은 다르다. 완전히 무료라면 모를까 자신에게 꼭 필요한 내용이 아니라면 구매를 결정하기가 그리 쉽지 않다. 무엇보다도 글을 읽는 것은 따로 시간을 내서 어느 정도 집중해야만 가능한 일이기 때문이다. 또 음악은 한 번 내려받으면 좀 지겹다 싶어질 때까지는 몇 번이고 내킬 때마다 되풀이해서 듣게 마련이지만, 이왕 내려받은 책이니 알차게 본전을 뽑겠다고 같은 내용의 책을 서너 번 이상 읽는 사람은 없다. 따라서 가격을 파격적으로 낮춘다고 해서 그에 비례하는 만큼 구매 수요가 늘어날 가능성은 거의 없다.

물론 모든 책이 다 그렇다는 뜻은 아니다. 책에도 여러 종류가 있고 수용 양상도 천차만별이라, 대중음악과 유사한 양상으로 수용될 수 있는 종류의 책도 얼마든지 있을 수 있다. 가벼운 터치의 로맨스 소설, 무협지, 야설 따위처럼 특별히 할 일이 없는 자투리 시간에 심심풀이 삼아 일별해도 크게 부담이 없는 내용들이 대표적이다. 오해하지 말았으면 좋겠다. 이런 책들이 무가치하다고 주장하려는 건 전혀 아니다. 책에는 다양한 효용이 있고, 타인에게 피해를 주지 않는 한 그런 종류의 책들을 탐닉하는 게 비난받을 일은 아니다. 다만 문제가 있다면, 뉴스부터 가십까지 무료로 뿌려지는 텍스트들도 널려 있고, 게다가 동영상이나 게임 같은 훨씬 자극적인 멀티미디어 기반의 다양한 콘텐츠들이 즐비한 상황에서 얼마나 경쟁력을 가질지가 미지수라는 점뿐이다. 예컨대, 가격이 비슷하다면 야동을 두고 굳이 야설을 볼 사람이 얼마나 될까 싶다는 것이다.

정리하자면, 정보통신 기술이 나날이 진보하는 환경에서 어떤 방식으로든 다양한 형태의 전자책이 지금보다 확산될 것은 분명하지만, 산업적 전망은 극히 불투명한 상황인 만큼 지나치게 들뜰 일도 아니고, 위에서 예를 든 협소한 범위의 책들을 제외하면 전자책이 종이책을 대체하지도 못할 터이니 섣부르게 '종이책의 종말'이 시대의 대세이기라도 한 양 떠들 일도 아니다. 정작 더 깊이 고민해야 할 지점은 '다가오는(?) —— 실은 다가오지도 않을 전자책 시대'를 대비하는 것이 아니라 '전자책'이든 '종이책'이든 '책' 자체의 위기가 그야말로 '종말'로 치닫고 있는 현실이다. 이대로 가면 그리 멀지 않은 장래에 한국 출판산업은 처참한 붕괴를 맞을 것이 분명해 보이기 때문이다.

베스트셀러가 유도하는 착시

책을 다루는 '뉴스'들도 다른 '뉴스'와 다르지 않은 속성을 가지고 있다. 흔한 말로 '개가 사람을 무는 건 뉴스가 못 된다. 사람이 개를 물어야 뉴스가 된다.' 게다가 문화 현상을 다루는 뉴스에서라면, 심지어 전혀 뉴스가 안 되는 '개가 사람을 문' 사건조차도 곧잘 '사람이 개를 문' 뉴스거리로 둔갑하기도 한다. 문화 현상에서 '객관적인 사실' 그 자체는 큰 의미가 없기 때문이다. 가령 최근(2011년) 출판 시장의 '뉴스' 가운데 하나는 『도가니』(창비)라는 책이 잘 나가고 있다는 것이다. 순수한 '팩트'는 이 사실뿐이다. 하지만 그 자체만으로는 이것이 '사람이 개를 물었다'는 건지 '개가 사람을 물었다'는 건지, 즉 뉴스인지 아닌지조차 아리송하다. 이 사실을 어떤 시각에서 어떻게 기술하느냐에 따라 그저 흔해빠진 '단신'에 머물 수도 있고 '출판계를 발칵 뒤집어놓은'(?) 어마어마한 뉴스가 될 수도 있다.

두어 해 전, 내가 가르치는 학생들에게 '현재의 베스트셀러 목록에 드러나는 대중의 욕망을 통해 시대정신의 흐름을 파악해보라'는 과제를 낸 적이 있다. 꽤 의미 있는 공부가 될 거라고 생각한 과제였는데, 딱 두 학기 동안 시도하고는 포기해버렸다. 학생들의 보고서가 신통치 않아 별다른 교육 효과가 없다고 판단했기 때문이 아니다. 오히려 학생들은 과제가 요구하는 바를 너무나 성실하게 고민해주었지만, 그 고민의 결과를 살피며 내가 내린 결론은 '적어도 베스트셀러 목록을 통해서는 시대정신의 흐름을 읽어낼 수 없다'는 것이었다. 굳이 말하자면 '유행하는 문화상품들의 동향'을 파악하는 데 그칠 수밖에 없다는 한계를 절감했다. 물론 책의 판매를 촉발한 다른 문화상품이 왜 유행하는지까지 시선이 닿을 수 있다면 얼마든지 시대정신의 기저를 탐색해볼 수도 있겠지만, 그건 이미 '출판'을 가르치는 과목의 범위를 훌쩍 넘어선 주제인 데다가 굳이 '베스트셀러 목록'을 살필 필요도 없는 일이었던 것이다.

예컨대 공지영의 소설 『도가니』가 지금 잘 팔리고 있는 '유일한' 이유는, 이 소설을 원작으로 삼은 영화 〈도가니〉가 화제 속에 흥행 몰이를 했기 때문이다. 이 영화가 개봉되기 전에 이 소설의 판매는, 특히나 이 작가의 고정독자층이 꽤나 튼튼하다는 점을 감안하면 이례적이라고 할 만큼 부진했다. 물론 영화 〈도가니〉의 흥행에서 어떤 시대정신의 흐름을 읽어내는 것은 당연히 가능하고 또한 의미 있는 일이기도 하다. 그러나 그 내용은 '영화비평'이지 '출판비평'이 아니다. 고작 '영화가 잘 나가면 원작 소설도 덩달아 잘 나가기도 한다', 즉 문화상품 시장에서 책은 '독립변수'가 아니라 다른 장르의 '종속변수'가 되었다는 것이 이 시대 '매체 수용'의 흐름이라는 정도가 출판비평의 내용일 것이다. 요컨대 드라마 〈성균관 스캔들〉이 어떻게 공전의 히트를 칠 수 있었는지를 살펴보는 건 충분히 의미가 있는 일이겠지만, 오로지 그 덕분에 베스트셀러에 오른 『성균관 유생들의 나날』(파란미디어)을 통해서는 '책이 드라마의 파생상품이 되었다'는 사실 외에 어떤 의미 있는 통찰도 기대할 수 없겠더라는 것이다. 아니나 다를까, 이 도도한 흐름은 2011년 초 '주원이의 서재'를 통해 다시 한 번 유감없이 확인되기도 했다.

〔이러한 현상에 관한 '출판비평'은, 제8장에 묶인 「책이란 무엇인가, 무엇이어야 하는가」로 다시 정리해두었다.〕

치졸한 '밥그릇 지키기' 차원의 편협한 폐쇄성의 발로가 아니라면 그게 도대체 무슨 문제가 되는지 모르겠다고 갸우뚱하시는 분들이 있을지도 모르겠다. 이렇게 돌려 설명해보자. 어떤 책이 주제의식에서든 소재의 선택에서든, 논지 전개나 접근 방식에서든, 서술 전략이나 문체적 특성에서든, 그 고유한 속성으로 대중의 호응을 얻었다면, 우리는 그 사실로부터 얼마든지 '이 시대의 대중이 어떤 책을 요구하는지'를 가늠해볼 수 있고, 더 나아가 '어떤 책을 만들면 그러한 시대정신에 부응할 수 있을지'를 모색해볼 수도 있다. 그러나 가령 영화 〈도가니〉나 드라마 〈성균관 스캔들〉의 흥행에서 우리가 알 수 있는 것은 '이 시대의 대중이 어떤 영화를 요구하는지, 어떤 드라마를 요구하는지'뿐이다. '어떤 책을 요구하는지'라고 질문을 바꿔놓으면 '책 자체의 고유한 속성과는 크게 상관없이, 영화나 드라마가 성공했든, 존경할 만한 인물이 돌아가셨다고 뉴스에서 연일 관심을 보였든, 또는 심지어 이미 잘 나가는 책이라고 소문이 날 만큼 났든, 주변의 많은 사람들이 주목하고 있는 책'이라고밖에는 대답할 수 없다는 것이다.

다른 예를 들자면, 『아프니까 청춘이다』(쌤앤파커스)가 베스트셀러가 되는 것을 보면서 많은 사람들이 여러가지 해석을 내놓았다. 그런데 과연 그런 해석들이 이야기하는 이유에서 이 책이 그토록 오래 베스트셀러의 자리를 유지할 수 있었을까. 얼마 전에 이 책과 관련된 우스개를 하나 들었다. 웬 아주머니가 서점에 와서 "요즘 잘 나가는 책이라던데, 제목이 뭐라더라. '아시아 청년'인가, 그런 책 있나요?"라고 묻더란다. 무슨 소린가 했더니, '아프니까 청춘이다'를 '아프리카 청년'으로 잘못 들었던 모양인데, '아프리카'는 너무 머니까 좀더 익숙한 '아시아'로 한 번 더 왜곡이 일어난 것이다. 그 정도까지는 아니더라도, 이 책을 산 사람들의 절반쯤은 그렇게 별다른 생각 없이 '그냥' 샀을 거라고 나는 감히 짐작한다. 무슨 근거로 그런 짐작을 함부로 하느냐고 묻는다면, 이 책과 비슷한 내용을 비슷한 어조로 서술한 비슷비슷한 책들이 이루 헤아릴 수 없이 많기에 새로울 게 전혀 없는데도(물론 그럼에도 불구하고 베스트셀러에 오르는 책들도 적지 않지만, 대개 오래 가지는 못한다) 지나치게 오래 롱런했다는 점에서 실마리를 얻었다고 답하겠다.

지난 2010년, '인문서 시장'의 건재를 확인했다는 상찬 속에 엄청난 판매를 기록했던 『정의란 무엇인가』(김영사)에서도 이런 혐의가 발견된다. 우리 사회에 '정의'라는 문제가 화두로 떠오를 수밖에 없었던 정치사회적 배경을 들먹이곤 하는 낯설지 않은 분석들이 옳다면, 이 주제를 다룬 동서고금의 수많은 책들이 이 책만큼까지는 아니더라도 조금이라도 판매가 나아진 흔적이 발견되어야 마땅하다. 그런데 그런 움직임은 조금도 감지되지 않았다. 오히려 그런 요란한 상찬 덕에 그토록 오래 많이 팔릴 수 있었다고 보는 편이 합리적이다. 지금 한국의 출판 시장에선 '좋은 책이 많이 팔리는' 게 아니라 '많이 팔리는 (것으로 알려진) 책이 더 많이 팔린'다. 그래서 적잖은 출판사들이 외형상 매출을 올리기 위한 '되사들이기'의 유혹을 떨치지 못한다.

베스트셀러 목록은, 문화상품 소비의 반문화적인 '쏠림'을 부추기는 시장의 왜곡을 야기한다거나 심지어 '책 되사들이기'와 같은 파행적 정보 왜곡의 여지를 내포하고 있다는 점 외에도, 더 근본적으로 대중의 심각한 착시를 유도하기도 한다. 보통 종합 베스트셀러 목록에서 상위에 한 달 이상 랭크될 정도라면 수십만 부가 판매된 결과이다. 그리고 온통 무슨 책이 몇 십만 부가 팔렸다느니 몇 십 쇄를 돌파했다느니 하는 '신나는' 소식들만을 뉴스로 접하는 대중들은 출판산업이 '호황'인 줄 안다. 출판사들이 책이 안 팔려 빈사 상태이고 출판산업 전체가 붕괴의 위협에 직면하고 있다고 실상을 전해도 공연한 '엄살'인 줄 안다. 저렇게 잘 팔리는 책도 있고 잘나가는 출판사도 있는데 '무능하고 게으른' 것들이나 불평불만을 늘어놓는다고 생각한다. 겉으로 잘 나가는 것처럼 보이는 출판사들조차 실은 '속 빈 강정'이고, '밑빠진 독에 물 붓기' 식으로 마케팅 비용을 쏟아붓는 실상이나 초쇄 소화도 못하는 '수십 권의 실패작'들이 깔려야 '한 권의 베스트셀러'가 나올까 말까라는 '모험산업'의 계산법을 속속들이 털어놓은들 '배부른 투정'쯤으로 치부되는 게 고작이다.

심지어 출판 종사자들조차 이런 착시에서 자유롭지 못하다. 하루하루 죽겠다고 아우성이면서도 다른 한편으로는 '대박'에 대한 꿈을 포기하지 못한다. 책을 제대로 읽어주고 좋은 책을 알아봐주는 '독자'가 사라져가고 있는데도, 어떻게든 책 한 권이라도 더 팔 궁리만 할 뿐 독자를 한 사람이라도 더 늘리려는 더 근본적인 모색은 안 한다.

공공화만이 해답이다

독자가 줄어드는데도 책을 계속 만들어내는 것은, 순수하게 경제적인 관점에서만 보자면 '낭비'다. 아무리 추상적으로 책의 가치를 역설한들 이 사실이 달라지는 것은 아니다. 책은 읽기 위해 존재하는 것이고, 읽을 만한 가치가 있어야만 굳이 세상에 존재할 만한 가치가 있는 것이다. 그런데 책이 세상에 태어나기 전에는 그것이 과연 얼마나 많은 사람들에게 얼마나 읽을 가치가 있는 것인지 아무도 미리 알 수가 없다. 뻔하디 뻔한 얘기로 여겨지겠지만, 이것이 출판산업을 붕괴로 치닫게 하는 가장 핵심적인 문제이다.

앞서 책을 만드는 데 들어가는 비용 가운데 가장 많은 비중을 차지하는 것이 종이값이나 인쇄비 따위의 물리적인 비용이 아니라, 설령 전자책의 형태로 만들더라도 결코 줄어들 리가 없는 비용이라고 말했지만, 그조차도 그저 피상적인 관찰에 지나지 않는다. 출판사에서 지출하는 비용 가운데에서 책을 만들기 위해서가 아니라 순전히 '어떻게든 더 팔기 위해' 들어가는 마케팅 비용이 날로 증가하고 있지만, 그 점을 논외로 하고 '책을 만드는 비용'만을 고려하더라도, 책 한 권의 '원가'에서 가장 큰 비중을 차지하는 것은 순수하게 그 책을 만드는 데 들어가는 '제작비'나 '편집비' 따위가 아니라 실은 일종의 '보험료'이다. 애써 만들어낸 책이 결과적으로 팔리지 않았을 때 발생할 수밖에 없는 '매몰 비용'이 팔리는 책에 의해 벌충되지 않으면 출판산업은 지속적인 재생산이 불가능하기 때문이다.

가령 출판에 대해서 잘 모르는 일반인들에게도 널리 알려져 있듯이, 저자에게 지불되는 '저작권 사용료'는 책값의 대략 10퍼센트 가량이다. 즉 1만 원짜리 책이라면 대략 1천 원 가량이 저작자의 몫이다. 단지 이 사실만 놓고 보면 출판사에서 엄청난 폭리를 취하는 것이 아닌가 하는 의심을 품을 수도 있다. 그런데 만일 5천 부에 해당하는 저작료가 미리 지불되었다고 가정해보자. 사실 저작료는 판매에 대한 보수가 아니라 저작물을 복제하고 판매할 수 있는 '권리'에 대한 대가이고, 적어도 계약된 부수의 판매에 대한 위험부담은 저자가 아니라 출판사가 지는 것이 원칙이다. 그런데 불행히도 이 책이 2천 부밖에 판매되지 않았다면, 1만 원짜리 책 한 권에서 저작료 부담은 1천 원이 아니라 2천5백 원이 되는 것이다.

물론 이것은 설명의 편의를 위해 단순화한 계산법이다. 실제로 출판사에서는 책 한 권 한 권에 이런 계산을 적용하지는 않는다. 일정 기간을 단위로 출간 계획을 잡고 그에 소요되는 비용과 예상되는 판매량 및 위험부담을 전체적으로 계산한다. 다만 문제가 있다면, 일정 규모 이상에 못 미치는 대다수 영세한 규모의 출판사에서는 실제로 이런 장기적인 계산을 펼칠 만한 여유조차 없다는 것이다. 아예 폐업을 하지 않는 이상 책을 만들어야 수익을 기대할 수라도 있으니 '도박판'에 판돈 걸듯 위험부담에 대한 별다른 대책도 없이 일단 책을 만들어내고 본다. 그리고 대다수의 대중은 물론이려니와 심지어 그 책을 꼭 필요로 하는(즉 그런 책이 '존재한다'는 것을 알기만 한다면 한 권쯤 사 줄 수도 있는) 그나마 얼마 안 되는 독자들조차 그 책의 출간되었다는 사실을 알지 못하는 채로 사장되는 책들이 부지기수이다.

독자들을 탓할 수만도 없는 게 1주일 동안 시장에 나오는 책만 해도 어림잡아 수백 종이다. 게다가 상황을 더 악화시키고 있는 건, 왜곡된 '도서정가제'이다. 출간된 지 18개월 미만의 신간에 대해서만 정가판매를 강제하는 까닭에, 정가제에서 풀려난 구간 도서들이 걸핏하면 '반값'이나 그에도 못 미치는 터무니없는 헐값으로 할인 매장에 나온다. 하지만 당장의 실용적 요구를 충족하는 학습서 따위가 아니라면 '꼭 지금 읽어야 하는 책'이란 사실 별로 없다. 그러니 혹 읽고 싶은 책을 발견했다 하더라도 길게 잡아도 1년 반만 기다리면 훨씬 싼값에 살 수 있다면, 곧바로 구매하는 것은 '바보짓'이나 다름없게 된다.

여기서부터 악순환이 일어난다. '되사들이기'는 물론 눈속임으로 베스트셀러를 '만들어내기'라도 해보려는 안간힘이지만, 설령 역부

족으로 소기의 목적을 달성하지 못한다 해도 정직하게 '안 팔리는 책을 창고에 쌓아놓기만 하는 것'보다는 현금 융통에 훨씬 큰 도움을 준다. 중고 시장으로 풀려나오는 책들의 상당량이 실제 독자들이 읽고 되파는 책이 아니라 이렇게 변칙적으로 풀린 책들이라는 것쯤은 이제 출판계에서 비밀도 아니다. 그렇게 해서 발생한 손해는 '마케팅 비용'이라 여기면 그만이다. 그 와중에 '운좋게도'(!) 그간의 매몰 비용을 상쇄할 '대박'이라도 터져주면 그래봤자 '원점'이고, 그런 행운조차 만나지 못한다면 그냥 망하는 것이다. 혼자서만 망하면 그나마 다행인데, 아무리 코딱지만 한 구멍가게라도 대한민국에서 순수하게 제 돈만 가지고 사업하는 사람 본 적 있나. 곳곳에 '민폐 작렬'이다.

그래서 웃지 못할 역설이 발생하기도 하는데, 금융권 부실을 몰고 온 '대마불사大馬不死'의 신화이다. 그대로 주저앉으면 꼼짝없이 떼이게 될 빚의 규모가 클수록 오히려 더 오래 버티게 마련이니, 터졌다 하면 '대형 사고'다. 도대체 누가 '출판은 소규모 창업이 유망한 업종'이라고 무책임하게 떠들어대는지는 정말 알다가도 모를 일이지만, 애당초 양심껏 살고 싶고 간도 작은 사람들이 고작 '몇 천만 원' 정도의 (당사자에게는 피눈물 나는 거액이겠지만) '푼돈'으로 소박하게 접근할 수 있는 일이 아니다.

이렇게까지 이야기하는데도, "그러니까 팔릴 만한 책을 잘 골라 만들면 되는 거 아니냐"고 반문하는 사람들이 있다. 심지어 현장 경험이라곤 전혀 없는 사람들일수록 자신이 구상한 책은 틀림없이 (크게 성공하지는 않더라도) 어느 정도는 수요가 있을 거라고 확신하는 경향이 있다. 다시 말하자. 진심으로 조언하건대, 정말 그걸 미리 알 수 있는 예지능력이 있다면 출판사를 차리는 것보다 미아리에 점집을 차리는 편이 성공 가능성이 훨씬 높다. 동어반복이지만, 누구도 예측할 수 없기 때문에 그것을 '위험'이라고 하는 것이기 때문이다. '모험산업'에서 '위험'이란, '예측'의 대상이 아니라 '관리'의 대상이다. '관리'에는 필연적으로 '비용'이 수반되게 마련이며, '위험도'가 높을수록 그 비용은 커진다. 그리고 그 비용이 현재 출판산업의 규모가 감당하기 어려울 만큼 커졌으며 점점 더 빠른 속도로 커지고 있다는 것이 내가 출판산업의 '붕괴'라는 극단적인 전망을 도출하는 근거이다.

그러니 출판산업이 붕괴를 피하려면, '위험도'를 줄이는 수밖에 다른 길이 없다. 종이책이든 전자책이든 아무도 '타산이 안 맞아' 책을 만들어내지 못하는 세상이 그다지 불편할 것도 아쉬울 것도 없는 사람이라면 한 귀로 듣고 한 귀로 흘려도 좋다. 그러나 어떤 형태로든 책이 필요하고 또 누군가는 책을 만들어내는 일을 감당해야 한다고 여긴다면, 그 노력에 상응하는 (충분치는 않더라도) 최소한의 대가가 정당한 방법으로 되돌아갈 수 있도록 힘과 지혜를 모아야 한다. 거기에는 '위험'에 대한 비용도 당연히 포함된다. '위험'을 오로지 개인이 감당해야 한다면 누구인들 위험한 일에 뛰어들려 하겠는가.

세상의 그 어떤 책도 책으로 만들어져 대중 앞에 공개되기 전까지는 누구도 그 책이 얼마나 많은 사람들에게 얼마나 큰 가치를 지닐지를 단언할 수 없다는 준엄한 사실을 잊지 않는다면, 그럼에도 불구하고 일단 책이 만들어져야 그런 가치를 인정하든 말든이 가능하다고 믿는다면, 그 위험에 따른 비용을 사회적으로 함께 부담하려는 노력이 필요하다. 그것이 출판산업이 '공공화'되어야 하는 까닭이다. 그리고 책을 읽고 싶은 사람은 그 책의 '생산 원가'가 얼마이든 그와 무관하게 '무료'로 책에 접근할 수 있어야 한다. 시민의 세금과 자발적인 기부금으로 운영되는 공공도서관의 확충만이 유일한 해답이다.

우연히도 앞의 글 「인문 정신은 무엇으로 사는가」와 같은 매체에 실린 글이다. 5년이 넘는 시차가 있기에 일종의 '후속편'이라고 못박아 말하기도 어렵지만, 어렴풋할망정 앞글과의 연결을 의식하면서 쓴 글이라는 점을 부인하기도 쉽지 않다. 적어도 앞글의 내용을 전제하고 읽는 것이 맥락을 이해하는 데 더 도움이 될 것이다. 특히 이 글이 발표된 뒤, "현실 인식에는 동의하지만 결론에는 동의하지 않는다"는 논평도 있었는데, 결론으로 제시된 내용이 근거가 부실한 비약이라고 여겨지는 분들은 앞글과 이 책의 제2장에 실린 글들을 통해 좀더 보강된 논거를 확인하실 수 있을 것이다.

〈인물과사상〉 2011.11.

한국 출판문화의 현주소

2007

출판은 틀림없는 문화활동이다. 그러나 2000년대 한국 사회에서 출판이 이루어지는 양태는 한마디로 '반문화反文化' 그 자체이다. 출판 동네의 어느 구석을 살펴봐도 '문화'의 흔적이라고는 조금도 찾을 수 없는 '야만'만이 판을 치고 있다.

"도박이 아니면 음풍농월, 그리고 노가다"

우선 출판의 대전제라 할 수 있는 저술의 측면을 보자. 다양한 출판 수요에 부응하여 저작물을 생산해낼 수 있는 저술가의 풀이 너무도 협소하다. 여기에는 크게 두 가지 이유가 있다.

저술 활동이 가능한 지적 능력을 가진 사람들이 그 지적 능력을 저술 활동보다는 다른 경제 활동에 투여하는 편이 훨씬 더 경제적이다. 저술의 문화적 가치를 사회적으로 인정하는 경제적 보상 체계는 전무하다시피하며, 오로지 시장 경쟁을 통한 상업적 성공 여부만이 유일한 잣대일 뿐이다. 하지만 저술 단계에서 아직 실현되지 않은 판매 이익을 기대하며 한 달치 생활비도 안 되는 계약금 말고는 다른 경제적 지원이 전혀 없이 몇 달씩이나 저술 활동에 시간을 할애한다는 것은 '도박'이나 다름없다. 그보다 훨씬 안전하게 자신의 지적 능력을 발휘할 기회가 있다면 누가 그런 도박을 하겠는가. 더구나 이조차도 어디까지나 상업적 성공이 어느 정도 기대될 때의 이야기이다. 초쇄를 소화하지도 못하고 사장되는 책들이 수두룩한 형편인지라, 예컨대 사회 전체적으로 보아서는 그 존재 자체로 엄청난 '문화적 가치'를 지니더라도 개별 독자들에게는 그다지 구매 욕구를 자극하기 어려운 저작물은 아예 출판이 불가능하다. 창의적인 자발성에 기반해야 할 저술 활동은 사회 전체적으로 위축될 수밖에 없다.

또한 저술 활동의 저변을 형성하는 연구·조사·취재 등 1차적인 지식 생산 활동이 특정 집단에 폐쇄적으로 독점되어 있으며, 그 제도적 인프라가 사회적으로 공유되고 있지 못하다는 취약성도 저술 활동의 위축을 가져오는 커다란 요인이다. 이를테면 대학에 적을 두지 않은 일반인이 일과 시간을 쪼개어 자료를 조사하고 기존의 저술 성과를 검토하는 저술 준비 활동을 수행한다는 것을 상상하기는 쉽지 않다. 현실적으로 그나마 안정적인 저술 활동이 가능한 조건을 누리고 있는 이들은 그러한 독점적 지위에 안주하여 자족적인 음풍농월에 머물면서도 '문화적 가치'를 강변한다.

저술 활동 위축의 결과로 번역물 의존이 심화된다. 이 자체로는 바람직하다거나 바람직하지 않다거나를 쉽게 단언할 수 없지만, 적어도 번역물이 출판물의 주종을 이루는 출판 현실에서 번역 활동이 차지하는 위상은 누구도 부인할 수 없다. 그런데 번역 활동의 양상은 어쩌면 저술보다도 훨씬 더 '야만적'이다.

2006년 『마시멜로 이야기』(한국경제신문) 대리 번역 파문의 한복판에서 어느 번역가가 토로했던 "번역은, 인형 눈 붙이기, 구슬 꿰기와 함께 대한민국 3대 노가다"라는 자조는 '번역문화'를 이야기하는 것조차 사치스러운 현실을 웅변한다. 더 정직하게 말하자면, 한국 번역 출판의 질은 번역가들보다는 편집자들의 '노가다'에 더 많은 부분을 기대고 있기도 하다.〔제5장에 묶인 「번역출판의 원숭이들」에 이러한 현실의 단면을 담았다.〕

"독자(문화)는 없고 소비자(시장)만 있다"

다음으로 출판의 궁극적 목적이라고 할 수 있는 독서(수용)의 측면을 보자. 1인당 연간 독서량 따위의 통계만으로도 암담한 현실을 말하기에 모자람이 없지만, 몇 권을 읽는가보다는 어떻게 읽는가 그리고 읽고 나서 어떤 효과가 생겨나는가가 훨씬 더 중요한 논점일 것이다. 그와 관련하여 가장 의미심장한 계량적 지표는 2005년 한국교육개발원에서 발표한 OECD 사무국의 '성인인구 문서해독 능력 측정 도구'에 의한 '실질문맹률'일 것이다. 몇 년이 지난 낡은 통계이기는 하지만, 그 사이 획기적인 진전이 있었을 가능성이 전혀 없으므로 지금의 현실을 설명하는 데 큰 문제는 없을 것이다. 한마디로 정리하자면 성인 인구 4명 중 3명이 새로운 직업에 필요한 정보나 기술을 얻을 수 없을 정도로 일상문서 해독 능력이 떨어지는 '실질문맹'이라는 것이다. 이로부터 유추할 수 있는 가장 단순한 결론은, 책을 산다는 것이 반드시 그 책을 읽는다는 것을 의미할 수는 없다는 것이며, 또는 책을 많이 산다는 것이 꼭 책을 많이 읽는다는 것을 의미하지도 않는다는 것이다. 책에 기록된 문자 텍스트를 제대로 읽어낼지부터가 의심스러운 상황이 아닌가.

아닌 게 아니라 앞서 언급했던 『마시멜로 이야기』 파문의 이면에도 이런 정황은 어김없이 개입한다. 순진한 독자들을 상대로 '사기극'을 벌이다 들통이 나버린 출판사나 '가짜 번역자'를 두둔할 생각은 조금도 없지만, 가령 『마시멜로 이야기』를 읽고 '별 볼 일 없는' 내용에 이미 '본전 생각이 났던' 독자들이라면 논외로 하더라도 '좋은 내용'이라며 주위에 입소문을 내고 선물을 함으로써 '사기 마케팅'에 일조했던 독자들이 뒤늦게 '사기'라고 목소리를 높이는 것은 어딘지 앞뒤가 맞지 않는다. 그들이 '열광적으로' 구매했던 것은 과연 그 책의 '내용'인가 아니면 번역자의 '이미지'인가. 더 노골적으로 말하자면, 『마시멜로 이야기』의 후안무치한 '포장'에 사기당하기에 앞서 이미 그 (내용이 아니라) 포장에 현혹된 자기 자신으로부터 더 큰 사기를 당했던 것은 아닌가.

직설적으로 말하자. 출판사에서 '좋은 내용'의 책을 공들여 만들어냈다고 해도, 그 책의 '내용'과 그것을 책으로 만들어내기 위한 편집자의 '공력'은 고사하고 그 '존재' 자체마저도 독자들에게 알릴 방법은 전혀(!) 없다. 일간지마다 북섹션을 두고 '좋은 책'을 널리 알리려 애쓰지만, 주요 일간지를 도배하다시피 요란하게 기사화가 되었는데도 초쇄 2천 부도 소화되지 못한 채 사장된 책들이 부지기수이다. 독자들에게 '좋은 내용'의 책을 소개하는 것을 본분으로 하는 '서평지'들은 한결같이 경영이 어렵다. 이런 매체를 일부러 구해서 책에 대한 정보를 얻으려는 독자들이 드물기 때문이다. 이제 한국 출판 시장에 본래적 의미의 '독자'는 거의 사라졌다. 책이라는 문화 상품의 '소비자'들만이 존재할 뿐이다. 그리고 '소비자'들이 구매할 상품을 선택하는 준거는 책의 '품질'과 거의 무관하다. 그것이 아니라면, 책 한 권을 사면 한 권을 끼워준다는 '1+1'도 모자라 드디어 '1+3'까지 출현하기에 이른, "이러다간 책 사면 자동차 준다는 광고까지 나오겠다"는 자조가 전혀 생뚱맞게 들리지 않는 '개판 오분 후'의 이벤트 경쟁은 도대체 어디에 근거한단 말인가.

〔이 글을 발표하고 얼마 지나지 않아 진짜로 자동차를 경품으로 내거는 이벤트가 출현하기도 했다. 농담 삼아 한 예언 같지도 않은 예언조차 현실화되는 걸 보면 오싹하기도 하고 참담하기도 하다.〕

종로 한복판의 어느 대형서점 입구에는 여느 서점과 다름없이 '베스트셀러' 매대가 자리 잡고 있다. 가장 많이 팔리는 책을 가장 주목도가 높은 위치에 전시하는 것 자체야 나무랄 일이 아니다. 문제는 이 서점의 '베스트셀러' 매대는 최소한의 영역 구분이 전혀 없이 모든 분야의 책이 뒤섞여 있다는 것이다. 그것은 이 서점을 찾는 독자들이 이러한 진열 방식을 불편해하지 않는다는 것을 의미한다. 요컨대 적어도 이 서점이 소구하는 독자들은 자신의 취향에 따라 관심을 가진 분야에서 '비슷한 취향과 관심을 가진' 다른 독자들이 선호하는 책을 찾는 것이 아니라 무작정 '요즘 잘 나간다는 책'을 찾는다는 뜻이다. 하기사 섬뜩하기 짝이 없는 실질문맹 통계를 감안한다면, 어차피 제대로 읽지도 않을(실은 제대로 읽어내지도 못할) 책이라면 그 내용이 무엇이든 무슨 상관이겠는가.

많은 출판인들이 단행본 시장에서 살아남을 수 있는 분야로 아동·청소년 도서를 지목하는 데 큰 이의가 없지만, 그것은 수요자(독자)와 소비자(구매자)가 다르다는, 즉 실수요자가 구매에 대한 결정권을 행사하지 못한다는 이 시장의 특성 때문이지 그 이상의 다른 의미는 없다. 불행한 일이지만, 이제 자신이 읽기 위해 책을 사는 독자는 거의 사라지고 있는 것 같다. 인문서 분야에서도 간혹 초대형 베스트셀러가 나오지만, 그 판매량의 대부분이 '서가 장식용'이 아니라 '독서용'이라고 믿는 순진한 사람들도 거의 없는 것 같다. 분야를 불문하고 책들의 외양이 '읽기 편하게'보다는 '들고 다니거나 꽂아두기에 폼 나게'에 더 치중하는 것이야말로 소비자들이 무엇을 원하는지에 정직하게 대응한 결과일 것이다.

"적자생존, 이전투구"

마지막으로 저자와 독자를 매개해주는 출판산업 내부로 시선을 옮겨 보자. 저술 활동이 위축될 수밖에 없고 번역도 '울며 겨자 먹기'를 벗어날 수밖에 없는 상황에서, 독자(소비자)들도 책의 '존재론적' 본령과는 무관한 무엇인가를 요구하고 있다면, 출판업에 종사하는 사람들이 할 수 있는 일이란 과연 무엇일까. 정직하게 말하면 '없다'! 다른 모든 산업 영역에서 그러하듯 오로지 살아남으려고 발버둥칠 뿐이다. 수단과 방법을 가릴 처지가 아니다. "강한 자가 살아남는 것이 아니라, 살아남는 자가 강한 것이다."

　저작물이 저자에게서 독자에게로 전달되는 총체적 과정으로서의 출판이 '문화'의 차원에서 이야기될 수 있는 최소한의 '출판문화'를 확보하는 길은 이미 '출판산업'의 영역을 벗어난 지평에 있다. 적자생존과 이전투구라는 '반문화적 야만'은 신자유주의적 질서가 지배

하는 사회 구조 전반에 팽배한 문제이지, 출판에서만 유독 도드라지는 문제가 아니다. 역사 이래로 모든 의미 있는 문화적 모색은, 지배 질서를 향한 '저항'으로부터 그 싹이 텄다. 지금 한국의 출판문화 또한 예외가 아닐 것이다.

대학입시에 볼모 잡힌 교육 현장을 정상화하지 않고서는 실질문맹의 획기적 개선은 요원한 과제일 것이다. 낙오자에게는 다른 기회가 주어지지 않는 가장 극악한 적자생존의 질서를 완화하지 않고서는 '한가하게' 책 속에서 삶의 길을 찾으려는 독자를 기대할 수도 없다. 출판물의 생산-유통-소비의 모든 과정이 '공공적 질서' 속에서 재편되지 않고서는, 그 최소한의 기반이라 할 수 있는 공공도서관의 인프라 확보 없이는, '출판문화'란 관념 속의 낡은 사전에만 존재하는 화석일 따름이다.

〈책&〉 2007. 10.

제2장

출판산업의 공공화를 위하여

책값 할인은 소비자의 이익인가 2010

도서정가제(서점들이 출판사가 정한 책값보다 싸게 팔 수 없도록 강제하
는 제도)를 둘러싼 논란은 어제오늘의 일이 아니다. 출판계에서는
할인 폭을 축소하거나 아예 할인을 전면 금지하는 '완전 도서정가
제'로 가야 한다고 기회가 있을 때마다 목소리를 높이지만, 정가제
를 폐지하여 자유로운 가격 경쟁을 허용해야 한다고 맞서는 온라인
서점과 소비자 단체의 주장도 끊임없이 제기된다.

온라인 서점이 영리를 위해 시장 규제를 달갑지 않게 여기며 영업
활동의 자유를 주장하는 것은 어찌 보면 자연스러운 일이지만, 소
비자들이 '터무니없이 비싼 책값'을 이유로 정가제 폐지 주장에 솔
깃해하는 것은 곰곰 되짚어 생각해볼 여지가 적지 않다. 우선 책값
이 비싸다는 세간의 인식부터가 사실과 거리가 멀거니와 책을 더 싸
게 살 수 있다고 해서 그것이 과연 소비자의 이익일지 매우 의심스
럽기 때문이다.

소비자들이 궁극적으로 원하는 것은 단순한 가격 경쟁이 아니라
가격 경쟁을 통한 품질 경쟁이다. '싼값에 질 좋은 상품'을 사려는

것이지 품질은 제쳐두고 무조건 '싼값'만을 찾지는 않는다. 가격 차이를 상쇄할 만한 품질 차이가 있다면 값이 좀 비싸더라도 품질이 더 좋은 상품을 선택하기도 한다. 그렇다면 책의 품질은 어떻게 가릴 수 있을까. 인쇄 상태가 좋다거나 제책이 튼튼하다거나 하는 것도 고려사항이기는 하지만 본질적인 것은 아니다. 책의 품질은 그 내용에 있다.

그런데 책에 담기는 내용은 원천적으로 품질 경쟁이 불가능하다. 책의 외형을 만드는 인쇄소에서는 품질 경쟁이 가능하지만, 출판사는 인쇄소가 아니다. 어느 저자가 다른 저자보다 같은 값에 더 질 좋은 내용을 써낸다거나 더 싼값에 같은 질의 내용을 써낸다는 것은 불가능하다. 그 연장선에서 저자가 쓴 내용을 독자가 읽기 쉽도록 지면 위에 배열하고 글의 완성도를 높이는 일을 하는 출판사에서도, 어느 출판사가 다른 출판사보다 같은 값에 더 읽기 쉬운 책을 만든다거나 더 싼 값에 같은 완성도의 책을 만드는 것은 불가능하다. 그것은 결코 기술 혁신이나 원가 절감의 대상이 될 수 없는 사람의 정신작용에 기초한 일이기 때문이다.

무분별한 가격 경쟁이 필연적으로 초래하는 원가 절감의 압박은, 글을 쓰고 그것을 좀더 읽기 쉽게 만드는 사람들의 정신을 황폐화한다. 책 한 권을 팔아서 얻을 수 있는 수입이 반토막 나면 같은 수입을 유지하기 위해 한 권을 쓰고 만들 시간에 두 권을 쓰고 만들어야 하기 때문이다. 책의 품질이 책을 쓰고 만드는 사람들의 정신이 얼마나 여유로운가에 달려 있다면, 책값은 오히려 지금보다 훨씬 비싸져야 한다. 일용노동자와 다름없는 열악한 조건에서 분투하는 대다수 저작자와 편집자들의 현실에 비추어 지금의 책값은 그야말로

'터무니없는 헐값'이기 때문이다.

소비자의 이익을 위해 정작 우리가 지혜를 모으고 힘을 쏟아 찾아야 할 것은, 책을 더 싸게 살 수 있는 방법이 아니라 더 좋은 책을 쓰고 만들려는 노력에 대한 대가를, 날로 얄팍해져만 가는 독자들의 주머니에만 기대지 않고 공공적으로 해결할 수 있는 방법이다.

〈한겨레〉 2010.5.29.

문화 다양성에 관해 기초적인 이해를 하고 있는 사람이라면 누구라도, 100만 부가 팔리는 책이 100종 만들어지는 사회보다 1만 부 팔리는 책이 1만 종 만들어지는 사회가 더 바람직하다고 말할 수 있다. 그런데 이 자명한 결론은 자본주의 사회의 시장 원리와 정면으로 배치된다. 100종이 100만 부씩 팔리나 1만 종이 1만 부씩 팔리나 경제적 가치의 총합은 같지만, 100종을 만드는 비용과 1만 종을 만드는 비용은 하늘과 땅 차이가 난다. 냉정한 시장 원리로만 보자면, 같은 비용으로 더 낮은 효과를 올리거나 같은 효과를 얻기 위해 더 많은 비용을 들이는 기업은 시장에서 도태되어야 마땅하다. 출판을 시장 원리에만 맡겨서는 안 되는 까닭이 여기에 있다.

  뒤집어 말하면 정부와 시민사회는 공공정책을 통해 출판 시장에 적극적으로 개입함으로써, 시장 원리에 의해서는 결코 이룰 수 없는 문화 다양성을 지지해야 할 책임이 있다. 이것은 결코 논쟁의 대상이 아니다. 혹 이러한 목표를 실현하기 위해 과연 어떤 수단이 더 효과적일지 또는 부작용이 적을지에 관해 토론할 수는 있겠지만 말이다. '장사하기 좋은 나라'를 만들겠다는 공약으로 상징되는 현재의 정부가 '책 장사 하기도 좋은 나라'라는 시각에만 매몰되어 이 명백한 책임을 방기하는 것도 매우 우려스러운 일이지만, 그래서라도 오히려 더욱 분발해야 할 시민사회가 '방향도 목표도 막연하기 짝이 없는' 독서 캠페인 수준을 넘어서는 공공적 대안을 고민하지 못하는 현실은 더 참혹하다. 어려운 조건 속에서도 '책 읽는 문화'를 확산시키려 애쓰고 계시는 분들의 선의와 진정성을 의심할 수는 없겠지만, 몇 해 전 〈느낌표〉의 씁쓸한 사례에서 확인되듯, 독서 캠페인이 요란하고 대중적인 설득력을 가질수록 '잘 나가는 책을 더 잘 나가게 밀어주기'로 귀결될 뿐이라는 처연한 사실을 부인할 수는 없다.

여기에서 한 걸음 더 나아가자면, 예컨대 1년에 100종을 펴내는 출판사 10개가 있는 사회와 10종을 펴내는 출판사 100개가 있는 사회 가운데 어느 쪽이 더 바람직한가에 대해서도 고민을 확장시킬 필요가 있다. 내게는 여전히 자명한 문제로 보이지만, 나와는 생각이 다르신 분들이 출판계 안에도 꽤 폭넓게 존재하는 것으로 알고 있고 나는 그분들의 이견을 얼마든지 존중한다. 마찬가지로 내 생각도 '있을 수 있는 이견'으로 존중받기를 기대한다. 따라서 이에 관한 공공 정책의 과제와 목표를 설정하는 문제로 국한해서 말하자면, 앞서의 문제와는 조금은 다른 차원에서 이 문제 역시 논쟁의 대상이 될 수 없다.

자본의 집중은, 그것이 출판산업 발전의 토대가 될 수 있다는 견해가 옳건 그르건, 이미 심각하게 현실화되고 있으며 시장 원리의 충분한 지지를 받고 있다. 반면에 소규모 출판의 활성화가 출판의 자유를 실질적으로 보장할 수 있다는 견해는, 그것이 옳건 그르건,

현실에서 설 자리가 사라지고 있다. 이것은 '있을 수 있는 이견' 사이의 공정한 경쟁이 아니다. 이것이 정부나 시민사회의 정책적 개입이 전자를 존중하면서도 후자를 좀더 확고하게 지지해야만 하는 까닭이다.

지면에 실린 제목은 「소규모 출판 활성화, 정부가 개입하라」이다.
〈한겨레〉 2010.8.21.

대규모 출판 자본,
부러우면 지는 거다

2011

2010년 연말 어느 술자리 풍경. 과도한 할인 경쟁으로 인해 급기야 '신간 론칭'이 안 되는 파국적 사태로까지 치닫는 출판 현실에 분통을 터뜨리다가, 결국 '제가 먹을 우물에 스스로 독을 푸는' 출판사들이 문제라는 성토로까지 이어졌다(좀더 설명하자면, 현행법상 출간 후 18개월이 지나면 도서정가제 대상에서 제외되어 사실상 '무제한 할인'이 가능해진다. '합리적 소비'라는 측면에서만 보자면, 당장 필요한 책이 아닌 한 제값 내고 신간을 사는 건 '바보짓'이 돼버리고 마는 게다). 그리고 이내, 그 자리에 있던 어느 누구도 그러한 비판에서 자유롭지 못하다는 처연한 사실을 알아채고는 무력감에 허탈해졌다.

자못 무거워진 분위기를 반전시킬 요량이었는지, 누군가가 "큰 집들이 문제죠."라고 과녁을 바꿨다. '너나 할 것 없이 다 한심하다'는 무력한 자책보다는, 그래도 '덩치 큰 놈들이 앞장서니 마지못해 따라간다'는 하소연이 조금은 위안이 될 터였다. 게다가 사실 틀린 말도 아니다. 거래 규모가 큰 대형 출판사에서 과감하게 과도한 할인판매 중지를 선언하고 할인 이벤트에 책 공급을 중단하는 용단을 내린다면, '막가파식' 할인 경쟁에 어느 정도 제동을 걸 수 있을 것이다.

비단 유통 문제만이 아니다. 대형 출판사들이 그 '힘'에 걸맞는 사회적 책임에는 전혀 관심이 없다는 증거는 숱하다. 하긴 "있는 놈들이 더 독하다."는 속설을 두고 흔히 "그게 아니라 독하니까 있는 놈이 되는 거야."라고 맞받아치듯이, 사회적 책임까지 알뜰하게 챙기면서 그만한 힘을 발휘할 수 있는 규모로 키우지는 못했을 것이다. 아무려나 이야기의 주제가 문화산업에서 '자본의 집중'이 야기하는 헤아릴 수 없이 많은 폐해들로 옮아가는 듯했다. 그런데 웬걸? '큰 집'들을 신나게 씹어대는 것으로 자족하기(술자리에 더이상의 무엇을 바라는가!)에는 심각한 심리적 딜레마가 가로놓여 있었다.

중소 규모 출판사에서 당장의 '생존'을 위해 안간힘을 쓰고 있는 그들 대부분의 속마음에는, 언젠가는 그런 '큰 집'에서 일할 수 있는 날에 대한 꿈이 없지 않은 것이다. 아니 꼭 그렇지는 않더라도 자신이 몸담고 있는 회사를 그만한 규모로 성장시키는 데 능력을 발휘하고 싶기는 한 것이다. 그러니 소리 높여 '큰 집'을 비난한들, 거창하게 '문화 다양성'의 측면에서 '독점'의 사회적 해악을 우려하는 '시민의식'의 발로가 아니라 그저 유치한 '질투'에 지나지 않게 되는 것이다.

그래서 새삼 칼럼니스트 김규항의 일갈을 떠올렸다. "우리가 삼성을 타도하는 가장 분명한 방법은 진심으로 삼성을 경멸하는 것이다. 말하자면, 삼성 직원인 동창을 부러워하지 않는 것이다. 동생이나 조카나 자식이 삼성 직원인 걸 은근히 자랑스러워하지 않는 것이다." 우리가 출판 종사자로서 문화 다양성을 좀더 확고하게 지지하기 위해, 시장질서 왜곡에 앞장서는 대규모 출판 자본을 이겨내는 가장 분명한 방법은 진심으로 그들을 경멸하는 것이다. '돈 놓고 돈 먹기'식의 이벤트 경쟁으로 만들어진 베스트셀러 목록 따위를 결코 부러워하지 않는 것이다.

<한겨레> 2011.1.8.

자본의 영세성은
극복의 대상인가

2004

출판계에 산적한 여러 문제를 들추어낼 때마다 반드시 맞부딪치게 되는 벽이 '출판 자본의 영세성'이라는 두 번 말하면 숨가쁜 현실이다. 출판 노동자들에게 일한 만큼의 임금을 지불하지 못하는 구조화된 저임금 고용도 다 자본의 영세성 때문이고, 출판사가 가장 앞장서서 보호해야 할 저자·번역자·디자이너 등 '콘텐츠 생산자'들을 오히려 본의 아니게 가장 앞장서서 경제적으로 정신적으로 골탕을 먹이게 되는 것도 순전히 자본의 영세성 때문이며, 외서의 저작권을 수입해오는 과정에서 저작권 대행사의 '횡포'에 농락당하는 데서부터 책을 독자에게 전달하는 과정에서 유통업자의 '장난질'에 피멍이 드는 데까지 온갖 문제들이 모두 자본이 영세한 탓에 당하는 설움이라는 식이다.

그리고 이런 식의 설명은 적어도 표면적으로는 '진실'의 일면을 가지고 있다. 자본만 넉넉하면 하루 벌어 하루 먹고사는 주먹구구에서 벗어나 좀더 장기적인 관점에서 합리적인 경영을 도모할 수 있을 텐데, 자본만 넉넉하다면 좀더 나은 조건 속에서 능력 있는 편집자가 마음껏 재주를 발휘할 기회를 줄 수 있을 텐데, 자본만 넉넉하다면 역량 있는 필자를 좀더 적극적으로 발굴해 지속적인 지원을 아끼지 않을 텐데, 또는 자본만 튼튼하다면 그래서 본격적인 생산 규모를 확보하고 거래 규모가 늘어난다면 일방적인 농간에 대항력을 가질 수 있을 텐데…로 이어지는 그럴듯한 포부를 가슴에 품어보지 않은 출판인이 누가 있으랴.

그러나 정말 자본만 넉넉하다면 그 모든 '꿈'을 현실화할 수 있을까. 아니 자본의 영세성은 순전히 그 모든 '꿈'의 실현을 가로막고 있는 현실적 장벽이기만 한 것일까. 나는 단연코 아니라고 생각한다. 출판 자본이 영세할 수밖에 없는 데는 또 반드시 그럴 만한 사회적 이유가 있을 것이라고 생각하기 때문이다. 요컨대 출판업은 결코 거대 자본이 개입해서는 안 되는 일종의 '중소기업 고유 업종'이고, 또 그래야만 한다. 그것은 출판산업이 순수하게 책이라는 상품을 제조하고 판매함으로써 경제적 가치를 만들어내는 역할만 하는 것이 아니라, 그 이전에 혹은 적어도 그와 동시에 경제적 가치만으로는 환원되지 않는 문화적 가치를 만들어내는 역할을 하고 있기 때문이다. 문화산업도 산업인 이상 경제적 가치를 도외시할 수만은 없다는 차원에서 본다면야, '자본'이라고 이름 붙이기조차 낯뜨거운 동네 구멍가게 수준으로 만들어낼 수 있는 이윤에 한계가 있다면 더 많은 이윤을 위해 규모를 키우는 것은 필연적일지도 모른다.

하지만 문화산업의 가장 큰 문화적 가치는 '이윤'이 아니라 '다양성'에 있다. 더 많은 이윤의 창출이라는 단일한 목표를 향해 합리적으로 수립된 경영 전략에 따라 수많은 사람들이 조직적으로 일사불란하게 움직이는 모습은 문화산업에는 어울리지 않는다. 자신만의 고유한 가치 정향에 따라 자기 나름의 방식으로 그것을 독자적으로 실현해나가는 수많은 출판인들이 조화롭게 공존하는 모습이 훨씬 더 건강하다. 오히려 '자본'으로부터 상대적으로 자유롭다는 것 자체가 출판산업이 문화적인 힘을 가지게 되는 기반이 되는 것이다. 이조차 부인한다면 출판산업을 굳이 문화산업이라고 믿고 싶어하는 것은 물론 터무니없는 허위의식일 뿐이겠지만, 도대체 누가 그걸 몰라서 당장 먹고살려고 발버둥치는 줄 아느냐는 입빠른 대꾸도 그다지 정직해 보이지는 않는다.

자본의 영세성이 출판산업이 건강하게 유지·발전하기 위해 필연적으로 감수하지 않으면 안 될 본연의 존재 조건이라면, 출판산업이 직면하고 있는 온갖 어려운 현안들을 진지하게 고민할 때 '자본의 영세성'이라는 현실적 한계를 거의 습관적으로 들먹이는 것은 기실 하나마나한 개탄에 그치기 쉽다. "자본이 조금만 더 넉넉하다면" 뭐든 해결이 될 것처럼(적어도 해결의 실마리라도 찾을 수 있을 것처럼) 이야기하는 대신, "자본이 딸림에도 불구하고" 출판을 계속해나갈 수 있는 재생산 동력을 확보할 수 있는 길을 정작 고민해야 할 것이 아닌가. 물론 자본만이 경제적 가치의 생산을 독점하는 자본주의 사회에서 조금도 자유롭지 못한 우리들 모두에게 가장 명료한 대답은 이미 준비되어 있다. 한마디로, 그런 길은 "없다!" 너무도 자명한 이 결론이 아마도 위에서 언급한 "누가 그걸 모르냐"는 항변의 진원지일 것이다. 그러나 어쩌면 바로 이 대목이 정작 '상상력'을 발휘해야 할 출발점인지도 모른다. 적어도 문화적 가치를 생산하는 일은 '자본'으로부터 어느 정도 독립되어 있을 때라야만 '다양성'이라는 그 고유의 가치를 실현할 수 있다고 믿는다면, 그리고 이른바

'문화산업'에 종사한다는 자부심이 단순한 허위의식이 아니라 일말의 진정성이 담긴 포부이고 그것을 포기할 생각이 없다면, 자본주의적 경제 질서의 테두리를 넘어설 수 있는 '상상력'만이 그 길을 열어줄 것이다.

그렇다고 해서 무슨 대단히 과격한 '빨갱이 선동'을 하려는 것은 당연히 아니다.(말이 나온 김에 옆길로 잠깐 새자면, 도대체 자본주의를 넘어서는 '상상'을 하는 것만으로도 백안시당하기 일쑤인 우리 사회의 문화적 황폐함에 나는 참을 수 없는 욕지기를 느끼곤 하거니와, 문화적 가치를 실현하시느라 불철주야 노고를 아끼지 않는 출판인들 중에는 그런 황폐함을 재생산하는 데 일조하시는 분이 절대로 없으리라고 굳게굳게 믿는다.) 가령 출판산업의 공공적 기반을 강화할 수 있는 정책적 수단을 강구하고 그 실현을 정부에 요구하는 정도는, 굳이 '자본주의'의 테두리를 넘어선다고 할 것도 없는 차라리 현대에 이르러서는 상식처럼 자리잡은 '수정자본주의'에 포괄될 수 있는 내용이다.

자본의 영세성은 출판산업의 발전을 가로막는 '덫'이 아니다. 오히려 그 자체가 출판산업의 문화적 가치를 꽃피우기 위한 소중한 기반일 수 있다. 그런 전향적인 사고로 나아가지 못하는 '타성'이야말로, 하고 싶은 일은 많지만 하고 싶은 맘도 굴뚝 같지만 그것을 실현시킬 물리력이 없는 걸 어떡하겠냐는 한숨에만 머물러 있는 '상상력의 빈곤'이야말로 정작 출판산업이 빠져 있는 치명적인 '덫'일 것이다. 출판인들 스스로가 "돈이 없으면 결국 아무것도 할 수 없다"는 닳고 닳은 생각에서 조금이라도 벗어나지 못하는 한, 적어도 문화산업으로서의 한국 출판산업에는 아무런 미래가 없다. 스스로 포기해 버린 길을 대신 찾아줄 수 있는 사람은 아무도 없기 때문이다. 아니 거창하게 출판산업의 미래를 떠나서, 당장 박봉과 격무 속에 하루하루 스스로를 소진시켜가는 출판 노동자들, 저작물의 생산에만 전념하기에는 턱없이 모자라는 쥐꼬리만 한 저작료조차 제때 받지 못하는 불안정한 일상 속에서 저작물의 질을 따지는 것 자체를 사치로 여길 수밖에 없는 콘텐츠 생산자들에게 케케묵은 '영세한 자본' 타령이 '전망'은 고사하고 '위안거리'라도 되겠는가를 절박하게 되짚어본다면, 답은 분명하게 나올 것이다.

〈기획회의〉 2004.11.20.

출판산업의 공공화를 위하여

2004

'영세한 자본'은 출판의 재앙이기만 한 것이 아니라 동시에 '자본으로부터의 독립'이라는 전혀 다른 차원의 함의이기도 하다는 이야기를 한 바 있다.(앞의 글 「자본의 영세성은 극복의 대상인가」) 그런 점에서 지난 11월 19일 『열정의 편집』의 저자 앙드레 쉬프랭과의 만남은, 해외의 사례를 접할 수 있는 좋은 기회였다. 수익이 있는 책만을 낼 것을 요구하는 자본의 압력에 대응하여 자본으로부터 독립된 출판사를 세웠다는 그의 이력은, 어쩌면 지금 여기에서 별반 다르지 않은 형편에 처해 있을 수많은 편집자들에게 희망을 주는 하나의 모범인지도 모른다.

그러나 미안한 말이지만, 미국과 한국은 전혀 사정이 다르다. 그가 '자본으로부터의 독립'을 선언하는 데 가장 기본적으로 전제되어 있던 것은, 투자에 따른 '이윤'의 창출을 강요하지 않는 '공공적 자금'의 존재였다. 내가 알기로, 장차의 독립을 꿈꾸거나 이미 독립하여 영세한 규모의 출판사를 경영하는 편집자들 가운데는 (물론 그렇지 않은 경우도 많겠지만) 최소한의 비용만 회수하여 보전할 수 있다면 더이상의 욕심을 부리지 않겠다는 근본적으로 '비영리적인' 태도를 가지고 있는 이들이 수없이 많다. 그러나 이들에게 '이윤'을 목적으로 하지 않는 자금을 제공할 공공적 지원 체계는 전혀 없다. 만일 이들에게 앙드레 쉬프랭이 그러했듯이 의미 있는 문화적 생산물을 만들어낸다는 것 외에 다른 경제적 반대급부의 조건이 따라 붙지 않는 공공적 자금이 1백만 달러(10억여 원)쯤 제공될 수 있다면, 아니 그 반의 반이라도 출연될 수 있는 조건이라면, '영리를 목적으로 하지 않는다'는 의미에서 '자본으로부터 독립된' 출판사들이 어우러져 문화적 다양성이라는 가치를 사회에 되돌려줄 수 있을 것이다.

독립 출판의 가능성을 역설하는 앙드레 쉬프랭의 메시지가, 다소 삐딱하게 말하자면, 부자 나라 시민의 배부른 자랑으로밖에 들리지 않았던 것은 그 때문이다. 이미 '도네이션' 문화가 사회적으로 정착되어 있는 나라에서 살고 있으며 출판산업에 끌어들일 수 있는 '공공 자금'의 예로 너무나 당연하다는 듯이 "교회나 대학"을 제시할 수 있는 그에게, 차마 이른바 '시민 없는 시민운동'이 나타날 수밖에 없는 현실적 조건은 고사하고라도, 공공적 목적을 위해 설립된 학교조차도 '선교'라는 목적의 수단으로 간주한 나머지 한창 공부해야 할 학생을 '굶겨 죽이자고 작정하고' 덤벼드는 한국 교회의 참상(이 글을 쓸 무렵 벌어졌던 대광고등학교 강의석 학생의 '채플 거부' 단식 사건을 빗댄 말이다.)이나 대학의 운영을 돈벌이 수단으로 생각해서는 안 된다는 상식을 '사유재산권의 침해'라고 몰아붙이며 '사립학교법 사수'에 목숨 거는 학교 재벌의 발악을 도대체 무슨 수로 설명할 수 있단 말인가.

게다가 이렇듯 앙드레 쉬프랭의 뉴프레스 출판사를 가능하게 했던 미국 사회의 조건과 언감생심 '비영리 조직' 형식의 출판사는 꿈도 못 꾸게 하는 한국적 현실 사이의 간극이 문제의 전부는 아니다. 2003년에 국내에서도 번역 출간된 『상업문화 예찬』(나누리, 2003)에서 저자 타일러 코웬은 "미국인의 1인당 도서 구매량이 8권까지 증가했다"거나 또는 "보급판 1권의 가격이 미국인의 최저 하루 노임보다 약간 비싼" 책값이 예전에 비해 엄청나게 저렴해진 것이라고 자랑을 늘어놓기도 했지만, 미국인이 그러한 풍요를 누리는 대가로 세계 최장시간 노동에 허덕이는 어느 나라에서는 1인당 독서량이 연간 1.2권에 머물고, 최저 하루 노임의 절반밖에 안 되는 책값도 비싸다고 아우성이 터지고 있다는 사실은 아마 전혀 모르고 있을 것이다. 이러한 시장 상황은 '이윤'이 아닌 (출판사의 존속을 위한) '비용 회수'를 목적으로 하는 최소한의 활동조차도 앙드레 쉬프랭이 그토록 비판해 마지않는 '수익성의 노예'가 되지 않으면 영위할 수 없는 벼랑 끝으로 내몰고 있다. 이런 조건에서라면 그 어떤 공공 자금의 유입도 '밑 빠진 독에 물 붓기'가 될 수밖에 없다.

그런데 이 정도쯤은 기실 새로운 이야기도 아닐 것이다. 논의가 여기에서 그치고 만다면, 그저 우리와는 비교할 수 없을 정도로 형편이 나은 다른 사회에 대한 선망이나 흔해 빠진 개탄 이상의 전망이 나오기 힘들다. 사회적 인프라 타령만 하고 앉아 있다고 해서 없는 인프라가 어느날 갑자기 하늘에서 뚝 떨어질 것이 아니라면, 그리고 그러한 조건을 만들려고 노력할 수 있다 해도 그것이 너무 거시적인 기획이어서 당장 생계에 목을 매고 있는 대다수 출판인들에게는 '생일날 잘 먹자고 사흘 굶는' 격의 비현실적인 처방으로밖에 여겨질 수 없다면, 그 자체를 가감 없는 현실로 인정할 때 더 무엇을 할 수 있는지를 좀더 진지하게 검토해볼 필요가 있다. 요컨대 출판 산업의 공공화를 가로막고 있는 장벽을 오로지 사회적 인프라의 부재라고만 환원시킬 수 있는 것일까.

얼마 전 나는, 영세 자본의 독립 출판인들이 놓여 있는 답답한 상황을 조금이라도 개선할 수 있는 대안으로서 '비영리 조직'조차도 아닌 일종의 조합 형태의 컨소시엄이 가능하지 않을까 하는 생각을 해본 적이 있다. 좀더 구체적으로 말하자면, 많은 독립 출판인들이 이윤의 전유를 위해서가 아니라 경영적 판단의 독립성을 확보하기 위해 사업적 위험을 감수하는 것이라고 할 때, 즉 따라서 수익이 발생할 경우 자신의 인건비를 포함한 순수한 비용 부분을 제외한 나머지는 전액 재투자할 용의가 얼마든지 있다고 할 때, 차라리 브랜드의 독자성은 그대로 유지한 채로 대외적인 거래나 내부적인 인력 관리를 공동으로 할 수 있도록 살림을 합쳐볼 수도 있지 않을까 하는 생각이다. 이런 구상을 몇몇 독립 출판인들에게 이야기했을 때, 대체로는 '아무래도 그 길밖에는 없을 것 같다'고 긍정하면서도 선뜻 당장 '한번 시도해보자'고 나서는 데는 유보적인 반응을 보이는 이들이 많았다.

왜 그럴까. 디테일한 구상이 제시된 것은 아니기 때문에 선뜻 뭐라 말할 수 없으리라는 것쯤은 얼마든지 이해할 수 있는 일이다. 하지만 구체적인 디테일은 어차피 이러한 구상의 큰 틀에 동의하여 참여하기로 한 사람들이 모여 머리를 맞대고 서로의 이해를 조정하는 가운데에서 도출되는 것이지 미리 제시될 수 있는 것이 아니지 않은가. 거기에까지 생각이 미치자, 나는 이 바닥에서는 최소한 공유할 수 있는 이해관계를 매개로 함께 공동의 해결책을 찾아나갈 수 있을 만큼조차도 동업자에 대한 신뢰가 없다는 처연한 현실을 깨달을 수 있었다. 요컨대 살림을 합치는 것의 장점을 알면서도 그것을 선뜻 내켜할 수 없는 이유라는 것이, 단순히 내가 노력해서 만들어낸 수익을 남과 나누기 싫다는 유치한 탐욕이 아니라(적어도 내가 접촉했던 이들은 혹시라도 적자가 났을 때 자신의 인건비를 보장하기 위한 일종의 '보험'으로서, 그 비용을 초과하는 이윤을 다른 브랜드의 적자 보전을 위해 사용하는 데 원칙적으로 동의할 수 있는 사람들이었다), 살림을 합친 뒤의 운영이 그렇게 아름답게 원래의 구상대로 실현될 수 있을 것인지에 대한 근원적인 불신과 회의였다는 것이다. 좀더 노골적으로 말하자면, '만년 적자'를 이유로 의사 결정 과정에서 소외되거나 견제를 받지 않는다는 보장이 없다면 도대체 '브랜드의 독자성'을 유지한다는 것은 한낱 구두선에 그치게 될 것이다. 당장은 마음이 맞는 것처럼 보이는 사람조차도 화장실에 들어갈 때와 나올 때의 마음이 같으리라는 보장은 어디에도 없다는 점에서 이런 불신에는 부인하기 어려운 근거가 있다.

하지만 그런 사태를 최대한 방지할 수 있는 원칙을 처음부터 세워나가는 것은 왜 불가능할까. 그래서 결국 우리는 여전히 '형편없는 사회적 인프라' 이전에 우리 자신의 '정치적 상상력의 빈곤'과 싸울 수밖에 없는 것이다.

<hr>

⟨기획회의⟩ 2004.12.5.

번역자의 권리를
보호하기 위하여

2005

북에디터(www.bookeditor.org)의 자유게시판에 가끔 올라오는 하소연들 중에는 이런 내용도 빠지지 않는다. 얼마 전에 올라온 게시물의 내용을 그대로 옮기자면, "인세로 계약한 번역 원고를 넘겼는데 넘긴 직후 출판사가 완전히 망해(?)버렸습니다. 직원들은 모두 나갔고 사장도 연락이 안 되는 상태인데, 이럴 경우 제가 번역한 원고에 대해서 저는 아무 권한도 행사할 수 없는 건가요?"

불행한 일이지만, 현실적으로는 "그렇다."라고밖에 대답할 수가 없다. 번역물도 하나의 독자적인 창작물이고 당연히 저작권 보호의 대상이며 따라서 그것을 출판할 권리는 번역자에게 있지만, 현실은 그렇지 못하다. 원저자와의 계약에 의해 번역출판권을 출판사에서 가지고 있기 때문이다. 원저자와의 계약 자체가 무효화되지 않는 이상, 출판사의 계약 불이행으로 번역 계약이 무효화되었다 해도 번역자는 자신의 번역 원고를 다른 출판사를 통해 출판할 방법이 없다.

지금 내 컴퓨터의 하드디스크에도 수년 전 두어 달 동안 다른 일을 모두 놓은 채 전력으로 매달려 탈고했던 번역 원고가 저장되어 있지만, 내게는 이 원고를 출판하거나 공표할 권리가 없다. 한동안은 평소에 안면이 있는 출판사에 이 책의 저작권 관계가 어떻게 되어 있는지 대행사를 통해 알아봐줄 것을 부탁하기도 했지만, 그다지 대중적이지도 못한 내용의 학술서의 번역출판권 계약(그것도 남이 이미 해놓은 계약을 '이행 능력'을 문제 삼아 무효화시키면서까지)에 적극적으로 나서 달라고까지 부탁하기가 난감한 노릇인지라 흐지부지되기 일쑤였고, 시간이 흐르면서 그런 작업을 했었다는 기억 자체가 희미해졌다.

이 문제는 단순히 위에 제시한 경우처럼 번역출판권을 가지고 있는 출판사가 망했거나 또는 기껏 번역까지 시켜놓고는 출판에 성의를 보이지 않아서 애써 번역한 원고가 사장되는 사례에만 국한되는 것이 아니다. 가령 어느 번역자가 자신이 번역하기에 적당한 외서를 발견했다고 하더라도 바로 번역에 나설 수는 없다. 물론 우선 원저자에게 한국어판의 출판권을 승인받는 것은 원저자의 저작권 보호를 위해 당연한 일이지만, 설령 텍스트에 대한 꼼꼼한 이해를 바탕으로 자신이 그 책의 한국어판을 번역하는 데 적임이라는 내용으로 저자를 충분히 납득시킨 경우조차도 번역에 이르게 된다는 보장은 전혀 없다. 다행히도 원서를 발간한 출판사와 직접 번역출판권 계약을 할 수 있다면 다행스러운 일이지만, 만일 그 출판사에서 한국어판의 관련 업무 일체를 국내의 특정 대행사에 일임하고 있다면 (그 출판사로서는 지구 어디에 붙어 있는지도 모르는 한국이라는 나라의 번역 출판에 대하여 책마다 일일이 직접 계약을 하고 관리를 하는 것보다 그 편이 훨씬 더 효율적이기 때문에 이런 방식으로 일을 하는 해외 출판사들이 매우 많다), 번역자는 이제 그 책에 관해 누구보다 더 잘 알고 있을 원서의 저자(또는 출판사)가 아니라 오로지 더 많은 대행 수수료를 챙기는 일에만 관심이 있는 국내 대행사를 상대해야만 한다. 영세한 규모의 출판사에서 중개를 요구해도 그보다 규모가 큰 출판사와 계약이 이루어지도록 중간에서 '장난'을 치기가 일쑤인 대행사들이 기존의 쟁쟁한 거래처들을 두고 '사업자등록증'도 없는 일개 번역가가 요청하는 번역출판권을 중개해주리라고 기대하기는 어렵다.

〔이 글에는 잘못된 전제가 바탕에 깔려 있다. 이 글을 쓸 당시 나는 저작권 대행사의 역할에 관해 완전히 오해하고 있었다. 저작권 대행사가 하는 일은, 가령 동네에서 흔히 볼 수 있는 '부동산 중개사'처럼 단순히 거래를 중개하는 것이 아니다. 해외 출판사와의 계약에 따라 적어도 가장 기본적으로는 그들의 이익을 위해 활동하는 말 그대로의 의미에서 '에이전트'이다. 이렇게 보면 더더욱 기대하기 불가능한 일이다.〕

조금 다른 얘기지만, 이런 구조는 필연적으로 출판사가 주도적으로 번역물을 기획하고 적절한 번역자를 찾아 일을 맡기는 방식 말고는 다른 길을 봉쇄하기 때문에, 번역 일을 하고 싶어 하는 신참자에 대한 심각한 진입 장벽으로 작용하기도 하고, 번역가를 사실상 출판사의 하청 노동자의 지위에 머물 수밖에 없도록 강제하기도 한다. 다시 말해 "당장 돈보다는 원고를 살려서 어떻게든 책으로 내고 싶다는 생각"은 흔히 '제2의 창작'이라는 입에 발린 말로 추켜세워지곤 하는 번역 작업의 결과물이 세상의 빛을 보게 하고 싶다는 번역자의 소박한 바람일 뿐, 실은 단지 '도급 임금'으로 받기로 한 '노동의 대가'를 보상받지 못한 문제에 지나지 않게 되는 것이다. 따라서 어차피 원저자(및 출판사)라는 또 다른 당사자가 존재하는 이상 번역 출판이 불가피하게 이런 방식으로밖에 이루어질 수 없는 구조라면, 번역가의 '제2의 창작'으로 탄생한 번역 원고에 대한 저작권 보호는 차라리 둘째치고라도 번역 노동자의 생계가 달린 '노동권' 보호의 문제로 접근하는 편이 훨씬 더 현실적인지도 모른다. 이러한 현실적 조건에서 번역 노동자를 일종의 '창작자'로 간주하는 것은 노동권 보호를 회피하려는 말장난이기 쉽다. 출판사로부터 '도급 임금'을 받는 비정규직 노동자라고 자리매김부터 다시 하는 것이, 노동권의 확보를 통해 궁극적으로 '저작권'까지도 보호될 수 있는 길을 여는 시발점일 것이다.

물론 번역가가 하청 노동자로 전락할 수밖에 없는 현실을 타개할 수 있는 대안이 전혀 없는 것도 아니다. 백일몽에 지나지 않는 공상일지도 모르지만, 다른 글[제6장 「'인턴십 제도'를 재론함」]에서도 비슷한 얘기를 했지만, 이 제안은 우리의 상상력을 좀더 계발하기 위한 계기로 삼으려는 일종의 '예시'이지 반드시 그렇게 해야만 한다는 '주장'은 아니다. 이 제안에 자극을 받아 더 많은 사람들이 머리를 맞대고 본격적으로 논의를 한다면 훨씬 더 좋은, 또는 더 현실적인 대안이 얼마든지 도출될 수 있을 것이다.

나는 문제의 본질을 번역출판권 계약을 중개하는 대행사들의 시장 경쟁에서 찾는다. 적어도 지금처럼 원저작료에 비례하여 수수료율이 매겨지는 상황을 그대로 두고서는 대행사의 더 많은 이윤을 위한 '정당한 영업 행위'를 막을 도리가 없다. 번역 계약의 상대방이 되는 외국 출판사들이 개별적인 접촉보다는 대행업자를 통한 처리를 선호한다면, 필연적으로 '권력'으로 현상할 수밖에 없는 중개권을 시장 논리에 맡겨두어서는 안 되는 것이다. 요컨대 저작권 대행업은 공공화되어야만 한다. 해외 출판사와 접촉할 수 있는 창구를 출판계 전체의 공공적 감시 아래 두어야 한다는 것이다.

물론 이 경우에도 번역자(또는 국내 출판사)가 개별적으로 해외의 저자(나 출판사)와 접촉하거나 계약할 수 있는 가능성까지 막아서는 당연히 안 되겠지만, 사적 영리 행위를 위한 저작권 대행업의 설립을 아예 불법화하거나 최소한 등록 요건을 엄격하게 하는 방식으로 제한하여 독점적 권력을 이용하여 조금이라도 '횡포'를 부리거나 불성실하게 활동할 경우 가차 없이 등록이 취소되도록 해야 한다. 이렇게 공공화된 대행업자는 번역출판권을 궁극적으로 번역자가 가질 수 있도록 협조하는 역할을 하는 한편으로, 이를 공시하는 기능을 통해 (국내 저작물과 마찬가지로) 그 원고를 출판하고자 하는 출판사가 번역출판권을 가진 번역자와 계약을 할 수 있도록 하는 구조를 만들어가자는 것이다. 출판사가 기획을 주도한 번역물의 경우에도 번역자까지 명시할 때에만 계약이 성립하도록 하면 될 것이니 출판사의 번역 기획이 약화되거나 배제될 걱정은 하지 않아도 된다.

〔앞서 주석에서 밝혔듯, 잘못된 전제에서 도출된 현실성이 거의 없는 몽상이다. 해외 출판사의 영업 활동을 규제하는 것은 외교 분쟁까지 야기할 수 있는 문제이고 특히나 지구적으로 자본주의가 관철되는 세계질서를 거스르는 일이기도 하기 때문이다. 그 질서가 바람직하다는 것도 아니고, 그것을 거스를 수 없다거나 거슬러서는 안 된다고 주장할 의사도 전혀 없지만, 근본적인 지향을 확인하는 것과 그것을 현실화할 수 있는 실질적 대안을 모색하는 것은 다른 차원의 문제다.

게다가 최근에는 대행사를 통하지 않고 직접 국내 출판사들의 경쟁을 유도하는 해외 출판사까지 출현했다. '대행사의 횡포'를 규제한다는 소극적 발상은 더욱 설 자리가 없다. 다만 번역출판권의 거래질서가 어떤 방식으로든 공공화되어야만 번역자의 저작권 보호가 실질적으로 이루어질 수 있다는 이 글의 근본적인 문제의식은 여전히 유효하다는 전제 아래, 그 구체적인 방법에 관해 좀더 고민이 필요하다는 점만은 분명하기에 치명적인 오류에도 불구하고 책을 묶는 과정에서 덜어내지 않았다. 이미 공개적으로 발표된 글인 만큼, 오류가 있다 해도 마치 그런 글을 쓴 적도 없는 양 시치미를 떼기보다는 오류가 있었음을 있는 그대로 밝히는 편이 오해를 줄일 수 있다는 점에서, 더러 원문의 '중개'라는 단어를 '대행'으로 수정한 대목 외에는 발표 당시의 원문을 수정하지 않았다.〕

아무려나 번역이 언필칭 '제2의 창작'이라면, 번역물의 출판권을 포함한 모든 저작권은 번역자에게 되돌려져야 한다. 그 '상식'을 정착시키기 위해 필요한 제도적 조건을 고민해야 할 때다.

〈기획회의〉 2005.2.20

생뚱맞은 '도서환불제' 주장

2005

연말 분위기로 어수선했던 12월 마지막 주에, 북에디터 자유게시판에 난데없이 '출판산업 업그레이드'라는 무척 구미가 당기는 문구 뒤에 '도서환불제 도입하자'라는 그다지 익숙지 않은 주장을 제목으로 단 글이 하나 올라왔다. 워낙 과문해서인지 '도서환불제'가 구체적으로 어떤 내용인지도 모르겠거니와, 도대체 그것이 '출판산업의 업그레이드'와는 무슨 상관이 있다는 것인지도 궁금하여 일단 열어보았다. "혹시나 했다가 역시나 한다"더니, 잊어버릴 만하면 한 번씩 북에디터 게시판에 올라오곤 하는, 현재 출판계의 현실과는 거리가 먼 관념적인 주장으로 공연히 목소리만 높이는 그런 종류의 글이었다.

이 글에 따르면, "도서환불제refund란, 책을 구입한 후 일정한 기간까지(대부분 30일, 독일은 14일) 구입한 책을 되물릴 수 있는 제도를 말한다. 도서에 어떤 문제가 있어야 하는 것이 아니며, 영수증만 제시하면 단순히 마음에 들지 않아도 현금으로 환불해주는 것이 도서환불제이다. 우리나라는 파본이나 인쇄 불량인 경우에 한하여 환불이 아닌 교환을 해주고 있다. 도서환불제는 도서정가제와 달리 몇몇 나라에서 시행하는 제도가 아니다. 도서정가제를 도입하고 있는 프랑스와 독일뿐 아니라 이 제도를 도입하고 있지 않은 미국, 영국, 캐나다 등에서도 시행하고 있는, 선진국에서는 당연한 권리이다." 그런가 보다. 그래서 어쨌다는 것일까. "언론의 경우에는 반론권이나 반론보도청구권 등의 제도로 잘못된 보도에 대응할 수 있고, 자동차 등 우리의 안전과 관련된 제품의 경우에는 리콜제 등을 통하여 결함을 시정하는 제도가 있다. 한 권의 책으로 인생이 바뀌었다는 얘기가 있을 만큼 개인의 지적인 면에 큰 영향을 미치는 책의 내용에 잘못이 있거나 오류가 있는 경우에 이를 바로잡을 힘을 소비자에게 주어야 한다." 아하! 무슨 얘기인지는 알겠다.

그런데 이 글을 쓰신 분은, 전제에서부터 한 가지 심각한 오해를 하고 있다. 소비자의 권리만을 너무나 심각하게 고민하신 나머지, 선진국과 우리나라의 출판 환경이 전혀 다르고 따라서 '소비자'의 의미도 전혀 다르다는 것을 미처 헤아리지 못한 것이다. 공공도서관이 활성화가 되어 있는 선진 외국에서, 책이라는 상품의 사용가치는 순전히 '소장'에 있다. 단순히 읽기 위한 책은 얼마든지 도서관을 이용할 수 있기 때문이다. 따라서 그런 나라에서 책을 사고 보니 그다지 소장 가치가 없다고 판단되었을 때 환불을 요구할 수 있는 것은 언필칭 "당연한 권리"라고 할 만하다. 그러나 공공도서관이 제대로 갖춰져 있지 않은 우리나라에서는 이야기가 상당히 달라진다. 소장하기 위해서라기보다는 일단 읽기 위해서 책을 살 수밖에 없는 조건이라는 것이다. 하지만 언제나 어느 사회에서나 '읽을 만한 책'과 '가지고 있을 만한 책' 사이에는 매우 큰 간극이 존재할 수밖에 없기 때문에, 재미있게 읽기는 했지만 소장 가치는 없다고 판단되는 수많은 책들이 환불 요구에 직면할 수밖에 없는 처지에 놓이게된다. 문제는 그 부담은 고스란히 출판산업의 몫이라는 것이다. 대단히 유감스럽게도 책이라는 상품의 주된 사용가치는 당연히 '소장'이 아니라 '독서'에 있으며, 출판산업은 그것을 위해 이 상품을 생산하고 유통시키는 것이기 때문이다. 도대체 출판사가 "먹어 보고 효과가 없으면 돈 안 받는다"는 아무도 믿지 않을 거짓말을 입에 달고 다니는 떠돌이 약장수도 아니고, 이미 사용가치가 실현된 상품의 '사용료'(책값은 '책'이라는 가시적인 물건의 가격이기도 하지만, 그 이전에 그 안에 들어 있는 저작물에 대한 저작권 사용료이기도 하다)를 되돌려주라는 것이 말이 되는가.

물론 소비자의 권리는 보호되어야 한다. 그것이 단기적으로는 생산자들을 위기에 빠뜨릴지 몰라도 장기적으로 산업 발전에 큰 도움이 된다는 일반론에 이의를 달 생각은 조금도 없으며, 다른 복잡한 얘기를 다 떠나서라도 '가지고 있을 필요가 없는' 책을 반드시 구매해야 하고 되물릴 방법도 없는 것은 부당한 처사이다. 그러나 바로 그런 '소비자'의 권리를 보호할 수 있는 제도는 '도서환불제'가 아니라 공공도서관이다. 즉 '한번 읽어 보고 싶기는 하지만 꼭 가지고 있어야 할 필요는 없는' 책들을 여러 사람이 돌려 읽을 수 있도록 해서 애당초 굳이 '사두어야 할 필요'를 제거하고 나서야, '사놓고 보니 꼭 사서 가지고 있을 필요까지는 없다는 것을 알게 된' 책의 환불이 가능해질 수 있는 것이다. 이삿짐센터에서도 '책 많은 집'의 이사에 웃돈을 더 요구하는 판에, 만일 도서관에서 찾아 읽을 수 있었다면 그냥 도서관에서 빌려 읽었을 책에 대해, 반품이 가능한데도 누가 책값(=저작권 사용료)을 지불하고 싶어 하겠는가.

대략 이런 취지의 댓글을 달면서, 어차피 현실성도 없을, 멋도 모르고 떠들어대는 실없는 주장에 너무 심각하게 대꾸하는 게 아닐까 싶기도 했다. 기실 얘기가 여기서 끝나고 말았다면 적어도 이 지면에까지 이 내용을 끌고 오지도 않았을 것이고, (어느 개그맨 덕에 유행어가 된 말투를 빌자면) "생뚱맞죠?"라는 한마디로 그저 헛헛하게 웃어넘기고 말았을 것이다. 그런데 그게 끝이 아니었다. 이 '생뚱맞은' 주장이 "할 말은 하는 신문"으로 유명한 어느 일간지의 지면에까지 등장한 것이다. 평소 '논리적 비약'을 즐겨 사용해왔던 이 신문의 취향으로 미루어, 아마도 "왜 선진국 출판물이 질적으로 우수한가? 소비자들의 환불을 두려워하기 때문이다."라는 놀라운 비약을 높이 샀던 모양이다.

유감스럽게도 선진국의 출판물이 질적으로 우수한 까닭은, 정반대로 공공도서관을 통해 기본적인 규모의 판매가 보장된다는 제도적 조건 속에서 콘텐츠에 더 적극적인 투자를 할 수 있기 때문이다. 물론 '소비자들의 환불을 두려워하기 때문'이라는 말도 틀린 말은 아니지만, 적어도 이 맥락에서는 도서관에서조차 거절당할 정도로 엉성하게 만든 책은 아예 발붙일 곳이 없기 때문이라는 의미로 해석되어야 하는 것이다. 결코 개개인의 소비자가 '읽어 보니 별 내용이 없다'는 이유로 구매를 취소한다는 의미가 아닌 것이다. 다시 강조하지만, 공공도서관이 활성화되어 있는 선진국에서는, '책을 산다는 것'의 의미가 애당초 우리나라에서와는 상당히 다르기 때문에 이미 내용에 대해 충분히 검증되어 '가지고 있을 만하다'고 판단되지 않는 이상 여간해서는 일반 소비자가 책을 사게 되지는 않는다. 요컨대 선진 외국에 도서환불제가 보편화되어 있다면, 그것을 '소비자의 무기'로 주로 활용하는 것은 도서관일 것이다. 이때 환불 요구의 기준은 '많은 사람들이 읽을 만한 것인가'라는 책의 본질적인 사용가치에 대한 판단이지, 개인적인 소장가치에 따른 판단이 아닐 것임은 당연한 일이다. 무슨 주장을 하든 그거야 각자의 자유겠지만, 최소한 자신이 하는 말의 의미는 제대로 알고 떠들었으면 좋겠다. 그리고 '선진국 타령'을 하려거든 선진국들의 그야말로 '선진적인' 전제 조건에 대해서도 충분히 검토를 하고 나서 했으면 좋겠다. 그래야 최소한 '생뚱맞은 주장'의 신세는 면하지 않겠는가.

자신만의 서가를 꾸미고 싶어 하는 상당히 '고급'한 취미 생활을 누리기 위해서, 또는 가까운 사람에게 마음을 담은 선물로 활용하기 위해서처럼 지극히 개인적인 목적이 아니라면 굳이 책을 살 필요가 없는 사회가 좋은 사회이다. 국민 누구나 걸어서 갈 수 있는 가까운 거리에 공공도서관이 운영되고 있고, 그저 책을 읽는 것 자체가 목적이라면 도서관을 이용할 수 있는 그런 사회를 만드는 것이 '출판산업 업그레이드'의 가장 중요한 핵심일 것이다.

〈기획회의〉 2005.1.20.

제3장
조폭들은 출판계를 떠나라

출판 시장 건전화,
소비자들이 나서자!

2011

책값의 과당 할인 경쟁에 대한 업계의 자정 노력이 공정거래위원회의 '방해'로 인해 수포로 돌아갔다고 한다. 도서정가제의 적용을 받지 않는 구간 도서의 할인율을 30% 이내로 제한하자는 협약을 '담합'이라고 여긴 모양인데, 공정거래위원회의 존재 가치를 의심하게 하는 폭거라 아니할 수 없다. '제값 내고 책을 사는' 사람을 바보로 만드는 과도한 할인판매야말로 '공정거래'의 질서를 어지럽히는 덤핑행위인데, 마땅히 정부가 나서 바로잡아야 할 일에 손을 놓고 있는 것도 모자라, 현실적인 강제수단도 가지지 못한 채로나마 '살인적인' 덤핑 경쟁에 조금이라도 제동을 걸어보려는 민간의 노력에 '담합'이라는 딱지를 붙였다니 '공정거래방해위원회'인지 '불공정거래위원회'인지 정체성이 의심스럽다.

「책값 할인은 소비자의 이익인가」(제2장)에서 지적했듯, 책의 내용을 생산해내는 일은 "결코 기술 혁신이나 원가 절감의 대상이 될 수 없는 사람의 정신작용에 기초한 일"인 까닭에 원천적으로 가격 경쟁을 통한 품질 경쟁이 불가능하며, 무분별한 가격 경쟁은 거꾸로 출판물의 질적 저하를 초래할 수밖에 없다. 게다가 본디 덤핑이란 도박판의 '판돈 지르기'나 다름없는 '경쟁자 떨어뜨리기'의 수단이다. 터무니없는 헐값으로 '밑지는 장사'를 하고도 버틸 만큼 튼튼한 자본을 가진 출판사만 살아남게 되어 있다. 열악한 자본으로나마 양서를 만들려는 일념으로 분투하는 가운데 단지 그에 상응하는 '제값'을 받겠다는 소박한 소망조차 앗아가는 패권적 횡포인 것이다.

전통적인 '굴뚝산업'의 논리에서라면 혹시 그것이 과잉투자를 예방하는 '합리적 구조조정'인지는 모르겠으나, 헌법으로 보장된 '출판의 자유'는 물론이려니와 다양한 취향을 가진 시민의 문화향유권을 실질적으로 보장해줄 '문화 다양성'을 뿌리째 파괴하는 왜곡된 거래질서를 정부기관이 나서서 지지하는 것은 이런 권리를 보호해달라고 세금을 내는 국민에 대한 모욕이다.

그러니 이제 소비자인 시민이 나서야 한다. 갈수록 얇아지는 지갑 사정에 책값 몇 푼이라도 아끼고 싶은 심정을 이해하지 못하는 건 아니지만, '책은 마음의 양식'이라고 믿는다면 값이 싸다고 부실한 식재료를 마다않는 식당을 기웃거리느라 제대로 된 재료를 쓰고 제 값을 받으려는 양심적인 식당을 시장에서 퇴출시키는 어리석음을 범해서는 안 된다.

독자들이 나서서 '공정한 소비'의 기준을 마련하고, 완전한 도서정가제는 물론이려니와 서점이 출판사에 공급률(출판사가 서점에 공급하는 가격의 정가에 대한 비율)을 일방적으로 강요하는 행위(이것이 진짜 '담합'이다!)를 금지하는 등의 제도가 입법화되도록 정치적 압력을 가하고, 당장의 이익을 포기하더라도 출판생태계의 선순환을 위해 '제값 주고 책을 사는 공정한 소비'의 통로 역할을 감당하고 나서는 서점이 생겨날 수 있도록 소비자의 힘으로 지지해주는 광범위한 연대가 필요하다. 자본의 힘만 믿고 출판생태계를 근본적으로 위협하는 '시장 교란자'들을 강력한 불매운동을 통해 퇴출시킬 수도 있을 것이다. 업계 안의 자정 노력조차 '담합'으로 못박는 어처구니없는 공정거래위원회지만, 설마 소비자들이 주체가 되는 사회적 압력까지 '담합'으로 몰지는 못할 것 아닌가.

지면에 실린 제목은 「독자들이 '공정한 책 소비' 기준 정하면 어떨까」이다.
〈한겨레〉 2011.5.7.

온라인 서점들의 '할인율 시위'
… 비난보다 견인을

2010

최근 인터넷 교보문고, 예스24, 인터파크, 알라딘 등 4대 온라인 서점
이, G마켓에서 자신들보다 싸게 판매하는 몇몇 출판사의 책들에 0%
할인율을 적용하여 정가대로 판매했다고 하여 논란이 일었다. 한기
호 한국출판마케팅연구소 소장은 〈기획회의〉제283호(2010.11.5.)
'발행인의 말'을 통해, 이들 서점의 '본때 보이기'식 행태를 강력히
비판하면서, "그 업체에 싸게 공급하지 않았다"는 해명에만 급급한
출판사들의 대응에 대해서도 "한심하다"는 직격탄을 날리며 '도서
공급 중지' 등 강력한 공동 대응을 촉구하고 나섰다.

하지만 내 생각은 좀 다르다. 온라인 서점들이 제 이익을 관철하
기 위해 벌였다는 '할인율 시위'를 두둔할 생각은 조금도 없지만, 그
의도와 무관하게 출판사에서 매겨놓은 정가대로 책을 팔겠다는 게
'공급 중지'까지 거론해야 할 만큼 큰 잘못이라는 생각은 들지 않는
다. 오히려 '오죽했으면 그렇게까지 했을까' 싶기도 하다. 출판사들
의 "한심한" 해명을 곧이곧대로 받아들여 특정 업체에만 싼값에 책
을 공급하지 않는 것이 사실이라면, 문제의 발단은 공급받은 가격

에 비추어 터무니없이 낮은 판매가로 소비자들을 현혹하는 덤핑 행위에 있을 터이고, 이것이야말로 정작 출판사들이 '공급 중지' 등 강력한 수단을 동원해서라도 공동 대응해야 할 악질적인 유통 질서 교란 행위일 터이다. 그런데도 출판사들이 이를 수수방관하며 '같은 가격에 공급했으니 책임이 없다'는 식으로 발뺌을 하고 있으니 온라인 서점들이 그야말로 '공동 대응'에 나선 것이 아니겠는가.

물론 그간 온라인 서점들이 출판생태계 전체의 공존은 나 몰라라 하며 이익 추구에만 급급했던 정황을 염두에 두자면, 지금까지와는 차원이 다른 '공룡'의 출현 앞에서 자구책을 찾는 모습이 시쳇말로 '쌤통'으로 여겨지는 것도 무리는 아니다. 그러나 냉정해지자. 지금껏 저질러온 행태는 밉지만, 어떻든 온라인 서점도 '서점'인 이상 상생을 꾀해야 할 출판생태계의 소중한 일부이다. 지금은 도서 유통 시장에 진입하기 위해 손해를 감수하기까지 하지만, 투자만큼 이익이 확보되지 않으면 언제든 '그까짓 책 팔아도 안 팔아도 그만' 미련 없이 손을 털 종합유통업체 따위에 비할 바가 아니다. 오프라인 서점이 사라져가는 것은 안타까운 일이지만, 그에 대한 향수 어린 감상만으로 온라인 서점을 적대시하며 사실상 출판생태계에 어떠한 이해관계도 없는 '유통 공룡'의 먹잇감으로 내줘서는 안 된다.

온라인 서점들이 위기를 위기로 진지하게 받아들이는 지금이야말로 어쩌면 어떤 자본의 탐욕도 함부로 넘볼 수 없는 진일보한 도서 유통 질서를 세우기 위해 머리를 맞댈 가장 확실한 기회일 수 있다. 그간 온라인 서점들이 온갖 방법으로 '완전 도서정가제'를 반대하며 완강하게 지지해왔던 '자유로운 가격 경쟁'이 도리어 그들 자신의 숨통을 죄며 생존을 위협하는 부메랑으로 되돌아오고 있는 것이 지금 우리가 맞닥뜨리고 있는 현실이다. 온라인 서점까지도 '완전 도서정가제'를 위한 공동전선으로 견인하는 데 이보다 더 좋은 조건이 형성되기도 쉽지 않을 것이다.

〔이러한 논지의 연장에서, 선발 주자의 기득권을 지키기 위해 온라인 서점들과 공동 보조를 취하는 인터파크도 본질적으로 출판생태계를 위협하는 종합유통업체로 여겨야 마땅하다는 생각이다.〕

〈한겨레〉 2010.11.13.

'조폭'들은 출판계를 떠나라!

2004

『편집자 분투기』를 소개하는 어느 일간지의 기사는 다음과 같은 말로 말문을 열고 있다. "출판 불황 속에서도 새로 독립 출판사를 차리는 편집자들은 늘어만 간다. 주먹구구식 영업 형태가 사라지고 유통이 현대화되면서 합리적인 사고와 풍부한 경험으로 전문성을 확보한 편집자들의 운신 폭이 커진 것이다." 좋은 책을 소개하기 위해 나름대로 배경을 설명하려는 기자의 선의는 충분히 이해하지만, 유감스럽게도 이것은 사실이 아니다.

우선 '출판 불황 속에서도 새로 독립 출판사를 차리는 편집자'들이 늘어가는 것은 결코 '합리적인 사고와 풍부한 경험으로 전문성을 확보한 편집자'들의 운신 폭이 커졌기 때문이 아니다. 정말로 그런 편집자들의 운신 폭이 커졌다면 그들은 '경영의 부담'까지를 안는 모험을 하면서 굳이 '독립'을 할 필요가 없다. 편집의 전문성만으로는 '운신의 폭'이 작기 때문이라고 거꾸로 말하는 것이 옳다. 물론 나는 이런 편집자들을 '도시락 싸들고 다니며' 말리는 편이다. 그것은 "자기가 몸담고 있는 자리에서 자신의 에디터십editorship을 펼칠 수 없다면, 시장에 맨몸으로 부딪쳐서 그게 가능하리라는 기대가 차라리 순진하다."고 생각하기 때문이다. 그리고 그 배경에는 "주먹구구식 영업 형태가 사라지고 유통이 현대화되기"를 기대하느니 차라리 고목나무에 꽃이 피기를 기대하는 것이 낫다는 비관적인 판단이 전제되어 있다. 요컨대 "유통 개선이 이루어지거나 아예 출판물이 확실히 공공재로 유통될 수 있는 조건에서라면 아마 좋은 편집자는 좋은 출판 경영자일 수도 있겠지만, 유감스럽게도 우리는 그런 세상에서 살고 있지 않으며, 이런 조건에서라면 좋은 편집자와 좋은 출판 경영자는 다르다."는 것이다.

〔이 글을 쓸 무렵만 해도 팽배했던 '1인 출판'에 대한 희망찬 담론은, 최근 눈에 띄게 시들해졌다. 이에 관해 〈기획회의〉 263호(2010.1.5.)에 「1인 출판, 거품이 꺼진 자리에는 무엇이 남았나」라는 제목의 글을 썼고, 『편집자로 산다는 것』에 재수록했다.〕

지난 추석 연휴가 시작되던 날, 나는 '합리적인 사고와 전문성'을 갖추고 꽤 의미 있는 책을 내고 있는 어느 독립 출판인이 어디에도 돌파구가 보이지 않는 '사면초가'의 답답한 심정을 하소연하는 것을 밤새도록 들었다. 그 핵심에는 조폭을 뺨치는 유통의 횡포가 있었다. 출판계 종사자라면 누구나 뻔히 아는 그렇고 그런 얘기지만, 병은 소문을 내야 한다니 좀 지겹더라도 되풀이해보자.

대략의 주문량과 주문 추세를 보면 결제일에 수금할 액수를 대략 예측할 수 있다. 그런데 그 예측은 무의미한 것이기 십상이다. '장기 재고'도 아니고 '현재 멀쩡하게 잘 나가고 있는' 책을 결제일을 며칠 앞두고는 반품해서 결제 금액을 깎아버리고는, 하루 이틀 지나면 아무렇지도 않게 다시 주문을 하는 편법적인 재고 조절이 자행된다는 것이다. 매출에 상응하는 만큼의 정당한 수금을 못하는 것도 억울한 판국에, 출판사가 부담하는 반품 비용은 둘째 치고라도 멀쩡한 책이 망가지게 되는 데다가 일시 품절로 인한 잠재적인 손해까지 덤으로 발생하는 기막힌 상황인 것이다. 아예 굶어 죽으라는 얘기나 다름없는 이런 폭력이 버젓이 벌어지고 있는 판국에 도대체 누가 "주먹구구식 영업 형태가 사라지고 유통이 현대화되었다"는 새빨간 거짓말을 유포하고 있는가.

수금을 하러 가면, 같은 사무실의 한 쪽에선 어음을 발행하고 다른 한 쪽에선 그 어음을 할인해주더라는 (적어도 눈으로 뻔히 보이지는 않도록 서로 다른 공간을 이용하는 최소한의 '염치'조차 상실한) 그야말로 전설 같은 '칼만 안 든 강도짓'도 여전하다니 도대체 무엇을 근거로 '유통이 합리화되었다'는 것인지 나로서는 전혀 납득할 수 없는 일이지만, 이 식상한 이야기를 다시 끄집어낸 까닭은 귀에 못이 박히게 들어온 흔해빠진 개탄을 다시 늘어놓기 위해서가 아니다.

아무리 생각해도 이해할 수 없는 것은, 안 팔린 물건은 고스란히 반품을 할 수 있으니 도무지 '판매상의 위험 부담'이라는 것을 하나도 감당하지 않으면서도 거기에 덤으로 어음 할인을 통해 가외 수입까지 짭짤하게 챙기는 한편, 편법적인 재고 조절을 통해 소매상으로 팔려 나간 만큼도 결제를 해주지 않는 횡포를 서슴지 않는 유통업자들이 도대체 왜 줄줄이 부도를 내고 나가떨어지는가이다. 도대체 이런 식으로 벌어들인 돈은 다 어디로 가는가 말이다. 이 문제를 생각하다가 나는 무서운 사실 한 가지를 새삼스럽게 깨달을 수 있었다. 지금까지 '유통 합리화'에 대한 논의는, 거칠게 말하자면 출판업의 숙원인 반면에 유통업의 '밥그릇 지키기'라는 식의 구도로 전개되어 왔지만, 이것조차도 사실이 아니라는 것이다. 군소·영세 출판사의 입장에서 보자면 모든 '악'의 근원으로 보이는 도매상들조차도 어쩌면 '마름'에 지나지 않을지도 모른다.

물론 도매상들이 영세 출판사들로부터 이렇게 저렇게 '갈취'한 돈이 결국 어디로 가고 있는지를 모르는 출판인은 아마 없을 것이다. '대마불사'의 신화는 공연한 것이 아니다. 조폭적인 출판 유통의 고질병을 낳는 '주범'은 실속은 없이 덩치만 키운 일부 출판사들이지 그들에게 발목을 잡혀 끌려다니다가 결국 주저앉아 버리게 될 유통업자들이 아니다. 그렇다고 해서 그들의 '공범' 행위에 면죄부를 주자는 것은 아니지만, 손에 피를 묻히는 것은 언제나 '하수인'들이지 '두목'이 아니라는 조폭 세계의 법칙을 상기할 필요가 있다. 적어도 조폭적 행태를 중시시키려 한다면, '두목'은 건드리지도 못하면서 '하수인'만 닦달해봐야 소용이 없다는 얘기를 하려는 것이다. 그리고 '조폭 두목'에 지나지 않는 자들이 문화산업을 합네 하며 '출판인'이랍시고 명함을 내밀고 거들먹거리며 입에 발린 소리로 '유통 합리화'를 오히려 앞장서서 떠들고 다니는 꼬락서니를 그대로 두고서는 독립 출판인들의 입지는 점점 더 좁아질 뿐이다. 아니 이미 더 이상 좁아질 여지도 없는 고사枯死 직전의 상태라고, 이대로는 앉아서 죽기를 기다리는 수밖에 다른 아무런 희망도 없다고, 그저 얼마나 더 버티는가의 시간문제일 뿐이라고 감히 단언한다.

그리고 조폭들의 틈바구니에서 하루하루를 연명하고 있는 독립 출판인들, 책을 책스럽게 만드는 일 말고는 다른 삶의 보람이 없다는 그 순해빠진 '편집자'들에게, 제발이지 '책의 완성도'에 희망을 걸며 열심히 하노라면 형편이 좀 나아질 수도 있으리라는 가련한 자기 최면에서 한시바삐 벗어나 현실을 직시하기를 권한다. 선택은 둘 중의 하나뿐이다. 앉아서 서서히 고사해갈 것인가 아니면 이 바닥에서 조폭들이 더이상 발을 붙이지 못하도록 정면으로 맞서기 위해 힘과 지혜를 모을 것인가. 마음으로 공감은 하면서도 누군가가 나서서 해주기만을 바라는 이들에게 결코 '무임승차'의 자리는 없으리라는 처연한 진리도 아울러 전한다. 덧붙여 자신이 몸담고 있는 회사에서 무슨 짓을 하고 있는지 뻔히 알면서도 당장의 '밥벌이'를 포기하지 못해 자기 고발의 용기를 망설이는 편집자들이 있다면, 언젠가 당신이 그 자리에서 밀려나 결국 '배운 도둑질'이라고 '창업' 말고는 다른 길이 없을 때를 생각한다면 오늘의 알량한 밥그릇을 위해 내일의 자기 자신에게 칼을 겨누는 어리석은 짓을 할 참인가를 진지하게 묻고 싶다.

모든 출판사는 실제로 팔린 만큼만 정확히 계산해서 가져가라. 그렇게 해서는 유지가 안 되는 출판사라면 더이상 살기 위해 발버둥치며 민폐 끼치지 말고 사업을 정리하라. 시장 권력을 부당하게 이용해서 다른 출판인들이 애써 만든 책의 판매 대금을 중간에서 가로채 가면서까지 용케 살아남아 본들 당신들은 '조폭'이지 더이상 '출판인'이 아니다.

〔이 글과 뒤에 이어지는 두 편의 글에서 제기한 문제는, 현재 시점에서 볼 때 완전히 무의미하다고 보기는 어렵겠지만 이미 본질적인 문제에서 멀어져버렸다. 그 사이에 출판 유통 환경이 훨씬 악화되었기 때문이다. 이 글들에서 제기한 문제는 기본적으로 도매상을 통한 오프라인 서점 유통에서 생겨난 문제였으나, 주문과 결제가 모두 기록으로 남는 온라인 서점에 대한 의존이 심화되고부터는 터무니없는 '공급률'이나 '이벤트 강요'가 더 중심적인 문제로 자

리 잡았으며, 도서정가제 적용을 받지 않는 구간에 대한 무분별한 할인판매가

초미의 현안이 되었다.)

〈기획회의〉 2004.10.20.

'체념'을 넘어서

2004

서울의 대중교통 체제가 30여 년 만에 전면 개편되었다. 인구가 5백
만도 안 되던 시절의 교통 체제를 부분적으로 땜질해서 사용하는 것
이 한계에 이른 지는 오래되었지만, 민간 기업의 여러 이해관계가
맞물려 있는 대중교통 체제를 근본적으로 바꾸는 것은 저 서슬퍼렇
던 군사 정권조차도 감히 엄두를 못 내던 일이었다. 물론 30년 동안
익숙해져 있던 체제를 하루아침에 뒤바꾸는 데는 그만큼 충분한 준
비가 필요함에도 불구하고 졸속으로 시행을 강행하여 혼란을 가중
시킨 대목은 마땅히 엄중하게 비판받아야 할 문제이지만, 버스 사
업자들의 이해관계에 가로막혀 합리성이라고는 도무지 찾아볼 수
없이 미로처럼 얽힌 채 방치되던 대중교통 체제를 좀더 장기적인 안
목에서 조직적이고 체계적인 방향으로 재편하려는 시도 자체는 차
라리 만시지탄이 있을망정 환영할 만한 일임에는 틀림이 없다.

뜬금없이 버스 얘기를 꺼내는 이유는 다름이 아니다. 어느 출판
인이 대략 다음과 같은 내용의 글을 북에디터의 자유게시판에 올렸
기 때문이다.(통신글의 생동감을 최대한 살리되, 문맥을 매끄럽게 하기 위

해 약간 가필을 했다.) "버스를 탈 때마다, 내 교통카드가 제대로 버스 회사 수입으로 들어갈까가 무척 궁금하다. 왜 이런 생각을 하느냐 하면, 우리네 영세하고 좁디좁은 출판계도 버스 교통카드 같은 장치를 만들 수 있지 않을까 해서이다. 서점마다 자기들이 판 책을 바코드로 찍는 그 순간, 그 서점에서는 마진을 뺀 남은 돈이 곧바로 출판사 계좌로 탁탁탁 들어가는 것. 그러면 수금하러 다닐 일도 없고, 판매 부수를 속일 수 없겠지? 아니면, 출협이든 무슨 출판사 단체든, 그네들이 이런 서점 판매 부수를 곧바로 전산망을 거쳐서 받아내고, 수금도 곧바로 교통카드 찍듯 다 거두어들이며, 날마다 그 통계를 모아서 출판사마다 보내주거나 말이다. 서점마다 책이 팔린 것을 그 자리에서 출판사로 책값을 보낼 수 있는 구조를 만드는 게 어려운 일이 아닐 터이며, 서울시장이 아스팔트를 갈아엎고 바꾸거나, 버스마다 페인트칠을 새로 하거나, 부자 동네에서 남는 돈으로 보도블록 갈아치우거나, 이런 데 쓸 돈이면 넉넉하게 이런 전산망 갖추기는 다 할 수 있으리라 본다. 이렇게 하면, 출판사 영업자도 '수금하러' 다니는 게 아니라 제대로 된 영업, 그러니까 '돈 거두기' 가 아니라 제대로 영업 기획을 하고 서점 관리를 하면서 우리 출판계를 살릴 수 있지 않을까?"

허무맹랑한 생각처럼 들릴지도 모르겠다. 우선 당장 또 다른 출판인의 지적처럼 "개인 사업자인 서점들이 서점 매출이 모두 오픈될 것을 우려"할 텐데(그리고 실은 유리알처럼 투명하게 매출이 기록되고 관리되는 것이 출판업자들로서도 달갑지만은 않을 터인데), 생각은 좋지만 과연 현실성이 있을지 의문이 들기도 할 것이다. 하지만 그렇게 따지자면 시민사회 일각에서 '공영화' 말고는 다른 방법이 없음

108

을 꾸준히 지적해왔음에도 불구하고 엄연히 시장 경제 사회에서 국민의 기본권에 속하는 '영업권'을 내세우며 꿋꿋이 버텨왔던 버스 업계에서라면 더더욱 꿈 같은 일이었을 것이다. 문제의 본질은, "빵집에서 아침마다 신선한 빵을 구워 내놓는 것은 빵집 주인의 자비심 때문이 아니라 이기심 때문"이라는 애덤 스미스의 지적처럼, 버스 회사들이 '대중교통'이 '공익 사업'이라는 점에 대단한 사명감을 가지고 있어서가 아니라 표면적으로야 무슨 핑계를 대고 있건 개별적으로 수금 관리를 할 때 발생하게 될 잠재적 비용보다 통합 관리에 협조함으로써 발생할 수도 있는 잠재적인 손해가 훨씬 적기 때문일 것이라는 데 있다.

하물며 출판산업에 대한 특별한 보호를 명분으로 저작권자(출판권자)의 고유 권한이라 할 수 있는 '재판매가격 유지' 행위조차 입법으로 강제하여 저작재산권 행사의 본질을 사실상 침해하는 것이 정당화되고 있는 마당이다.(오해 없기를 바란다. 재론하기가 부담스럽기는 하지만 말이 나온 김에 덧붙이자면, 나는 '저작물'의 본질적 특성상 '도서정가제', 즉 '재판매가격 유지'는 유통업자가 임의로 침해할 수 없는 출판권자의 고유 권한이라고 생각하며, 그런 의미에서 '도서정가제'를 근본적으로 지지한다. 다만 그와 똑같은 이유로 출판권자가 독자적인 시장 판단에 따라 '재판매가격 유지'를 일부 유보할 수도 있는 권리를 당연히 가지고 있음에도 불구하고, '재판매가격 유지'를 강제하는 것은 유통업자들의 '임의 할인'과 하등 다를 바 없는 또 다른 의미에서의 저작재산권 침해 행위라고 생각한다.) 출판산업은 이미 공공적으로 보호·육성해야 할 영역에 편입되어 있으며, 유통 합리화가 그 핵심적인 과제 중의 하나라는 것 또한 움직일 수 없는 사실이다.

〔이 글을 쓸 당시만 해도, 나는 출판인들의 '양식'을 믿었다. 그래서 '도서정가제'를 근본적으로 지지하면서도 서점의 '임의 할인'은 더 철저히 규제하되 출판사의 '전략적 할인판매'까지 금지해서는 안 된다는 입장을 취했던 것이다. 원론적으로만 따지면 '제 살 깎아먹기' 식의 무분별한 할인 경쟁으로는 기업의 유지가 불가능할 터이니 '망할 권리'를 굳이 규제할 필요는 없다는 생각이었다. 온라인 서점의 등장으로 촉발된 도서정가제 논쟁에서 줄곧 그런 입장을 취했던 것은, 기존의 도매상 중심의 전근대적 유통 질서에 대한 대안으로서 온라인 시장의 가능성을 낙관했기 때문이다. 그러나 이미 이 글을 쓸 당시에도 '재론하기 부담스럽다'고 했듯이, 기형적인 형태의 도서정가제가 입법화된 뒤로 애당초의 논거를 고수할 논거가 현실적으로 사라져버렸고('대안적 시장'이란 현실에 존재하지 않는 관념 속에나 존재할 허깨비로 전락했고), 그나마 현실에 존재하는 시장에서 가장 합리적인 질서를 제시하라면 '완전 도서정가제' 말고는 다른 선택지가 남지 않게 되었다. 그리고 7년의 시간이 지나는 동안, 시장 상황이 악화되고 무엇보다 독자들의 수용 태도가 변화하면서 출판사들이 자발적으로 할인 경쟁에 발 벗고 나서는 참담한 실정에 이르렀다. '완전 도서정가제'를 가장 시급한 당면 과제로 더욱 확고하게 주장할 수밖에 없는 상황이지만, 기실 그것만으로는 '언 발에 오줌 누기'로도 한참 모자랄 성싶은 상황이다. 이제 더는 '건전한 시장질서'만으로 해결할 수 있는 수위를 넘어선 지 오래다. '시장을 넘어선 질서'가 마련되지 않으면 파국은 시간문제일 따름이라는 게 지금의 생각이다.〕

더구나 이미 국제표준도서번호 체제에 따라 책마다 바코드가 찍혀서 나오게 된 것도 오래 전에 거스를 수 없는 관행으로 자리를 잡았는데, 정작 이 바코드가 본연의 구실(바코드는 서점의 판매시점관리(POS)를 위한 것으로 비매품이거나 전자상거래 등 유통시 꼭 필요하지 않은 경우에는 바코드 없이 번호만 표기해도 무방하다)을 거의 하지 못하고 있는 현실은 도대체 어떻게 설명해야 하는가. 또는 POS를 채택하고 있는 대형 서점들이 재고·반품 관리에서 대금 결제에 이르기까지 여러 면에서 손을 덜어주고 출판사와 비교적 정확하고 투명한 관계를 유지하고 있다는 것은 무엇을 의미하는가. 아니, 다른 모든 것을 다 떠나서, 심지어 위탁 판매의 속성상 출판사의 재산임에 분명한 상품이 도매상에 일단 입고되고 나면 그 뒤에 어떻게 되는지 더 이상의 추적이 불가능하다는 것이 말이나 되는 것인가. 기술적으로 불가능한 일도 아니고, 명분이 모자란 것도 아니며, 버스의 예에서처럼 출판사로부터 영세 소매 서점에 이르기까지 막대한 비용을 절감할 수 있다는 실리도 없지 않은데, 도대체 무슨 까닭으로 이 소박한 바람이 현실화되지 못하는 것일까.

나는 출판 유통의 난맥 이면에 눈앞의 작은 밥그릇을 한사코 놓치지 않으려는 딱한 안간힘은 있을망정, 좀더 합리적인 방향으로의 구조 개선을 적극적으로 가로막고 있는 거대한 음모 집단이나 블랙 커넥션 따위가 존재하리라고는 믿지 않는다. 그렇다면 그것은 어쩌면 '체념' 때문인지도 모르겠다. 누구나 불합리하다는 것을 알면서도 지금껏 그렇게 해왔으니 어쩔 수 없이 따라갈 수밖에 없지 않느냐고 지레 '체념'해버리고 개선을 위한 노력조차 하지 않게 된 것은 아닐까.

교통카드라는 것은 상상도 할 수 없던 시절에는, 버스 노선을 전면적으로 개편한다는 것은 그 필요성에 적극적으로 공감하는 사람에게조차도 허황한 탁상공론으로 보였다. 중복 노선을 통폐합하고 동선과 교통량에 따라 노선을 재조정하는 것은 '공영화'가 되기 전에는 이루어질 수 없는 꿈인 것처럼 보였다. 어떻게 조정을 하더라도 상대적으로 이익을 보는 업자와 상대적으로 손해를 보는 업자가 있게 마련인 이상 손해를 보는 쪽의 반발은 불을 보듯 뻔한 일이었기 때문이다. 하지만 당장은 불가능해 보일지라도 좀더 편리하고 합리적인 대중교통 체제를 꾸준히 연구하고 제기하는 노력을 멈추지 않았기에, 이해 당사자들이 적어도 양해할 수는 있는 접점을 찾아 심지어 대부분의 시민들에게 적응할 시간조차 주지 않을 만큼 전광석화 같은 행정력을 통해 밀어붙일 수 있었던 것이다. 그 덕분에 가장 큰 이해 당사자라 할 많은 시민들은 엄청난 혼란 속에 불편을 겪고 있기는 하지만, 적어도 이른바 '황금 노선'을 잃게 된 버스 회사의 반발로 문제가 생겼다는 얘기는 과문한 탓인지 듣지 못했다.

그러고 보니 짚이는 구석이 또 한 가지 있기는 하다. 누구도 감히 '이대로!'로 버틸 수 없을 만큼 궁지에 몰렸던 버스 업계와는 달리 아직 '출판산업이 공멸할 수 있다'는 위기가 충분한 공감대를 얻고 있지 못하는 것인지도 모르겠다. 얼마나 더 벼랑으로 몰려야 자구책을 위해 머리를 맞대게 될까. 뜻은 있지만 힘이 없는 작은 출판사들만 죽을 판이다.

앞의 글 말미의 주석에서처럼 현재적 의미가 상당히 탈각된 글이지만, 아직 완전히 사라진 문제도 아닐뿐더러 불과 몇 년 전만 해도 가장 뜨거운 현안이었다는 역사를 환기하는 의미에서 함께 묶었다.
〈기획회의〉 2004. 7. 20.

신용 대출 활성화를 위해서도
유통 합리화는 필요하다

2005

〈세계일보〉(2005.1.19.)에 실린 '박종현 기자의 출판 25시'는 「침체된 출판 시장 불 다시 지피려면…」이라는 제목에 "낮은 이자율로 출판인을 돕는 제도적인 장치 마련이 시급하다"는 단순명쾌한 대안으로 결론을 맺고 있다. 너무나 지당해서 식상한 느낌마저 드는 이 해묵은 '숙원 사업'의 속내를 좀더 들여다보자.

이런 제도가 왜 필요한지를 새삼스럽게 재론할 필요는 전혀 없을 듯하다. 이 기사에 언급되어 있듯 "거대 출판사들의 시장 독점과 독서 인구 감소로 출판의 다양성이 위협받고 있는 시기에 책의 기획서를 사전에 검토해 일정 금액의 제작비를 지원하고 대출해주는 제도가 절대적으로 필요하다"는 지적만으로도 충분하다. 또는 새로운 제도는 고사하고라도 이미 있는 기금의 운용부터 개선하자는 "다수 출판인"들의 의견도 나무랄 데 없이 자명하다. 이 기사가 요령 있게 요약해냈듯이 "단행본 10종 이상을 내는 출판사에만 기금 신청 자격을 주거나 10%가 넘는 고이율로 대출 담보까지 요구해 실력 있는 출판인들이 외부 자금을 이용할 창구가 막혀 있"는 현실은, 변명의 여지 없이 "공공기금 운용 방식의 '출판금고'와 조합원 출자 방식의 '출판협동조합'"의 설립·운영 취지를 무색케 하는 일임에 틀림이 없다.

내가 이 기사에 주목한 것은 더이상 말을 보태는 것이 입이 아플 지경인 이런 지당하신 말씀들 때문이 아니다. 기왕의 제도가 왜 제대로 운영되지 못하고 정작 공공적 지원이 절실하게 필요한 "소자본 독립 출판인"들에게 '그림의 떡'이 될 수밖에 없는지에 대한 관계자들의 딱한 항변에 도저히 한마디 거들지 않을 수 없어서이다. 기사에 따르면, 김종수 출판협동조합 이사장은 "독일처럼 출판 유통이 합리화된 구조에서는 판매액이 곧장 파악돼 신용만으로 자금을 빌려쓸 수 있지만 한국 상황에서는 힘들다"며 "책의 판매량이 제대로 파악되지 않는 현실에서 공금을 담보 없이 대부해줄 수는 없다"고 설명했으며, 정종진 대한출판문화협회 사무국장도 이 견해에 동의했다고 한다. 물론 나 역시도 일리가 없는 주장은 아니라고 생각한다. 공공 자금은 자금의 '공공적 성격' 때문에라도 공정성과 투명성에 엄정한 기준을 세워 운영되어야 한다는 데 이견을 달 생각은 조금도 없다. 그렇다면 도대체 '변명의 여지가 전혀 없는' 현실과 '나름대로 이유 있는 항변' 사이의 좁힐 수 없는 간극은 어떻게 해명되어야 하는가.

내 생각을 한마디로 잘라 말하자면, 김종수 이사장의 원론적인 설명은 언뜻 보면 그럴듯하게 들리지만, 공공적 성격을 지닌 조직의 살림을 책임지신 분으로서는 너무나 안일하고 한가한 태도라는 것이다. 진심으로 "출판 유통이 합리화된 구조에서는 신용만으로 자금을 빌려줄 수 있다"고 믿는다면, "책의 판매량이 제대로 파악되지 않는 현실"만 탓하며 "공금을 담보 없이 대출할 수 없다"는 원론만 되뇔 것이 아니라, 좀더 적극적으로 "신용만으로 자금을 빌려 줄 수 있는" 조건을 만들기 위해 노력해야 하는 것이 아닌가. 출판협동조합이 출판 유통의 구조적 합리화를 위해 시쳇말로 '총대를 맨' 적이 있다는 얘기는 들어본 적이 없다. 혹시 성과는 미미할지라도 무언가 열심히 노력은 하고 있는데, 내가 뭘 잘 몰라서 이런 험담을 겁도 없이 해대는 것이라면 반론해주셨으면 한다. 정말 그렇다면 정중히 사과드리겠다.

가령 이 지면에서도 두어 차례 거론한 바 있는 판매시점관리(POS) 시스템만 전면 도입되어도 "책의 판매량이 제대로 파악되지 않는 현실"은 개선될 수 있다. 김종수 이사장의 '이유 있는' 지적은 뒤집어 말하면 책의 판매량만 제대로 파악할 수 있어도 신용만으로 자금을 빌려 줄 수 있는 최소한의 조건은 된다는 의미일 것이다. 그리고 "기획서 검토만으로 제작비를 지원"하는 좀더 전향적인 제도까지는 몰라도 거래 실적에 따른 신용 대출만이라도 손쉬워지는 제도적 조건은 출판협동조합의 회원사를 포함한 모든 출판인들이 바라마지 않는 절박한 소망일 것이다. 그렇다면 이왕에 "공금을 담보 없이 대출할 수 없는" 대표적인 이유가 바로 그것이라고 지적하신 마당이니, 이제 그 말씀에 적절한 책임을 지실 것을 제안한다. 내가 알기로 출판협동조합이라면 판매시점관리 시스템 도입을 추진할 만한 충분한 자격과 조건을 가지고 있다. 요컨대 의지의 문제라는 것이다. 책의 판매량을 제대로 파악할 수 있는 제도를 추진하는 일에 소극적인 채로 '신용 대출 불가' 입장을 고수해봤자 '공연한 핑계거리'에 지나지 않는다는 혐의를 피할 길이 없는 것이다. 모처럼 출판협동조합이 왜 있는지 출판인들이 실감할 수 있도록, 화끈하게 '총대' 한번 매주시기를 간곡히 청한다. '신용 대출 가능성'은 고사하고라도 당장 판매량 파악에 사활적 이해가 걸려 있는 수많은 출판인들이 지지하고 뒤를 따를 것이다.

물론 이 제안은 김종수 이사장께만 드리는 것이 아니다. 다만 그런 말씀을 하셨다고 하기에 '말꼬리를 붙잡는' 결례를 무릅쓴 것일 뿐이다.('지푸라기라도 잡는 심정'이라는 말이 이런 경우에 적절할 것이다. 말꼬리 아니라 그 무엇이라도 조그마한 실마리라도 보이면 붙들고 늘어져야 할 만큼 절박했다고 너그러이 양해해주시리라 믿는다.) 기실 어느 정도의 공공성을 가지고 있기는 해도 기본적으로 회원사들의 공동 이익을 추구하는 출판협동조합보다 이 일에 정작 더 적극적으로 나서야 할 조직은 애당초 공공 기금으로 마련된 출판금고이다. 출판금고가 본래의 기능을 하지 못하고 시중 은행보다 대출받기가 더 어렵다는 비판의 목소리를 더이상 외면해서는 안 된다. 단지 기금을 운용할 것을 목적으로 하는 기관이 왜 유통 구조 개선에까지 나서야 하느냐고 누군가 묻는다면 나는 이렇게 반론할 것이다. 이윤 추구를 목적으로 하는 시중 은행에서조차 대출 사업을 위한 신용 평가 시스템을 개발해서 활용하고 있다. 너무나 당연하게도 신용 대출을 활성화해서 생기게 될 잠재적 이익이 그런 프로그램을 개발하고 운영하는 데 들어가는 비용보다 크다고 판단했기 때문일 것이다. 공공 자금이라면 더더구나 기금 운용상의 이익을 도모하는 데 크게 도움이 될 뿐아니라 공공적 파급 효과까지 거둘 수 있는 '누이 좋고 매부 좋은' 사회적 비용의 부담을 망설일 이유가 전혀 없는 것이다.

물론 이 사업은 그 공공적 성격에 비추어 정부의 예산으로 시행하는 것이 가장 바람직할 것이다. 하지만 어떤 형태로든 출판 진흥을 위해 공공적 성격의 자금을 운용하고 있는 기관들이 공동으로 신용 평가를 위한 유통 합리화 비용의 일부를 부담하겠다고 나서면서 정부에 그 비용의 상당 부분을 부담해 달라고 요구한다면 훨씬 더 큰 설득력을 가질 것이고 추진력도 한층 높아질 것이다. 혹시라도 여러가지 복잡한 사정 때문에 이런 연대가 현실적으로 불가능한 일이라면, 이왕 말을 꺼내신 출판협동조합에서 독자적으로라도 추진을 해볼 만한 일이 아닌가. 다시 강조하지만, 책의 판매량을 정확히 파악할 수 있는 유통 환경의 개선은 더이상 미룰 수 없는 과제이다. 이 명제에만 동의할 수 있다면, 그것을 현실화할 수 있는 방법을 찾아내는 것은 어려운 일이 아닐 것이다.

━━━━━
앞의 두 글과 마찬가지 맥락에 있는 글이다.
〈기획회의〉 2005.2.5.

양질의 도서 정보가
독자를 창출한다

2010

출판 일이 박봉과 격무로 악명이 높은데도 굳이 책 만드는 일로 직업을 삼으려는 한편으로는 기특하고 한편으로는 딱한 젊은이들에게 책이 될 만한 소재를 찾아 기획안을 만들어보라는 과제를 내주면서 노상 마주치는 당혹스러움이 있다. "정말 필요한 내용인데, 아직 책으로 나와 있지 않다"며 내놓는 기획 아이디어 가운데 줄잡아 절반가량이, 이미 비슷한 내용의 책이 여러 권 나와 있다는 사실을 미처 살피지 못한 '뒷북'들이다. 출판 일을 해보겠다면서 관심 분야의 도서 정보에 이리 어두우면 어쩌냐고 짐짓 꾸짖곤 하지만, 썩 개운치가 않다. 명색 출판평론가랍시고 이름을 내건 나 자신부터도 체계적으로 도서 정보를 얻을 경로가 마땅치 않은 것이 현실이기 때문이다. 하물며 일반 독자들이라면 더 말할 필요도 없을 것이다.

매체마다 책을 소개하는 지면이 따로 할애되어 있지만, 내용은 고사하고 저자와 제목 등 간략한 서지 사항만을 담은 한 줄짜리 소개의 '은총'이라도 입을 수 있는 책은 전체 출간 종수에 비해 턱없이 적다. 하지만 이것이 문제의 본질은 아니다. 오히려 제아무리 열성 독자라도 신간 정보를 꼼꼼히 챙기기에는 따라잡기도 벅찰 만큼 많은 책들이 쏟아져 나오는 탓에 쓸모 있게 활용되지 못한다고 보는 편이 정직할 것이다. 이는 지면의 제약이 없는 온라인 서점의 신간 정보가 과연 도서 정보를 얻기에 유용한 경로인가만 되짚어도 쉽게 알 수 있는 일이다. 게다가 정작 필요할 때 찾아내야 하는 책은 '신간'만이 아니다. 가령 "이제 막 사회의식에 눈을 뜨기 시작한 입문자의 눈높이에서 한국 현대사를 체계적으로 정리한 책"을 찾는다고 해보자. 지식검색 서비스에 질문을 올리는 방법 말고는 달리 스스로 찾아볼 엄두가 나지 않을 것이다.

독서 시장이 위축되고 있다는 개탄은 어제오늘의 일이 아니지만, 장삿속에 미친 마케팅 이벤트 말고 제대로 된 도서 정보가 얼마나 풍성하게 유통되고 있는가를 살펴보면, 그나마 이만큼이라도 독서 시장이 유지되고 있는 것이 차라리 신기할 지경이다. 오죽하면 베스트셀러 목록이 독자들이 얻을 수 있는 거의 유일한 도서 정보일까. '되사들이기'(흔히 통용되는 '사재기'라는 표현은 어폐가 있다)를 통한 조작 시비가 끊이지 않을뿐더러 설령 조작이 없다 해도 어차피 마케팅을 통해 만들어질 수밖에 없는 베스트셀러 집계를 당장 중단하지 못하는 이유가 옹색하게도 바로 그것이라는데야!

해결책은 두 가지다. 우선 도서관이 제 기능을 하도록 해야 한다. 도서관은 단순히 '책'을 모아놓은 서고가 아니라 '책에 대한 정보'를 집적하고 유통시키는 공간이다. 내 또래들이 학창 시절 양질의 도서 정보를 일상적으로 얻을 수 있었던 것은, 사실상 도서관으로 기능했던 이른바 '인문사회과학 서점'을 통해서였다. 그리고 '책에 대한, 책을 둘러싼 담론'이야말로 도서 정보가 끊임없이 갱신되고 확장되는 데 불가결한 젖줄이다. 영상산업의 경우, 영화 잡지가 상당히 고급한 영화 담론을 대중화함으로써 자연스럽게 영화에 대한 정보가 풍성해지지 않았던가. 또는 공중파 방송의 책 소개 프로그램조차도 아쉬운 참혹한 현실이지만, 필요한 것은 일방적인 '책 소개'가 아니라 '책을 둘러싼 담론'을 생산하는 프로그램이다.

지면에 실린 제목은 「양질의 도서 정보가 흘러야 독자가 생긴다」이다.
〈한겨레〉 2010.7.24.

문제는 다시 '도서관'이다

2011

얼마 전부터 한 매체에 책을 소개하는 글을 연재하고 있다.〔지면에 실린 원문에는 이 매체의 제호와 성격을 밝혔지만 이 매체를 더이상 신뢰할 수 없는 일이 벌어졌다. 항의를 표현하기 위해 연재를 중단한 터에 호명을 통한 홍보 효과를 그대로 둘 수 없어 부득이 삭제했다.〕 소개할 책을 고를 때는, 화제의 신간이나 베스트셀러 또는 누구나 고전으로 꼽을 법한 스테디셀러는 다른 매체들에서도 정보가 넘쳐난다는 생각에서, 책의 생명이 눈에 띄게 짧아진 탓에 충분히 음미할 만한 내용인데도 어느 샌가 존재감이 희미해져버린 책들을 되살려낸다는 데 가장 큰 중점을 두고 있다. 형식면에서도 무게 잡고 책의 내용을 소개하는 글로는 '존재감조차 희미한 책'에 새삼스럽게 관심을 갖도록 유도하는 데 한계가 있을 성싶어, 이 시대의 젊은이들에게 책보다는 훨씬 더 친숙한 대중문화 현상들에서 화두를 끄집어내어 자연스럽게 책에 대한 관심으로 이끌려고 시도하고 있다.

그러다 보니, 내가 정치사회 현상과 대중문화 현상을 좀더 폭넓고 깊이 있게 바라볼 수 있는 시야가 열리던 시기에 크게 도움받았던 책들을 떠올리려 기억을 더듬게 된다. 굳이 내 또래의 개인사적 궤적이 아니더라도 1990년대는 우연찮게도 다양한 문화적 시도들이 풍성한 지적 자양분을 생산했던 '르네상스'의 시기이기도 했다. 지금에 이르러서는 더이상 유효하지 않은 그야말로 '한때의 유행'에 그쳐버린 내용들도 적지 않지만, '스펙'에 짓눌리고 '등록금'에 목 졸려 언감생심 지적 성장을 매개하는 문화 실천은 엄두도 못 내는 이즈음에 더욱더 의미 있는 자극이 될 만한 저작들도 수두룩하다.

그런데 그닥 어려울 것 없이 즐겁게 '재능기부'의 정신에 충실할 수 있으리라 기대했던 것과는 달리 이 작업에는 뜻밖의 난관이 도사리고 있었다. 기억을 더듬어 일독을 권할 만한 책을 찾아놓고 보면, 거의 어김없이 '절판' 딱지가 붙어 있는 것이다. 쉽게 구할 수도 없는 책을 소개한다는 건 세대적 위화감만을 조성하는 공연한 '잘난 척'에 지나지 않을 터이니 무척 난감하다. 몇 십 년이 흘러간 까마득한 과거도 아니고 불과 20년 전의 풍성했던 문화적 토양을 후속 세대에게 물려줄 방법이 막연하다는 허탈함이 묵직한 현실감으로 덮쳐온다.

시장을 신봉하는 이들이라면, 수요-공급의 원리에 따라 시장에서 도태된 책들을 "이 시대에도 충분히 유효하다"고 강변하는 근거를 따져 물을지도 모르겠다. 하지만 백 걸음 양보해서 이런 논리를 고스란히 인정한다 해도, 찾는 사람이 없어 '장기 재고'로 남겨져 여전히 '독자를 기다리고 있는' 책들이라면 혹시 모를까, '절판'되어 이미 선택의 여지가 없어진 책들에 함부로 들이댈 잣대는 아니다. 매출이 눈에 띄게 둔화되어 절판이 불가피한 상황은 틀림없이 있었겠지만, 그것으로 시장의 판단이 완전히 끝났다고 단정 지을 수 있는

가. 아니 시장이 외면한 책은 후대에게 남겨주어야 할 가치가 전혀 없단 말인가.

 그렇다고 시장 전망이 불투명한 절판 도서를 무작정 되살려내는 위험을 감수해야 한다는 무리한 주장을 하려는 건 물론 아니다. 문제는 다시 도서관이다. 도서관은 바로 이러한 사회적 기능을 하라고 존재하는 것이다. 누구나 필요한 책을 도서관에서 손쉽게 구할 수 있는 문화적 환경이 전제된다면, 읽을 만한 책을 추천하기 위해 절판 여부를 확인하는 수고를 할 필요도 전혀 없고, 그 효용에 비추어 책값이 지나치게 비싼 건 아닐까 하는 걱정 때문에 추천을 망설일 필요도 전혀 없을 것이다.

지면에 실린 제목은 「다시 '도서관'이다」이다.

〈한겨레〉 2011.4.9.

"어둠 속에 떨지 말고 자수하여 광명 찾자"

2004

몇 달 전, 한국출판마케팅연구소의 한기호 소장이 어느 일간지에 신문 지면의 사유화를 강하게 비판하는 글을 실으며 이런 사례를 제시했었다. "(어느 출판사 대표가) 한 신문사 북섹션 담당자가 자신이 펴낸 책의 리뷰 필자를 찾는다는 직원들의 보고를 듣고 적당한 필자 두 사람의 이름을 그 기자에게 불러주었다가 '아니, 아직도 청탁하지 않았냐. 마감이 언제인데 지금도 그러고 있는 것이냐?'는 강한 질책을 받았다." 사실 "이 경우는 약과"라는 한 소장의 표현을 굳이 빌지 않더라도, 새삼스러운 이야깃거리조차 되지 못할 만큼 흔하게 볼 수 있는 사례다. 하지만 출판밥을 먹는 사람이라면 누구나 알고 있을 뻔한 이야기를 다시 늘어놓으며 반 년도 넘은 글에 뒷북을 치기 위해 꺼낸 이야기는 아니다.

문제는 이런 사례들을 술자리 안주 삼아라도 꺼낼 때 마주하게 되는 동업자들의 태도다. 알량한 권력을 이용해 마땅히 제가 해야 할 일도 취재원들에게 미루는 횡포를 부리는 기자들을 성토하고 어쩌다가 이 지경까지 되어 버렸는지를 개탄하는 것쯤은 누구나 할 수 있는 일이다. 마치 출판인들은 그저 '힘 없이 당하는' 죄밖에 없다는 투다. 앞질러 가자면, 사실 기자들을 그렇게 길들인 것은 다름 아닌 출판인들인데도, 어느 누구 하나 용감하게 나서서 '내 탓'이라고 이야기하는 출판인들은 왜 없는가.

얼마 전 어느 편집자로부터 이런 이야기를 들었다. "자기들 신문에 실리는 글의 필자를 출판사에 찾아달라고 하는 건 웃기는 일이다. 아무튼 필자를 찾아줬다. 청탁하라고 해서, 청탁했다. 첫 번째 청탁이 실패했다. 그러자 두 번째 청탁을 하라고 한다. 그래서 했다. 필자한테 원고 받아달라고 해서, 받아줬다. 그런데. 받아놓고 하는 말이 '자기들 컨셉'이 아니라서 문제가 된단다. '웬만하면 억셉트하겠는데' 뭐 기획 의도랑 너무 다르다나? 아니 청탁할 때 무슨 기획 의도라는 걸 주기나 했냐. 그래서 '그럼 직접 통화를 해보시는 게 어떠냐'고 했더니, 난데없이 사장님더러 자기한테 전화하라고 하란다. 사장님이 통화를 하더니 필자와 이야기해보란다. 전화했다. 그나마 필자가 친분이 있고 솔직히 말하기 편한 사람이라 부드럽게 이야기가 되긴 했다. 하지만 그 필자가 바보인가? '그건 좀 이상하네요. 기자가 직접 전화해야 하지 않나요? 직접 전화를 하든가, 아니면 그냥 싣든가 하라고 하세요.'"

이 이야기를 시쳇말로 '싸가지 없는' 기자를 고발하는 내용으로만 듣는다면, 그 귀에도 틀림없이 문제가 있다는 것이 내 생각이다. 기자도 우스운 사람이지만(도대체 담당자와 이야기하다 말고 사장은 왜 찾는 것일까), 좋은 학교 나와 우수한 성적으로 언론사에 취직할 때만 해도 전도양양했을 그 기자를 그렇게 우스운 사람으로 만들고 있는 건 그 출판사의 사장이다. 아니 비슷한 경우에 닥친다면 거의 다르지 않은 반응을 보일 것이 뻔한 그 '사장님들'이다. 그리고 그런 '사장님들' 덕에 기자들의 부당한 요구는 거절하는 것이 마땅하다는 소신 있는 출판인들만 고스란히 피해를 본다. 아니 좀더 정직하게 말하자. 이 바닥에서 밥 먹고 살면서 그런 소신을 발휘하기란 쉬운 일이 아니다. 그래서 결국 '울며 겨자 먹기'로나마 그 '사장님들'의 대열에 합류해 간다고 표현하는 것이 더 정확할 것이다. 그러니까 혼자서 우스운 사람이 되는 것으로 그치는 것이 아니라 전 출판계를 '우스운 사람들' 천지로 만들고야 마는 셈이다. 그러면서도 애당초 '울며 겨자 먹기'였을 뿐이라는 변명으로 스스로를 속이며 '기자놈들' 욕하기에만 바쁘다. 그렇게 '공범'이 '피해자'를 자처하는 웃지 못할 일이 속출한다.

이렇게 이야기하고 있는 나 자신 또한 결코 자유롭지 못하다. 워낙 일간지에 이름 내밀 일이 거의 없는 별볼일없는 필자에 속하기는 하지만, 그런 일이 '가물에 콩 나듯'이라도 전혀 없는 것도 아니어서 나는 어김없이 '공범'이 된다. 좀더 구체적으로 내가 저질러왔던, 또는 신문 지면에 서평을 쓰는 동업자들이 흔히 저지르고 있는 '범죄'를 '자수'하자면 이런 식이다. 독자들이 알면 까무러칠 일이지만, 신문 지면의 서평 청탁이 일주일의 시간을 주면 양반인 편에 속한다. 2~3일 전에 청탁을 받아 책의 내용을 대충이라도 검토하는 것이 아주 불가능한 일은 아니겠지만, 그건 영화의 예고편만 보고 영화평을 쓰는 것만큼이나 위험한 일이다. 청탁을 받는 입장에서 딱 잘라 거절한다면 이런 '만행'은 당장에라도 중지될 수 있을 것이다. 그러니 "말도 안 된다"고 볼멘소리를 늘어놓으면서도 끝내 거절하지 못하고 결국 번번이 제대로 곰삭이지도 못한 책의 내용에 설익은 평가를 늘어놓는 '만행'에 동참하는 나는 독자를 우롱하는 그들과 한 통속의 '공범'이다.

물론 '속보성'이라는 신문의 성격에 비추어 이해 못 할 바는 아니다. 책을 제대로 읽고 소화할 시간이 충분히 확보된다면 그때는 이미 '구간'이 되어 버린 뒤일 것이다. 하지만 신간이 발간되었다는 정보를 제공하는 것과 그 책의 내용이나 맥락에 일정한 평가를 덧붙여 독자들에게 판단의 준거를 제공하는 것은 전혀 다른 성격의 일이다. 그래서인지 어느 신문의 기자는 내게 그 '만행'에 동참할 것을 권유하면서 "(자기들은) 출판평론가들을 일종의 기자라고 여긴다"는 민망한 사족을 덧붙이기도 했다. 표현이 점잖아서 그렇지, 요컨대 '평론가'랍시고 깊이 있는 평가를 내놓겠다는 쓸데없는 폼 잡지 말고 기자들이 통상 그러하듯이 '보도자료'나 적당히 베껴서 내놓으라는 깜찍하신 주문이렷다. 오해 없기 바란다. 나는 지금 '보도자료'를 발췌·요약하는 수준의 '신간 안내'가 부당하다고 지적하려는 것은 아니다. '속보성'을 요구하는 신문 지면에는 그런 성격의 기사도 반드시 필요할 것이며(물론 책의 내용을 꼼꼼히 검토할 시간이 없이 속보성에 쫓길 때, 과연 수많은 신간 중에 지면에 소개되는 영광을 누리는 책은 어떤 기준으로 '간택'될 수밖에 없는가 하는 누누이 지적되어왔던 문제점을 논외로 한다면!), 또 보도자료에 당연히 어느 정도 포함되어 있을 '홍보성 멘트'를 걸러가며 (책 자체가 아닌 보도자료의) 핵심을 요령 있게 간추려 제한된 지면에 소화해내는 것도 능력이라면 능력이다. 하지만 정작 심각한 문제는 신문의 지면 구성상 '기사'와 '평문'의 경계는 언제나 모호하며, 특히나 외부 필자가 쓴 '기사'가 독자들에게 '평문'으로 오해될 개연성이 충분하다는 데 있다. 그리고 실은 단순히 기자들이 '손이 모자라서'가 아니라 바로 그 이유 때문에 외부 필자를 동원하는 것이지 않은가. 그러니 그것을 뻔히 알면서도 '목구멍이 포도청'을 핑계 삼아 그 해괴하기 짝이 없는 관행에 동참하곤 하는 나는 분명 그들과 '공범'이다.

흔한 말로 자존심이 밥을 먹여주는 것은 아니다. 그러나 최소한의 부끄러움이라도 있다면 너나 할 것 없이 '공범'으로 이끌려 들어갈 수밖에 없는 이 황폐한 구조를 어떤 방식으로든 바꾸려는 노력이 필요할 것이다. 그리고 자신은 오로지 언론 권력의 '피해자'이기만 한 양 책임을 회피하려고만 드는 자기기만적인 태도가 오히려 그 노력의 출발점조차 실종시키고 있는 것은 아닌가를 다른 누구를 탓하기에 앞서 출판인들 스스로 물어야 할 것이다.

〈기획회의〉 2004.8.20.

전쟁에도 수단과 방법은 있다 2004

팔리지 않은 채 사장되는 상품의 가치를 셈할 방법이 없는 현대 자본주의 사회에서, 상품의 질보다 더 중요한 것이 상품을 소비자에게 알리는 홍보라는 것쯤은 삼척동자라도 모르지 않는 상식일 터이다. 말이 좋아 '품질 경쟁'이라고들 하지만, 홍보는 이미 경쟁을 넘어서 '전쟁'이다.

상품을 생산하는 데 들어간 숱한 사람들의 노고와 적지 않은 비용이 매출로 회수되느냐 마느냐가 당장 절박하게 걸려 있을 그 살벌한 전쟁터의 한복판에서 최소한의 '금도'를 운운하는 것이 어쩌면 한가한 음풍농월인지도 모른다. 전쟁은 모름지기 무조건 이기고 볼 일일 뿐, 수단과 방법을 가려가면서 치러진 전쟁이 지구상 어딘가에 존재했다는 이야기는 들도보도 못했다. 하지만 '아무리 전쟁이라지만 수단과 방법을 가릴 수는 없는가'라기보다는 '도대체 언제까지 누구에게도 도움이 되지 않는 이 소모적인 전쟁을 끝없이 되풀이할 것인가'가 내가 정작 묻고 싶은 대목일지도 모르겠다.

꼭 한 달 전 이 지면에서 나 또한 출판 시장에서 벌어지고 있는 그 전쟁에 어떻게 '참전'했는가를 '자수'하기도 했지만(다시 강조하지만, 제발 그것을 '강제징집'이었다고 스스로를 속이지 말자), 이제 책이라는 상품의 홍보 전쟁은 신간을 소개하는 지면을 매개로 '횡포'라고밖에는 달리 표현할 길이 없는 패악을 부리곤 하는 독점적인 '매체 권력'을 둘러싼 지평에서만 벌어지고 있는 것이 아니다. 북에디터의 자유게시판에서 발견한 어느 게시물은 출판 시장의 홍보 전쟁이 얼마나 저열한 수준으로까지 타락했는지, 그 참상을 다음과 같이 폭로하고 있다.(이해를 돕기 위해 문맥에 맞도록 약간의 가필을 했음을 양해 바란다.)

"온라인 서점의 서평들을 보다 보니, 한 책에 대해 무수히 많은 서평이 올라와 있다. 그래서 그 사람들이 어느 책들을 읽고 무엇을 느껴는지 궁금해 그 사람이 쓴 서평들을 쭉 보게 된다. 그러다 이상한 점을 발견하게 되었다. 이 사람이 읽고 올린 서평들이 한 출판사의 책에 집중되어 있는 것이다. 다른 출판사의 책이 한 권만 올라있어도 모르겠지만, 그 사람이 올려놓은 서평 모두가 그 출판사의 책들이다. 그러나 더 웃긴 것은 그 책에 올라 있는 서평들을 쓴 사람들은 하나같이 전부 다 그 출판사 책만 본다는 것이다. 무슨 의도일까?"

설마하니 이 글을 쓴 분이 그것이 도대체 '무슨 의도'인지를 정말로 몰라서 물은 것은 아닐 것이다. 하지만 이 내용 바로 뒤에 이어져 있는 "자신의 피땀 흘리는 산고의 고통으로 만들어낸 한 권의 책에 대한 애착은 출판계에 종사하는 어떤 이라도 잘 알고 있을 겁니다. 그러나 우리가 자신이 만든 책만 읽고 그것에 감동받는 건 아니라고 봅니다."라는 첨언에서 나는 솔직히 실소를 했다. 정말로 그 책을 만든 편집자가 자신이 만든 책에 애정이 넘친 나머지 직접 인터넷 서점을 돌아다니며 '무수히 많은 서평'들을 올렸을 거라고 믿었다면, 그야말로 너무나 '순진하신' 분이 아닌가 하는 생각이 들어서이다.

이것은 결코 "회사의 전략상 올린다고는 하지만, 제발 너무 티 나는 행동은 자제하시지요."라는 점잖은 말로 타이를 문제가 아니다. 독자의 평가에 개방되어 있는 온라인 서점의 시스템을 악용하여 조직적으로 우호적인 서평을 집중 게시(인터넷 전문용어로 '도배질')하는 것은, 한동안 출판계를 시끄럽게 했던 이른바 '되사들이기'와 도대체 무엇이 다르단 말인가. 조직적으로 자사의 출판물을 되사들임으로써 독자들에게 책에 대한 판단의 준거를 제공하기 위한 베스트셀러 순위를 인위적으로 조작하고자 했다는 그 전설적인 '홍보 전략'이 어떻게 시장 질서를 교란했는지를 상기한다면 "선량한 독자들만 우롱당한다"는 개탄에만 머물러서는 안 된다.

그러나 양방향 매체의 긍정적 미덕을 적극적으로 활용하여 소비자와 직접 소통할 수 있는 통로를 만들어줄 것으로 기대를 모으기에 충분한 온라인 서점의 독자 서평 시스템이 처해 있는 참상은 여기에서 그치지 않는다. 위에서 인용한 고발에 대한 답글의 내용은 이러했다. "온라인 서점 책 소개에서 웃기는 것 가운데 하나는, 어느 책에 문제가 있어서 비판하는 내용을 쓰면, 그런 책소개는 잘 올려주지 않는 것이다. '이런 책은 꼭 읽을 만합니다' 하는 서평은 바로바로 등록이 되고, '이런 책은 읽지 말아야 합니다' 하는 서평은 하나같이 잘리더군요. '나쁘다'고 하면 사람들이 안 사리라 생각해서 그런 서평은 자르나 보죠?" 사실이라고 차마 믿고 싶지는 않지만, 정말로 이 내용이 사실이라면(이 글에 대해 또 다른 분이 "저도 그런 경험

있어요. 아이들 그림책이 내용이 너무 황당하고 끔찍해서 그 책을 비난하는 글을 올렸더니 실리지 않더군요."라고 대꾸한 것을 보면, 아마도 사실이 아닐 것이라고 믿고 싶어하는 내가 지나치게 '순진한' 것일 게다.) '박수 부대'에게만 발언권이 주어지는 허울 좋은 '독자 서평'의 존립 근거를 심각하게 묻지 않을 수 없다.

물론 '건강한 비판'과 '근거 없는 비방'이 무쪽 자르듯 구분될 수 있는 것이 아니고 보면, 이런 황당한 처사를 딱히 이해 못 할 바도 아니다. 인터넷 서점을 운영하고 관리하는 쪽의 입장에서도 나름대로의 고충은 있으리라고 믿고 싶다. 하지만 문제는 시스템의 허점이 당장 '전쟁'에 뛰어들 수밖에 없는 출판사들의 '수단과 방법을 가리지 않는' 진흙탕 싸움을 부추기는 방향으로 작용한다고 할 때, '선의'를 '악용'하는 출판사들만 나무라고 말기에는 석연치 않은 점이 있다. 가령 서점에서 베스트셀러 순위 집계를 포기하지 않는 한, 출판사는 언제든 '되사들이기'의 유혹을 받을 수밖에 없다는 자명한 이치와 비교해보라. 이 치졸한 전쟁판에 '기꺼이'든 '마지못해'든 뛰어드는 '정신나간 짓거리'들을 옹호할 의사는 추호도 없지만, 그런 식으로 '수단과 방법을 가리지 않아도' 되게끔 허술한 시스템을 나몰라라 방치하고 있는 책임도 결코 가볍지 않을 것이다. 다시 말해 '되사들이기'는 분명 비난받아 마땅하지만, 그러한 비난이 문제의 지평을 '되사들이기'에만 매몰시켜 '베스트셀러 순위 집계' 자체에 대한 문제 제기로 나아가는 길을 봉쇄하거나 희석시켜버린 것은 아닌지도 진지하게 따져 물어야 할 것이다.

사실 흔히 '비정형적'이라고 일컬어지는 인터넷 매체의 커뮤니케이션 동학을 고려하자면, 순수하게 다른 독자들의 선택에 도움을 주고자 하는 '선량한 독자'와 출판사의 홍보 전략에 동참하는 '알바'를 명확하게 구별할 현실적인 방법도 없고, 단순무식하게 양자를 구별하려 드는 것이 바람직한 것도 아니다. 하물며 순수한 서평자라 하더라도 유난히 선호하는 출판사가 없으란 법도 없고 특별히 애착이 가는 저자의 팬덤을 형성하는 것은 차라리 자연스러운 일이다. 그렇다면 차라리 '이제는 아무도 신뢰하지 않을' 무차별적으로 개방된 '독자 서평'을 과감히 폐지하는 대신 출판사별, 저자별, 개별 도서별로 '팬카페'를 만들 수 있는 시스템(물론 '안티 팬카페'를 결성할 자유도 공정하게 보장되는 것을 전제로)을 개발하는 것은 어떨까. 수단과 방법을 가릴 겨를이 없는 것이 '전쟁'의 속성이라 해도, 수단과 방법이 좀더 정직하게 사용될 수 있도록 제한할 수 있는 '힘'과 '지혜'를 공연히 썩힐 필요는 없지 않은가.

〔한동안 크게 유행하던 블로그 마케팅조차도 '한물간' 것으로 여겨지는 현재 시점에서 이 글에 담긴 사례들은 그야말로 '호랑이 담배 피던 시절'의 얘기일 따름이다. 매체 환경이 하루가 다르게 급변하고 있기도 하지만, 그보다는 '뭐가 효과가 있다더라' 하면 너나할 것 없이 발 벗고 달려드는 바람에 효과를 반감시키는 일이 되풀이되고 있다는 점이 중요하다. 결국 현재와 같은 열악한 시장 환경에서 '효과적인 홍보' 방법이란, 그 방법 자체의 효과가 아니라 단지 선도자의 '과점'에 따른 '반짝 효과'가 과대 포장되는 것뿐이라는 혐의를 지울 수 없다. 더 참혹한 일은, 그렇게 더이상 새로울 것이 없어져버린 방법이라도 단지 별반 효과가 없다는 이유로 포기하기가 쉽지 않다는 것이다. 남들 다 하는 걸 안 하면 나만 손해인 것이다. 마치 사교육 시장의 딜레마와 비슷하다. 과외를 한다고 등수를 더 올릴 수 있다는 기대는 이미 없어진 지 오래지만(내가 과외받는 동안 다른 아이들은 노는 게 아니니까), 그조차도 안 하면 등수가 떨어질

것이 두려워 사교육비만 부풀리는 악순환이 계속되는 것 아닌가. 같은 이치로 효과가 의심스러운 마케팅 비용만 무작정 부풀려지고 있다. 기실 독서 커뮤니티가 활성화되면 책의 홍보는 저절로 된다. 문제는 '홍보'가 아니라 '독서진흥'이다. 다음 장에서 집중적으로 다룰 내용이다.〕

〈기획회의〉 2004.9.20.

제4장
당 의 정 의 효 능 을 묻 는 다

월드컵에 흔들리지 않는
독서 시장을 위하여

2010

4년마다 되풀이되는 월드컵의 '국민적'인 열기는 출판업계에서 피할 수만 있다면 마주하고 싶지 않은 악몽이다. 월드컵 말고도 대중들의 눈과 귀를 온통 사로잡는 국제적인 스포츠 이벤트들이 끊이지 않으며, 그때마다 가뜩이나 '만성적 불황'에 허덕이는 출판업계는 몸살을 앓곤 한다. 그러나 책의 '적'은 오락거리만이 아니다. 예컨대 대여섯 달 동안 촛불이 광장을 뒤덮었던 지난 2008년, 단행본 출판 시장은 전년도 대비 매출 30퍼센트 감소라는 쓴맛을 보아야 했다.

이러한 현실은, 책이 일종의 생산재라는 교과서적인 믿음과는 달리, 대중들에게 책이 선택가능한 소비재 가운데 하나로 기능하고 있음을 여실히 방증한다. 책은 더이상 '마음의 양식'이 아니라 언제든 다른 소비재로 대체될 수 있는 '즐길거리'에 지나지 않는다. 게다가 '즐길거리'라는 측면에서만 보자면 대체로 가장 경쟁력이 떨어지는 낡은 문화상품이라는 것도 어김없는 사실이다.

지금껏 한국의 출판업계의 주류는 이를 '변화하는 대중의 욕구'라고 암묵적으로 전제한 바탕 위에서 소비자들의 눈과 귀를 조금이라도 더 장악할 수 있는 더 경쟁력 있는 '즐길거리'를 만들어내느라 여념이 없었다. 척박한 조건에서도 더 영양가 있는 '마음의 양식'을 위해 고군분투한 출판인들을 싸잡아 매도할 의사는 전혀 없지만, 그러한 노력이 출판 시장에서 의미 있는 영향력을 발휘할 만큼의 규모에 미치지 못한다는 것쯤은 누구나 알고 있다.

그렇다면, 책의 기능이 이렇듯 '생산재'에서 '소비재'로 변모하게 된 데에는 물론 복잡한 사회적 배경이 얽혀 있지만, '어쩔 수 없는 시대의 변화'를 방패 삼아 그러한 변화를 오히려 앞장서 부추겨온 출판업계에도 그 책임의 일단을 묻지 않을 수 없다. 거창하게 '책이란 무엇인가'를 놓고 맥 빠진 당위론을 늘어놓자는 것은 아니다. 순수하게 시장 논리로만 따져도, 막대한 마케팅 비용을 쏟아붓고도 성과를 장담할 수 없는 '위험도 높은 시장'이 다시 마케팅 비용을 상승시키는 악순환이야말로 책을 '즐길거리'들 사이의 경쟁에 기꺼이 내맡김으로써 스스로 자초한 부메랑이 아니고 또 무엇인가. '만성적 불황'의 본질은 기실 '시장의 복수'에 다름 아니다.

책이 소비재로 기능하는 한, 출판산업에 미래는 없다. '많이 팔리는 책'이 꼭 '좋은 책'은 아니겠지만 단순히 유익하고 재미있는 내용을 담고 있는 책이라고 해서 '좋은 책'일 수도 없다. 책이 생산재로 기능하는 선순환 구조를 염두에 둔다면, '다른 책을 읽도록 이끌어주는 책'이 '좋은 책'이다.

출판사가 독서 문화의 토대를 만드는 일에 더 적극적으로 나서야 하는 것은, 기업의 사회적 책임이나 공익에 대한 기여 따위의 고상한 명분을 다 떠나서, 그것이야말로 붕괴 위기에 봉착한 책의 시장을 다시 확보하는 가장 근본적이고 따라서 효과적인 마케팅이기 때문이다. 가령 더도 말고 현재 지출되는 마케팅 비용의 10퍼센트씩만 따로 떼어 지역사회와 대학의 독서 커뮤니티 활성화를 위해 지원해보라. 월드컵의 열기에도 크게 흔들리지 않는 튼튼한 독서 시장을 기대할 만하지 않을까.

<한겨레> 2010.6.26.

독서활동 감시로
독자를 만들겠다고?

2010

'바람직한 독서문화를 위한 시민연대'에 참여하고 있는 20개의 단체가 지난 10월 6일 성명서를 내고, 교육과학기술부의 '독서교육종합지원시스템' 시행을 철회하라고 주장하고 나섰다. 이번 학기부터 시행한다는 이 시스템은, 학생들의 독서활동을 종합적으로 관리하고 이를 입학사정관에게 제공함으로써 대학입시의 자료로 삼겠다는 것으로, 초등학교 1학년부터 고등학교 3학년까지 12년 동안 모든 학생들의 독서 이력을 관리하겠다는 것이다.

무엇과 관련된 정보이든 정보의 누적과 집중 자체가 심각한 인권침해의 소지가 있으며 정보 유출과 상업적 이용의 현실적 가능성을 상상하는 것만으로도 끔찍한 일이지만, 문제는 그것이 단순히 '좋은 일에 부득이 따라붙은, 따라서 마땅히 제거해야 할 부작용'에 그치지 않는다는 데 있다. 다시 말해 부작용을 최소화할 수만 있다면 독서교육에 조금이라도 도움을 줄 수 있는 방법이 아니라는 것이다.

어떻게 해서든 공교육 현장에서 독서교육을 강화하겠다는 선의야 나무랄 데가 없다. 그런데 도대체 가정과 학교에서 독서교육은 왜 황폐화되었는가. 교육의 목표가 전적으로 '입시'로 환원되고 있기 때문이다. 그렇다면 독서 이력을 입시에 반영하겠다는 발상에서 전개되는 '책 읽기 강요'와 (혹 입시에 활용될 자료의 투명성을 위해서인지는 모르겠으나) 본질적으로 '감시'일 수밖에 없는 '책 읽기 관리'가 독서교육과 무슨 상관이 있는가. 아예 '독서교육종합방해시스템'이라고 이름 붙이는 게 더 정직한 일이지 싶다.

한 사람의 독서 체험에서 중요한 것은 결코 '무슨 책'들을 읽었는가도 아니고, 무슨 무슨 책을 '얼마나 많이' 읽었는가도 아니다. 다독은 무조건 권장해야 할 일임에 분명하지만, 다른 사람에게 자신의 독서 이력을 보여주기 위한 책 읽기란 공허하고 무의미한 시간 낭비일 뿐이다. 인생에서 가장 외부 세계의 지적·정서적 자극에 민감한 성장기의 독서 체험이 이렇듯 '내면적 성장'과는 거리가 먼 '뽐내기를 통한 점수 따기'로 점철되어서는, '좋은 책'이 많이 팔리는 것이 아니라 단지 '많이 팔리는 책'이기 때문에 더 많이 팔리는 황폐한 출판 시장의 개선을 기대할 수 없다.

'좋은 책'을 스스로 찾아 읽을 수 있는 안목을 길러주는 것이 독서교육의 가장 중요한 목적이라고 할 때, 그것은 결코 '관리'될 수도 없고 '결과만으로 평가'될 수도 없으며 자신이 인격적으로 신뢰할 수 있지 않는 한 타인의 시선에 '노출'될 이유조차 없는 '내면적 자발성'에 기초할 수밖에 없다. 따라서 관리될 수 있는 독서 이력이란 그 자체로 '온전한 독서 체험을 통한 내밀한 성장의 기록'과는 사실상 아무 상관이 없을 것이며, 그것을 통해서는 독서교육의 성과를 제대로 평가할 수도 없을 터이다.

세상에 대한 관심을 오로지 사회적으로 더 인정받는 상급학교 진학과 관계된 테두리 안으로 강력하게 제한하고 그 밖에는 부차적이고 사소하며 심지어 쓸데없는 관심으로 치부하는 작금의 풍토를 그대로 두고서는, 그 어떤 방법으로도 미래의 독자를 키워내는 제대로 된 독서교육이 불가능하다는 불편한 진실 앞에 우리는 모두 겸허해져야 한다.

〈한겨레〉 2010.10.16.

좋은 책은 독자가 알아준다고? 2004

얼마 전 텔레비전 드라마를 보다가 꽤 재미있는 대사를 들었다. 정확한 인용은 아니지만 기억나는 대로 옮기자면 대략 이런 내용이다. 사람들은 어린 시절에 산타클로스가 있다고 믿지만, 나이가 들어가면서 산타클로스는 존재하지 않는다는 것을 알게 된다. 하지만 그럼에도 불구하고 여전히 아이들에게는 산타클로스가 있다고 믿도록 가르친다는 것이다. 드라마 내용에서 산타클로스에 비유된 것은 남녀간의 사랑이었지만, 내 상상의 나래는 엉뚱한 곳으로 번져나갔다. 예컨대 '좋은 책은 독자들이 알아주게 마련'이라는 많은 출판인들의 믿음이 혹 산타클로스였던 것은 아닐까.

만성적인 불황, 축소일로에 있는 시장, 그나마 실용서 중심의 편중된 소비 형태 심화와 같은 누가 보아도 부인하기 어려운 현실에 대한 우려와 위기의식이 자못 진지하게 이야기될 때 어김없이 타개 방안을 모색한다며 내놓는 내용들은 대략 큰 줄기에서 '더 열심히 더 좋은 책을 만들려 노력하는 수밖에 없다'는 정도로 정리될 수 있는 범주를 벗어나지 않는다. '좋은 책은 결국 독자들이 알아주게 마련'이라고 힘주어 강조하면서, 은연중 '출판인들이 안일하고 게을러서 변화하는 독자들의 욕구를 따라잡지 못한 데 위기의 가장 큰 원인이 있다'는 전제를 암시하면서, 짐짓 겸손한 척 다짐을 두는 것이 익숙한 풍경이다.

그러나 과연 그렇기만 할까? 그래서 '변화하는 독자들의 욕구'를 무작정 더 부지런히 따라가주기만 하면 위기가 타개될까? 결론부터 말하자면 나는 그렇게 생각하지 않는다. 오히려 매체 환경의 급격한 변화 속에서 독자들의 욕구를 따라잡아야 한다는 출판인들의 조바심이 이미 잠재해 있는 위기를 부추겼다고 믿는 편이며, 원인 파악과 대안 모색이 그야말로 '안일하고 게으르게도' 여전히 그 지점에서 맴돌고 있는 한 위기는 점점 더 심화될 뿐이라고 생각한다.

물론 독자들의 욕구가 변화하고 있는 것은 분명한 사실이다. 그러나 정직하게 말하자. 그것은 출판 매체에 대한 욕구가 예컨대 이런 종류의 출판물에서 저런 종류의 출판물로 변화하고 있는 것이 아니다. 독자들의 욕구는 근본적으로 출판 매체로부터 멀어지는 방향으로 변화하고 있으며, 더 노골적으로 말하자면 더이상 '독자'가 아니게 되는 방향으로 변화하고 있다. 그러니 언필칭 '독자들의 욕구를 따라간다'는 것은 겸손하게 출판업을 포기하는 것을 의미할 수밖에 없다. 그 자명한 결론을 차마 직시하기 두려워서 '그래도 좋은 책은 결국 독자들이 알아준다'고 되뇌는 것은, 고작 주관적인 희망사항에 불과한 내용을 마치 객관적인 진리라도 되는 양 자기최면을 거는 딱한 모습으로밖에 보이지 않는다. 미안한 말이지만, 출판 매체가 위기를 맞은 것은 독자들에게서 더이상 '좋은 책'을 알아볼 수 있는 안목이 사라져가고 있기 때문이다. 그러니 '좋은 책은 결국 독자들이 알아줄 것'이라는 굳건한 믿음이야말로 한사코 산타클로스가 있다고 믿고 싶어 하는 안간힘과 무엇이 다르랴.

푸른기와집의 주인이 된 어느 정치인은 한때 "농부가 밭을 탓할 수는 없다"는 명언을 남겼다. 대의정치 제도 아래에서 주권자인 국민을 대표하는 것을 업으로 삼는 정치인이라면 그렇게 말할 수도 있고 또 그렇게 말해야 할지도 모르겠다. 하지만 기업을 경영하는 이들이 이 말투를 그대로 흉내 내는 것은 위험천만한 일이다. 막말로 소비자가 마약을 원한다면 기꺼이 마약이라도 만들어 팔겠다는 것인가.

그래서 '좋은 책'을 더 열심히 더 부지런히 만드는 것만으로는 아무래도 모자라다고 생각하는 이들이 한 걸음 더 나아간 적극적인 대안으로 내놓는 이야기가 '좋은 책'을 널리 알리려 노력해야 한다는 것이다. 그러나 이 또한 위기의 원인을 엉뚱한 곳에서 찾는 과녁을 한참 빗나간 화살이다. 출판 시장 특히나 인문교양서 시장에서 '광고'의 효과가 의심받기 시작한 것은 어제오늘의 일이 아니며, 심지어 '백광이 불여일홍'(백 번의 광고보다 한 번의 홍보(기사화)가 더 효과가 크다)이라고 익살스럽게 표현되던 '서평 기사'조차 책에 대한 인지도는 높일지 몰라도 좀체로 구매로 연결되지 않더라는 한숨 소리도 이제 더이상 새삼스러운 일이 아니다. 아니 출판산업의 '부익부 빈익빈'을 가속화할 뿐이라는 일각의 비판과 우려 속에서도 방송 매체를 통한 홍보의 가능성을 요란하게 선포했던 〈느낌표〉의 반짝 열기마저도 조금씩 약발이 떨어져왔다는 것은 도대체 무엇을 의미하는가.

다시 정직해지자. '좋은 책'을 더 많은 독자들에게 널리 알릴 방법이 없는 것은, 홍보 방법이 구태의연해서가 아니라 '책'이라는 상품에 관심을 가진 소비자층의 규모 자체가 줄어들고 있기 때문이다. 홍보 이벤트는 잠깐 동안 시선을 끌 수 있을지는 몰라도, 근본적으로 일단 돌아선 발길을 되돌리는 데는 역부족이다. 책은 다른 어느 상품보다도 '충동구매'가 어려운 속성을 가진 상품이며, '말을 물가까지 데려갈 수는 있어도 물을 마시게 할 수는 없다'는 오래된 속담처럼 설령 책을 사게 하는 데까지는 성공할 수 있을지 몰라도 그 책을 읽고 내용을 소화하게 할 수는 없다. 따라서 한두 번의 '충동구매'는 책에 대한 지속적인 관심을 매개하는 계기가 되기보다는 오히려 반대로 책으로부터 더 멀어지게 하는 계기가 될 수도 있다.

그렇다면 무엇이 문제일까. 얼마 전 만난 어느 대학 교수는, 요즘 대학생들이 텍스트를 이해하고 자기 머릿속에서 정리해서 표현하는 능력이 수준 이하라고 푸념을 늘어놓았다. 과제물을 내주며 아무리 친절하게 작성 요령을 설명해주어도 그 충실도는 둘째치고라도 '제대로 된' 과제물을 찾기도 어렵다는 것이다. 심지어 '논술 시험'의 경쟁까지 뚫고 대학에 들어가 공부하는 게 일과인 학생들이 이런 상황이라면, 그 경쟁에서조차 낙오되어 당장 밥벌이에 바쁜 젊은이들이야 더 말할 필요가 없을 것이다. 텍스트를 이해하는 능력이 의심스러운 그들이 (문자 텍스트가 아닌) 영상 텍스트라고 해서 제대로 수용하고 있으리라고 기대할 수 없는 일이고 보면, '매체 환경의 변화'에서만 원인을 찾으려고 하는 것은 선정주의에 찌들대로 찌든 기자들에게나 어울리는 그야말로 '안일하고 게으른' 태도이다.

영상 매체가 아무리 위력을 떨치고 디지털 매체가 일상을 파고들어도, 오히려 그렇기 때문에 더더욱 책의 필요성은 감소하지 않는다. 출판 매체는 다른 매체들의 대체재가 아니라 보완재이기 때문이다. 문제는 책을 읽어야 할 필요, 더 넓게는 매체를 통해 다른 사람의 생각이나 감정과 소통할 필요 자체가 감소하고 있다는 것이다. 즉 책을 읽지 않는 대신 텔레비전이나 영화를 보고 인터넷 서핑을 하는 게 아니라, 그저 유행 상품을 소비하고 인터넷 게임을 즐기며 일상을 영위한다. 그것이 '독자들의 변화하는 욕구'의 정체이다. 그러니 '좋은 책은 독자들이 알아주게 마련'이라는 스스로도 믿지 않을 입에 발린 거짓말일랑 집어치우고, 더 좋은 책을 찾아 읽게 해주는 두터운 기반이 될 인문적 자산으로 축적되기보다는 한때의 유행 상품으로 소비되고 말 물건을 더 열심히 부지런히 만들어보겠노라고 정직하게 이야기하는 편이 훨씬 더 떳떳할 것이다.

사실을 말하자면, 출판 시장의 위기는 출판산업의 범위를 넘어선 지평에 있다. 우리 사회 전반에 만연한 소통communication의 위기에까지 시선이 닿지 않는다면, 예컨대 날로 가중되는 무한 경쟁의 압력 속에서 타인을 돌아볼 여유조차 없이 너나 할 것 없이 '경쟁의 노예'가 되어 가는 상황 자체를 타개할 방안을 찾는 데 머리를 맞대지 않는다면, '좋은 책'을 알아줄 독자는 고사하고 '좋은 책'을 만들어 보겠다는 사람조차 점점 더 찾기 어려워질 것이다.

《송인소식》 2004.3.5.

당의정의 효능을 묻는다

2004

최근 들어 유행어가 되다시피 한 영화 마니아 사투리 중에 '스포일러'라는 말이 있다. '스포일러'란 '망치다. 흥을 깨다'를 뜻하는 영어 스포일spoil에서 나온 말로, '영화의 재미를 배가하는 결정적인 장면에 대한 정보'를 뜻한다. 예를 들어, 관객의 상상을 깨는 극적 반전으로 유명한 영화 〈유주얼 서스펙트〉에서 전혀 의외의 인물이 범인이라는 결말이 이 작품에서 결정적인 흥미의 요소일 것이다. 그런데, 이 영화가 개봉되었을 당시에 영화관 앞에 표를 사기 위해 대기하고 있는 사람들을 향해서 누군가가 "범인은 절름발이다"라고 외쳐서 큰 곤욕을 치렀다는 이야기가 우스개처럼 회자되고 있다. 바로 이렇게 미리 알고 보면 시쳇말로 김이 새서 영화의 재미가 반감할 수밖에 없는 정보를 스포일러라고 한다.

'출판가 쟁점'에서 난데없이 웬 영화 이야기인가 의아스럽기도 하겠지만, 조금만 인내심을 발휘해주셨으면 한다. 최근 화제 속에 개봉된 영화 〈트로이〉가 때아닌 '스포일러' 논쟁에 말려들었다. 이 영화는 널리 알려진 바와 같이 호메로스의 고전 서사시 『일리아스』

를 영화화한 것이다. 세계적인 고전에 도대체 무슨 '스포일러'가 숨겨져 있다고 인터넷 게시판이 발칵 뒤집혔을까. 어느 신문에서 이 영화를 소개하면서 트로이의 영웅 헥토르가 죽는 장면을 언급하자 영화 팬들이 벌떼처럼 들고 일어난 것이다. 그 내용을 미리 알고서 무슨 재미로 영화를 보란 말이냐는 항의다.

이것은 사실, 『일리아스』에서 아킬레우스에게 헥토르가 죽는다는 것은 "『춘향전』에서 이몽룡이 암행어사가 되어 돌아온다는 것이나 『삼국지』에서 제갈공명이 삼국을 통일하지 못하고 죽는다는 것만큼이나 잘 알려진" 줄거리라는 누군가의 재치 있는 반론을 굳이 들이댈 건덕지도 없는 황당하기 그지없는 일이다. 심지어 〈패션 오브 크라이스트〉의 감상문 제목에 '스포일러 포함'이라고 경고 문구를 붙여 놓았기에 무슨 내용인가 하고 봤더니 "그거 예수가 부활한 거 맞지요?"라는 내용이 있더라는 이야기까지 그럴듯하게 회자되고 있다.

물론 기독교 신자가 아닌 사람이 꼭 성서를 읽어야 하는 것도 아니고, 어느 에세이스트의 도발적인 선언처럼 "우리는 모두 그리스인"이 아닌 바에야 『일리아스』의 내용을 『춘향전』만큼이나 친숙하게 접했으리라고 기대하는 것도 다소간 무리가 있는 일이다. 『일리아스』가 고전임에는 분명하지만, 누군가가 그런 고전을 읽지 않았다고 해서 그의 교양을 의심하는 식의 태도야말로 매우 위험한 태도일 것이다. 요컨대 『일리아스』의 내용을 모른다고 해서, 그래서 헥토르가 죽는다는 사실을 미리 알렸다는 이유로 분개한다고 해서, "요즘 젊은이들이 고전을 안 읽어서 큰일이다"라는 식의 흔해빠진 개탄을 늘어놓으려는 것은 아니다.

내가 이 사건에 주목하는 이유는, 최근 몇 년 사이에 우리나라 독서 시장에 거의 열풍이라고 불러도 과언이 아닐 정도로 '그리스·로마 신화'에 대한 관심이 지속적으로 고조되어 왔다는 특수한 사정에 기인한다. 만일 그런 일조차 없었다면, 나는 그저 그 유명한 『일리아스』의 내용을 모르는 사람들도 많나 보다 하고 심상하게 지나갔을 것이다. 세상에는 다양한 사람들이 제 나름의 다양한 취향을 가지고 살아가게 마련인데 새삼스럽게 놀랄 일도 아닌 것이다. 다만 도대체 때아닌 '문예부흥기'(서양문화사에서 '르네상스' 시기의 특징적 징후 가운데 하나는 바로 그리스·로마의 고전이 새삼스럽게 주목을 받았다는 것이다)를 구가하며, '신화'의 전성시대에 기대어 날로 위축일로라는 '인문서 시장'의 활로를 간신히 열고 있다는 시대에 이게 웬 뜬금없는 소란인가 싶어 뜨악할 따름이다.

　〈트로이〉를 둘러싼 스포일러 소동을 내게 전해준 이도 바로 그 점이 신기해서 왜 이런 일이 일어나는지 궁금해했다. 우선 생각해볼 수 있는 가장 단순한 대답은 이런 것이다. 그리스·로마 신화를 몇 년 동안이나 베스트셀러 목록에 올려놓은 사람들과 모처럼 재미있는 영화를 기대했다가 스포일러에 짜증을 내는 사람들 사이의 명확히 구분된 문화적 블록일 뿐이라고 간단하게 생각할 수도 있다. 적어도 스포일러에 항의를 표현할 정도의 적극적인 영화 관객이 '책'과는 그다지 친하지 않을 것이며 따라서 그리스·로마 신화가 베스트셀러 목록에서 내려올 줄 모르든 말든 별다른 관심이 없을 것이라는 짐작은, 그것이 사실이든 편견이든 지금 여기에서의 문화 풍토에서 그리 이상하게 들리지 않는 것만은 분명하다.

　그러나 우리에게는 더욱 불행한 상상의 가능성이 놓여 있으며,

그것을 외면해서는 안 된다. 이 지면에 쓴 「좋은 책은 독자가 알아준다고?」에서 지적했듯이 "책을 읽어야 할 필요, 더 넓게는 매체를 통해 다른 사람의 생각이나 감정과 소통할 필요 자체가 감소하고 있다"면, 그래서 영화든 책이든 매체에 여전히 친숙한 '소수'가 상당 부분 겹쳐 있다면, 이상하게 들릴지도 모르지만 〈트로이〉의 스포일러에 분개하는 관객은 '그리스·로마 신화'를 베스트셀러 목록에 올려놓은 독자와 매우 폭넓게 포개질 수도 있다. 자, 이제 이 당혹스러운 사태를 어떻게 해명해야 하는가.

그것은 어쩌면, 역시 같은 글에서 지적했던 바와 같이 '좋은 책은 독자가 알아주게 마련'이라는 스스로도 믿지 않을 거짓말 뒤에 숨어 "더 좋은 책을 찾아 읽게 해주는 두터운 기반이 될 인문적 자산으로 축적되기보다는 한때의 유행 상품으로 소비되고 말 물건을 더 열심히 부지런히 만들기"에만 바빴던 대가로 돌아온 부메랑인지도 모른다. 이런 심증을 가질 만한 다른 사례도 얼마든지 있다. 가령 『체 게바라 평전』이 낙양의 지가를 올리며 그야말로 불티나듯 팔려 나갔지만, 체 게바라의 치열한 삶에서 감동깨나 받았음직한 독자들의 안온한 일상이 조금이라도 흔들린 흔적조차 도무지 찾을 수 없는 것은 무슨 까닭인가.

아무도 읽어주지 않을 책을 공들여 만드는 것은 기실 마스터베이션에 지나지 않는다. 그래서 막연하게 독자들을 기다리지만 말고 독자들에게 좀더 다가가려는 노력을 해야 한다는 것도 지당하신 말씀이다. 그러나 그 알량한 독자들이 이미 '읽어서 제 것으로 소화해낼' 인문적 교양을 원하는 것이 아니라 겉만 번지르르할 뿐 알맹이가 없는 일용할 유행 상품을 그저 폼 나게 소비하고 싶어 하는 것이라면 어쩌겠는가. 출판인들은 당의정을 공급하려고 하는데 껍데기를 싼 설탕덩어리만 맛나게 빨아먹고 정작 그 안의 내용물은 슬그머니 뱉어버리는 데 익숙해져 있는 독자들에게는 도대체 어떻게 다가갈 수 있을까. 아니 혹시 아예 내용물조차도 지레 빼먹은 순수한 설탕덩어리를 당의정이라고 출판인들만 착각하고 있었던 것은 아닐까. 그렇다면 그것은 또 다른 의미에서 마스터베이션일 뿐이라고 이야기해야 할 것이다.

그래서 나는 석 달 전에 펼쳤던 생각을 다시 한 번 힘주어 강조한다. 이것은 이미 '책'을 어떻게 만들 것인가의 문제를 벗어나 있다. 독자에게 다가가려는 노력도 물론 소중하지만, 그보다 더 근본적으로 어떻게 '독자를 만들' 것인가를 고민해야 한다. 또는 책을 '어떻게' 만들 것인가에 앞서 도대체 '왜' 책을 만들고 있는가를 좀더 진지하게 자문하지 않는 한, 효능이 상당히 의심스러운 설탕덩어리들이 당의정이라는 허울 좋은 이름으로 양산되는 것을 피할 길이 없어 보인다. 이렇게 가다가는 심지어 영화로 만든 〈춘향전〉에서 이몽룡이 암행어사가 된다고 했다가 '스포일러'라는 비난을 받는 사태가 벌어질 수도 있다는 암울한 현실을 처연하게 직시해야만 하는 것이다.

〈송인소식〉 2004. 6. 5.

'실용서'라는 이름의 도깨비

2004

공자가 남긴 말 중에 '정명正名'이라는 말이 있다. 잘은 몰라도 명분을 중시하는 유교 사상의 뿌리가 되기도 한 말이라는데, 흔히 의미의 인플레이션이라고까지 이야기되는 말의 공해를 일상적으로 마주치게 된 이즈음에는 문자 그대로의 의미에서 '이름을 바로잡는 일'이 커다란 울림으로 내게 다가오곤 한다. 예컨대 2003년에 낸 내 책(『만장일치는 무효다』)에도 실려 있는 내용이지만 '게릴라'는 게릴라와 아무 상관이 없고, '패러디'에는 패러디가 없다.

말을 가장 직접적으로 다루는 출판 동네에서조차도 말과 실재가 따로 노는 일은 허다하다. 가령 "인문교양서 시장이 나날이 위축되고 실용서 위주로만 흘러간다"는 흔해빠진 개탄을 들을 때 내가 고개를 갸웃거리게 되는 것은, 무슨 뜻으로 하는 말인지 그 취지를 모르는 바는 아니나 도무지 '인문교양서'라거나 '실용서'라는 말의 두루뭉수리한 의미가 그 실재를 지칭하기에 합당해 보이지 않기 때문이다. 식자識字가 좀 들어 보이는 책을 통틀어 '인문서'라고 지칭하는 것도 꽤나 못마땅한 일이지만 어차피 그렇게 포장을 하고도 시쳇

말로 '죽을 쑤고' 있다니 일단 제쳐놓는다 해도, '실용서'라는 말의
오·남용은 아무리 익숙해지려 해도 번번이 불편함을 감추지 못하
게 한다. '개떡같이 말해도 찰떡같이 알아들을' 줄을 몰라서가 아니
다. 음성 기호와 의미의 관계란 본질적으로 자의적인 만큼 많은 사
람들이 '실용서'라는 말을 지금 통용되고 있는 그러한 의미로 사용
하고 있다면, 그 책들이 '실용서'가 아니라고 주장하는 것은 헛된 일
일 것이다. 비록 "(장식이나 치레가 아니고) 실제로 소용되는 것"이라
는 '실용實用'의 사전적 의미에서 상당히 멀어져 있기는 하지만, '실
용서'라는 말이 현재의 맥락에서 쓰이고 있는 의미를 사전에 별도로
올리면 그뿐이다.

내가 주목하는 지점은, 그보다는 도대체 어떤 연유로 '실용'과는
도무지 인연이 닿지 않을뿐더러 어쩌면 정반대를 지향하는 책들까
지 싸잡아 '실용서'로 불리는 우스꽝스러운 일이 벌어지고 있는가이
다. 물론 이른바 '실용서'로 불리는 모든 책을 싸잡아 폄훼하려는 것
이 아니다. 수많은 실용서들 중에는 실제로 쓸모 있는 정보를 알차
게 담고 있는 진짜배기 실용서들도 많다.(다만 이 대목에서 유감이 있
다면, 그런 책이 '실용서'라면 그것은 결코 '인문서'나 '교양서'와 다른 개념
이 아닐 터이니, '인문교양'이 담고 있는 내용은 '실용적인 정보'가 아니라는
편견과 반대로 '실용적 지식'은 '인문적 가치'가 떨어진다는 편견을 무비판적
으로 확대재생산하는 편의적 범주 구분은 양자 모두를 동시에 모욕하는 셈
이다!) 그러나 '실용서'라는 말은 이미 진짜배기 실용서와 이름뿐인
'실용서'를 구분하지 않으며, 게다가 이즈음 시장을 주도한다는 '실
용서'들은 후자가 압도적이다.

단적으로, 이른바 '10억 만들기'의 광기 어린 열풍에 기대어 한마

디로 '부자가 되는 법'을 설파하는 책들을 과연 '실용서'라고 말할 수 있을까. 혹자는 이른바 '재테크財tech'라는 국적불명의 조어로 지칭되곤 하는 '돈 굴리는 법'에 관한 '실용적인' 정보를 담고 있지 않냐고 반문할지도 모르겠다. 옥석을 가리자면 그런 실용 정보들로만 채워진 책들도 없지는 않을 것이다. 하지만 과연 비슷비슷한 내용을 다루고 있는 책들 중에서 독자들에게 선택되는 기준이 말 그대로의 의미에서의 '실용성'일까. 결코 그렇지 않다는 것은 누구보다도 그런 책을 기획하시는 분들이 더 잘 알 것이다. 요컨대 독자들이 '실용서'를 통해 사는 것은 '실제로 쓸모 있는 정보'가 아니라, '나도 부자가 될 수 있다'는 허위의식이다.

이 말이 심하게 들린다면, 흔한 말로 "지금 대한민국에서 부자가되는 방법은 두 가지뿐이다. 부잣집에서 태어나거나 부잣집 자식과 결혼하거나!"라는 냉소적이기는 하지만 매우 사실적인 언설을 떠올려보자. 그렇다고 해서 '5년 안에 신데렐라가 되는 법'이나 '온달이 되는 법', 심지어 '부모를 골라 태어나는 법' 따위의 주제를 담아책을 낸다면 그거야말로 '판타지 소설'이지 누가 그것을 '실용서'라고 생각하겠는가. 그런데 지금 서점 진열대에 흘러넘치고 있는 숱한 '실용서'들은 이 '판타지 소설'들과 무엇이 다른가.

오해하지 말았으면 한다. 고작해야 '허위의식'이나 팔아먹는다는 식으로 비난할 생각은 추호도 없다. 독자들의 요구가 거기에 있고, 그 요구를 정확히 파악하여 적절하게 충족시키려 노력하는 것은 나쁜 일이 아니다. 오히려 독자들이 책에서 얻고자 하는 바를 책으로 만들어 내놓지 않는/못하는 것이 차라리 '직무 유기'일 것이다. 좀 극단적인 비유를 들자면, 예컨대 나 같은 무신론자의 입장에서 보면 엄밀히 말해 '종교서'들도 '허위의식'을 팔고 있지만 그러한 이유로 '종교서'를 무가치하다고 말한다면 해당 종교인들에 대한 크나큰 폭력일 것이다. 게다가 '실용서'의 반대편에 있다고 흔히 간주되는 이른바 '인문서'들이 그나마 팔려나가는 것이 정말로 '자신의 삶과 세상을 성찰적으로 돌아보기 위한' 인문적 욕구 때문이기만 한가. 오히려 '지적 허영'이라는 또 다른 허위의식에 더 많은 부분을 기대고 있지는 않은가. 그러니 유독 '실용서'만을 지목하여 그 가치를 폄훼하는 것은 매우 부당하다. 설령 매우 건강하지 못한 허위의식을 유포하는 것이 사실이라 해도, 그것을 더욱 부추기는 데 일조하고 있는 출판업자들에게도 일말의 책임이 없지야 않겠으나 그 이전에 소비자로서 그것을 요구하고 있는 건강하지 못한 대중사회 자체에 더 큰 비판이 가해져야 한다.

다만 결코 건강하다고는 말하기 어려운 대중사회의 '판타지'에 부화뇌동하면서도 스스로조차 그것을 '실용적인 정보'라고 무심결에 믿어버리거나 적극적으로 강변하는 뻔뻔스러움만큼은 이 동네에서 마주치고 싶지 않다. 책 한 권을 만들더라도 최선을 다해서 독자의 요구를 정확히 짚어내기 위해 노력한다는 자부심과 그 사회적 가치의 본질을 호도하는 비뚤어진 자신감은 전혀 별개의 문제다. 오히려 나는 거꾸로 "먹고 살기 위해 별 짓을 다 한다"는 식의 엉뚱한 자괴감을 갖지 않기를 바라기도 한다. 대개의 경우 이런 종류의 비뚤어진 자신감이란 실은 스스로의 마음 한켠에서 떠나지 않는 부끄러움을 감추기 위한 일종의 '오버'의 소산이기가 쉽기 때문이다. 대중들이 어떤 의미로든 '허위의식'을 원한다면 그것을 제공하는 것이 바람직하다고는 할 수 없을지 몰라도 결코 나쁜 일은 아니며, 그 일

에 최선을 다하고 있다면 그것은 충분히 자부할 만한 일이다. 거기
에 좀더 떳떳할 수 있다면, '실용서'의 의미를 좀더 정직하게 헤아릴
수 있을 것이다.

　오랜만에 찾은 어느 선배의 블로그에서, 그의 말을 빌자면 한때
"꽤 근사한 사회과학 출판사였던" 어느 출판사에서 "기괴하기 짝이
없는" 책을 낸 것을 우연히 알고 최근 도서 목록을 검색해보았다가
"세상에!" 소리를 지를 만큼 기겁을 했다는 글을 보았다. 실은 나도
그곳에서 그 도서 목록을 보고 기겁을 했다. 무슨 책을 내든 그 자체
야 뭐랄 일은 아니겠지만 "그럴 거면 출판사 이름이라도 바꾸든가"
할 일이지 싶어 내가 다 얼굴이 화끈거렸다.

〈기획회의〉 2004.9.5.

'그들만의 리그'를 타파하기 위하여 2004

얼마 전 무척 인상 깊게 읽은 책 한 권이 있다. 우연찮게도 이 책의 서평을 쓸 기회가 생겼을 때 나는 그 첫머리를 이렇게 시작했다.

"혹시 이런 책을 보신 적이 있는지. 매우 제한된 소수의 전문가들에게만 독점되던 전문 지식을 비전문가도 쉽게 이해할 수 있도록 친절하게 풀어서 설명해주는 책. 게다가 초심자나 비전문가를 위한 책이라고 해서 독자들을 깔보며 시혜라도 베풀듯이 아마추어 수준의 교과서적 지식만 단순 나열하지 않고 실은 전문가들조차도 평생을 두고 고민을 거듭해야 할 그 분야의 핵심적인 주제들로 깊숙이 파고들어 이론서로서의 품격을 잃지 않는 책. 심지어 전문 지식을 폐쇄적으로 독점하면서 특권을 누리는 전문가 집단 내부의 은밀한 동학動學을 파헤쳐 대중의 감시 앞에 노출시켜주는 책. 거기에 덤으로 전문 지식을 다루면서도 딱딱한 이론적 언어 대신에 저자의 풍부한 정서적 감수성이 녹아든 유려한 문장을 읽는 문학적 즐거움까지 누릴 수 있게 해주는 책. 그래서 문체의 흡인력에 압도되어 단숨에 끝까지 읽어치우지 않고는 못 배기게 하는 책. 그리고 이 모든 미덕이 서로 부조화스럽게 따로 놀지 않고 하나로 통합되어 책 전체에 일관되게 통제로 발휘되는 책. 아마도 이런 책이 있다면 언필칭 '고전'의 반열에 올려놓아도 부족함이 없을 터이다."

한동안 항간에 유행하던 말투를 빌자면 '주례사'가 너무 지나친 것이 아니냐고 반문하는 분들이 있을지 모르겠지만, 솔직히 말하자면 서평이 실리는 지면의 제약 때문에 내가 그 책을 대하며 느꼈던 반가움의 절반, 아니 절반의 절반도 채 담지 못한 것이 차라리 아쉬운 참이니 너무 나무라지 말았으면 한다. 내가 '주례사'의 위험을 무릅쓰면서까지 입이 마르도록 찬사를 늘어놓고도 오히려 모자라다고 느낄 만큼이나 그 책이 반가웠던 것은, 지금의 우리 사회에서 그런 책이 쉽게 출현할 수 없는 분명한 까닭이 있다고 생각하기 때문이다. 그리고 그것은 구조적인 문제인 탓에 그 어떤 특출한 개인도 그 구조로부터 자유로울 수 있는 재간을 가지고 있지 않은 한 재능이나 의지 또는 노력만으로 해결될 수 있는 성질의 문제가 아니라고 생각해왔기 때문이다.

내가 생각하는 문제란 예컨대 이런 것들이다. 우선 우리 사회에서 전문 지식을 독점적으로 누리고 있는 집단의 문제가 있다. 여기에 일단 속하게 되는 사람들은 마치 전문가가 아닌 일반인들이 그 지식의 내용을 알게 되면 큰일이라도 날 것처럼 전문적인 교육을 받은 사람들만 겨우 알아들을까 말까 한 은어隱語로 쑥덕거리는 것부터 배운다. 그리고 심지어 그것을 '학술서'라는 그럴듯한 포장으로 시장에 내놓기까지 한다. 출판인들이 아무리 대중이 필요로 하는 지식을 책으로 엮어 내고 싶어한다고 해도, 그 지식을 가지고 있다는 전문가라는 사람들이 거의 이런 고고한 태도를 유지하고 있기 때문에 적절한 필자를 찾지 못하는 경우가 비일비재하다.

아니 좀더 정확히 말하자. 대개의 전문가들은 자신의 전문 지식을 대중적인 언어로 번역하여 대중과 나누는 작업을 '학술적인 격조'가 없는 '잡문'이라고 스스로 폄훼하는 데 익숙해져 있다. 그래서 실은 전문가들끼리나 돌려볼 '학술 논문'보다 훨씬 더 많은 공을 들일 수밖에 없는 작업을 너무 쉽게 생각하려는 경향이 있다. 그러다 보니 진짜 알맹이는 쏙 빼놓고 파편적인 지식들을 떠오르는 대로 나열하는 것으로 할 일을 다 했다고 손을 털어버리기 일쑤이다. 이들이 동업자들로부터 인정받지도 못할뿐더러 심지어 곱지 않은 눈총을 받을 수도 있는 '잡문'을 굳이 쓰는 목적은, 전문 지식을 전사회적으로 공유하기 위해서가 아니라 순전히 경제적인 이유(전문가로서의 본업이 있는 사람은 그 사람대로 짭짤한 가외 수입을 목적으로, 그렇지 못한 사람은 또 그 사람대로 목전의 생계를 위해서)나 속된 말로 '스타'로 뜨고 싶다는 권력 의지의 소산인 경우가 많기 때문이다. 그 분야의 전문가로서 치열한 고민을 담은 내용은 굳이 애써 대중적인 언어로 표현할 이유도 없는 데다가, 사실 '학술 논문'의 형식으로 만들어내기도 버거운 것이 현실이다.

하지만 전문 지식을 담지하고 있는 지식 생산자 집단들만이 문제의 전부는 아니다. 출판업계는 이 문제를 타개하기 위해 어떤 노력을 하고 있을까. 연전에 이런 종류의 작업을 용감하게 시도했던 어느 경제 전문가는 자신을 '지식소매상'이라고 지칭하기도 했지만(그는 유감스럽게도 지금은 '지식소매상'을 폐업하고 여의도유치원에 입학했다), 기실 '지식소매상'들을 발굴하고 육성하고 이들에게 적극적으로 판을 벌여주어야 할 절박한 이해는 출판인들 쪽에 더 있다. 위에서 말한 바와 같이 전문 지식을 가진 사람들은 '그들만의 리그'에 안주한다고 해도, 아니 무슨 수를 써서라도 '그들만의 리그' 안에 안착해야만 밥그릇이 보장된다. '지식소매상'이나 하려고 적지 않은 학비와 금쪽같은 청춘의 시간을 바쳐 전문 지식을 익히려 드는 사람도 없을뿐더러, 소매상 노릇이라도 제대로 하려면 그 분야의 지식을 지속적으로 갱신해나가는 노력이 필요할 텐데 설령 지식소매상으로 나서겠다는 사람이 있다 해도 이미 전문가들이 은어처럼 주고받는 내용들에서 소외되기 십상인지라 그조차 쉬운 일이 아니다.

그렇다면 전문가 집단으로부터 결코 온전히 지지받지 못할 것이 뻔한 반면에 출판을 통해 그 성과가 가시화되면 상품 판매의 이윤이 생겨나게 될 그 작업은 누가 지원하는 것이 마땅하겠는가. 박사 실업자가 넘쳐나고 석사 학위가 10년 전의 대학 졸업장보다 더 흔해빠진 세상에서, 예컨대 전문 지식을 대중적인 언어로 번역하게 한다는 장기적인 프로그램하에서 그 분야의 전문 연구자를 고용하는 출판사는 왜 없는가. 설마 아주 없기야 할까만, 대학에 취업하여 '학계'에 자리를 잡는 것보다 현장에서 '지식소매상'으로 뛰는 것이 개인의 성취라는 면에서 더 나을 수도 있다는 전망을 제시해주지 못하는 한 결국 '대학에 자리를 잡지 못한' 고학력 실업자들의 '어쩔 수 없는 밥벌이'에 머물 수밖에 없을 테니 그 생산물의 질은 누가 보장하겠는가. 다시 강조하지만 전문가들끼리나 통용되는 은어를 대중들이 쉽게 이해할 수 있는 언어로 번역하는 작업은 새로운 이론을 만들어내는 것보다 훨씬 더 많은 공이 들어갈 수밖에 없는 작업이다.

많은 출판인들이 좋은 필자에 목말라한다. 출판인이라면 누구나 좋은 필자를 만날 수 있는 계기를 찾는 데 많은 노력을 기울이게 마련이다. 그 눈물겨운 노력들을 생각하자면 감히 그것을 '요행'이라고 잘라 말하는 것은 폭언이 될 수도 있을 것이다. 하지만 남다른 재능과 열정을 가진 탁월한 개인의 천재성을 만난다는 것이 어디 쉬운 일인가. 아니할 말로 지극정성으로 복권을 사 모으는 노력을 한다고 해서 복권 당첨이 '노력의 결과'라고 할 수는 없을 것이다. 좋은 필자는 하늘에서 떨어지지 않는다. 실은 천재조차도 시대의 산물이다. 좋은 필자를 발견하는 일이 어려우면 어려울수록 좋은 필자가 태어날 수 있는 사회적 조건이 무엇인가를 고민하고 그런 사회적 환경을 조성하기 위한 노력을 해야 한다. 전문가로서 손색이 없는 전문 지식을 가지고 있으면서, 글발도 시원스럽고, 어느 정도 '스타성'도 있으면서, 생산성도 높은 그런 기막힌 조건을 갖춘 필자를 찾아내기 위해 수많은 출판사들이 각개약진으로 여기저기를 쑤시고 돌아다닐 그 핏발 선 노력을 차라리 한데 모아 그런 좋은 필자들이 수두룩하게 쏟아져 나올 수 있는 사회적 조건을 만드는 일에 돌리는 것이 모두에게 좋은 일이 아닐까. 도대체 언제까지 알량한 전문가들이 벌이는 '그들만의 리그'의 뒤를 닦아주는 역할에 머물 것인가.

(사족 한 말씀. 서두에 인용한 서평의 대상이 된 책은 변호사이자 교수인 김두식이 지은 『헌법의 풍경』이다.)

〈기획회의〉 2004.8.5.

제5장

출 판 계 의 ‘조 감 독’들 은 어 디 에 ?

출판계 '외주 교열' 관행 근절돼야 2010

출판업계 안팎의 흔한 통념과는 달리, 책에 담기는 글의 완성도를 높이는 교열 작업은 기능적인 일이 아니다. 저자와의 긴밀한 소통 속에서 혹시라도 저자의 착각이나 실수로 인해 원고에 잘못된 내용이 포함되어 있지는 않은지 면밀히 점검하고, 독자들이 좀더 명료하게 내용을 이해할 수 있도록 모호하거나 난삽한 표현을 정확하고 간결하게 다듬어내는 교열 작업은 철저하게 편집자의 '책임 있는 판단'을 전제로 이루어지는 일이다. 글의 완성도를 판단하는 기준은 사람마다 다를 수밖에 없으며 그것을 객관적으로 계측할 수는 없는 탓이다.

하지만 책의 상품성에 대해 저자와 독자에게 최종적인 책임을 지는 것은 발행처인 출판사일 수밖에 없으므로, '출판사의 구성원이 아닌 외주 편집자'란 원론적으로 불가능한 개념이다. 판단은 외주 작업자가 하고 그에 대한 책임은 출판사에서 져야 한다는 것도 아주 우스꽝스러운 일이거니와, 작업 결과의 부실 여부를 최종 책임 주체인 출판사에서 다시 검수하는 것이 상식적으로 온당한 일이다.(가령 집수리를 맡겨놓고 결과는 확인하지도 않은 채 거래를 끝내는 경우를 상상할 수 있는가.) 그런데 바로 그러한 확인 과정이 다름 아닌 교열 작업의 정체이다. 그러니 책임성 있는 확인 과정을 거듭 수행한다면 비효율적인 이중 작업일 따름이고, 그 과정을 생략한다면 저자와 독자에 대한 무책임이며 나아가 매우 부당한 책임 떠넘기기인 것이다.

그럼에도 불구하고 교열 작업을 외주로 진행하는 데에는 또 그럴 만한 까닭이 있을 터이다. 우선 상근 인력을 고용하기에는 작업량이 일정치 않거나 지속적인 작업량 유지가 불투명한 경우이다. 주먹구구 경영의 전형적 사례다. 살얼음판 같은 시장 상황을 고려하면 이해가 안 가는 바는 아니나, '발등에 떨어진 불 끄기'식의 출판으로는 점점 더 전망이 불확실해지는 악순환에 빠져들 것이 불을 보듯 뻔하니 그렇게 자신이 없다면 더 늦기 전에 출판을 접으라고 감히 조언하고 싶다.

정작 그보다 더 황당한 것은, 비용 면에서 유리하리라는 터무니없는 착각이다. 상근 인력으로 고용했을 때 지급해야 할 임금보다 외주 작업비가 더 싸게 먹힌다면, 결과적으로 외주 작업자는 상근 편집자로 취업했을 때보다 더 많은 일을 해야 비슷한 생활수준을 유지할 수 있다는 뜻이다. 게다가 일감이 끊이지 않는다는 요행이 덧붙지 않는다면 생계가 불안정해지는 부담까지 져야 한다. 고도의 정신적 집중을 요구하는 이 일의 특성을 이해하고 있다면 도저히 있을 수 없는 발상이다. 언감생심 작업의 질을 기대할 수 없다는 의미이기 때문이다.

실은 더 근원적인 이유도 있다. 출판 공정에서 교열 작업은 '할 수

도 안 할 수도 없는' 계륵의 신세가 되어버린 것이다. 아예 생략하자
니 찜찜하고, 공들여 제대로 하기에는 생색이 안 나는 것이다. 말 그
대로 장안의 종잇값을 들썩이게 한 베스트셀러 중에도 혀를 차게 할
만큼 교열 상태가 엉망인 책들이 수두룩하다. 굳이 완성도에 공들
이지 않아도 판매에 큰 지장이 없다면 무엇하러 고도의 정신노동에
상응하는 고비용을 감수하겠는가. 그래서 남는 것은, 어느 누구에
게도 이익이 되지 않는 문화적 황폐함뿐이다.

〈한겨레〉 2010.9.18.

직장보육 확대,
출판계가 앞장서자

2011

한동안 소식이 뜸한 후배들의 근황이 문득 궁금해져서 모처럼 안부 문자를 돌렸다가 마음만 더 무거워졌다. '무소식이 희소식'이겠거니 회사 잘 다니고 있는 줄로만 알고 있던 꽤 유능한 후배 몇몇이 약속이라도 한 듯 일을 쉬고 있었다. 좀더 정확히 말하면, 출판 일보다 훨씬 강도가 높을 것이 틀림없는 '육아노동'에 종사하느라 출판 현장을 떠나 있었다.

내가 마음이 무거워졌던 건, 아이를 낳아 기르는 일이 책을 만드는 일보다 가치가 떨어지는 일이라고 생각해서가 결코 아니다. 말이야 바른 말로, 책을 만들어낼 수 있는 능력이 하루이틀에 얻어질 리 없는 전문성을 지닌 '고급 노동력'임에는 틀림없지만, 그것이 꼭 책을 만드는 일에만 쓰일 수 있는 편협한 '기능'이 아니라 어디에서 무슨 일을 하건 크게 도움이 될 능력이고 보면, 책 만들던 사람이 아이를 키우는 일에 전념한다고 해서 그 '전문성'이 사회적으로 사장되는 것이라고 못박아 말할 일만도 아니다. 무엇보다도 그들이 적어도 당분간은 직업적인 성취보다 '엄마'로서의 역할을 우선으로 택

했다면 그 판단은 존중되어야 마땅하다.

그런데 문제는 그것이 말 그대로의 의미에서 '선택'이 아니라는 데 있다. 한두 해쯤 아이를 키우다가 현장으로 복귀하겠다는 야무진 꿈을 피력하면서도, 내심 불안해하는 기색이 역력했다. 요컨대 그들의 '달리 어쩔 수 없었던' 선택(?)은 사회적으로 전혀 존중받지도 지지받지도 못한 채, 출판 현장에서 영영 추방될 빌미가 될지도 모를 '족쇄'가 되어 있었다. 그것을 모를 리 없는 나 역시도 "능력이 충분하니 길이 있을 것"이라는 입에 발린 격려를 늘어놓으면서도 헛헛하기는 매한가지였다.

적지 않은 나이에 경력의 '공백'이라는 핸디캡까지 안고 재취업의 기회를 얻는 것도 만만한 일이 아니지만, 정작 그 다음이 더 막막한 것이 어김없는 현실이다. 비근한 예로 얼마 전 구설수에 오른 검찰총장의 '망언'〔현직 검찰총장이 한 대학 강연회에서 "여검사는 애가 아프면 일을 포기하고 애를 보러 간다"고 발언하여 빈축을 산 사건〕은 그저 시대착오적인 돌출 사건이 아니다. 오히려 '철밥그릇'이라는 공무원 조직조차 그 지경이라면, 오로지 '적자생존'만을 강요하는 '냉정한 시장'에서 '성과'의 압박에 피를 말리며 하루하루 살얼음판을 걸을 수밖에 없는 이들의 처지는 헤아리고도 남을 일 아닌가. '워킹맘'이라는 조건 자체가 남부럽지 않은 전문성을 충분히 갖춘 그들을 '무능한' 낙오자로 몰아갈 것은 불을 보듯 뻔한 일이다. 다만 여기에는 한 가지 전제가 생략되어 있다. 우리가 아무런 노력도 하지 않은 채, 그저 '어쩔 수 없는 현실'이라고 체념하는 한 그렇다는 것이다.

다행히도 많은 출판사들이 특정 지역에 밀집되어 있으니, 예컨대 출판사들이 힘을 모아 서교동이나 파주출판단지에 보육 시설을 마런해보는 건 어떨까. 아예 출판단체가 책임지고 운영한다면 더 좋은 일일 것이다. 육아의 책임이 엄마에게만 있는 건 아닌 만큼, 이것은 결코 '워킹맘'만을 위한 특별한 배려가 아니다. 수많은 '일하는 아빠'들을 위해서도 직장보육은 반드시 확대되어야 할 사회적 과제라는 데 다른 설명이 더 필요하지는 않을 것이다. 게다가 궁극적으로 사람에 투자해야만 성장을 꾀할 수 있는 출판산업이라면 더더욱 마땅히 앞장서서 실천해야 할 일이 아닌가.

지면에 실린 제목은 「파주 출판단지에 보육시설을 허하라」이다.
〈한겨레〉 2011.6.3.

출판인들이여 '희망버스'에 함께 타자

2011

날로 황폐해져가는 출판 현실을 지적하며 해묵은 유통 문제부터 독서문화의 위축 문제까지 출판계의 산적한 현안들에 대한 사회적 관심을 촉구하는 글을 쓸 때마다 늘 마음이 무거워지곤 한다. 짐짓 '책은 마음의 양식'이라는 경구를 방패로 내세우기는 하지만, 공자 말씀처럼 "의식이 족해야 예절을 안다"고 믿어 의심치 않는 스스로에게조차 공허하게 느껴지기 일쑤이다. 출판계가 안팎으로 직면하고 있는 문제들이 결코 가볍다는 뜻은 아니지만, 등록금에 목졸린 대학생들이 촛불을 들고 거리로 나서고, 해고로 혹은 철거로 삶의 터전을 빼앗긴 사람들이 울부짖음이 끊이지 않는 살인적인 현실에서 '마음의 양식' 타령이란 얼마나 한가한 음풍농월이란 말인가.

10여 년 전 영화인들이 스크린쿼터를 지키기 위해 나섰을 때 "할리우드 영화를 '독점자본'으로 해석하는 참신함을 보인 영화인들은 다른 업종의 노동자들이 진짜 독점자본과 싸울 때 무엇을 도왔던가.… '경쟁력'을 이유로 직장에서 쫓겨나고 가정이 풍비박산이 나고 길거리를 헤매는 이 나라의 백성들이 그런 염치없는 사람들에 대해서만 '경쟁력'을 유보하는 아량을 베풀 이유는 도대체 어디에 있는가."라는 질문을 잊지 않았던 칼럼니스트 김규항의 '염치'를 떠올리면 더욱 가슴이 서늘해져 온다. 아이들 밥을 먹이는 기초적인 공공 서비스를 놓고도 갑론을박씩이나 벌어지는 나라에서, '밥의 공공성'도 누리지 못하는 이웃들에게 '책의 공공성'에 관심을 베풀어 달라고 설득할 자신도, 아니 그 이전에 감히 염치도 없이 설득하겠다고 나설 배짱도 내겐 없다.

그러니 세상이야 어떻게 되건 말건 책 팔아 잘먹고 잘살겠다는 야무진 꿈을 꾸는 게 아니라면, 적어도 더 많은 사람들이 더 골고루 정신의 풍요를 누리는 세상을 위해 살얼음판 같은 출판 현실에 맞서 '책의 공공성'을 지키려는 출판인이라면, 출판동네라는 편협한 울타리를 넘어 생존의 위협에 직면한 이웃들의 손을 먼저 잡아야 할 일이다. 출판산업을 살려달라고 사회적 지지를 호소할 수 있으려면, 자본과 자본의 정부에 포위된 가운데 고립되어가는 이웃들이 연대를 호소할 때 '양식 있는 시민'으로서 마땅히 먼저 응답해야 한다. 게다가 책을 포함한 모든 문화적 생산물은 그 존재 자체로서 정치적 맥락에 포섭되어 있다. 그 모든 맥락에서 애써 눈을 돌린 채 문화적 생산물을 가공한다는 것은 무책임한 일일 뿐더러 실제로 가능하지도 않은 일이다.

지난 6월 11일 '다시는 누구도 함부로 잘려 생의 벼랑에 서는 일이 없기를 바라는 마음으로' 부산을 향했던 '희망의 버스'가 7월 9일 다시 한 번 시동을 건다. 노동자가 노동자를 배신하는 참담한 상황까지 연출해가며 한사코 사회적 연대의 확산을 막으려는 무리수조차 아무 소용이 없음을, 아니 그럴수록 더욱 연대가 튼튼해진다는 것을 그들에게 시위하기에 앞서 걸핏하면 무력감에 시달리는 우리 자신에게 보여줄 좋은 기회다. 그 연대의 현장에서야말로 출판산업의 미래를 향한 고민도 더이상 '한가한 투정'이 아닌 치열한 모색으로 다시 태어날 것이다. 남은 일주일 동안 파주에서, 서교동에서, "열 일 제쳐놓고 함께 희망의 버스를 타자"는 권유와 호응이 활발하게 조직되기를 간절히 기대한다.

지면엔 실린 제목은 「출판인이여 '희망버스'를 함께 타자」이다. 토씨 한 글자의 사소한 차이지만, 말맛이 미묘하게 달라졌다. 어느 쪽이 더 적절한지에 이견이 있다면 마땅히 매체 편집진의 판단을 존중해야겠지만, 혹시라도 말맛의 차이를 무시한 채 교조적인 문법 이론을 기계적으로 적용한 결과가 아니었기만을 바란다.

〈한겨레〉 2011.7.2.

도시락 싸들고 다니며 말릴 일

2004

어느 대학생이 북에디터 사이트의 게시판에 출판사에 취직하려면 어떤 전공을 선택하는 것이 좋을지를 물었다. 그런데 질문 내용에서 한참 벗어난 엉뚱한 동문서답들이 줄을 이어 쏟아져 나왔다.

어쩌면 질문 자체가 누구도 선뜻 대답하기 곤란한 요령부득이었는지도 모른다. 아무래도 어문 계열이나 인문사회 계열 출신이 출판계에 많은 것은 틀림없는 사실이지만, 출판계 언저리에서 10년 넘게 종잇밥을 먹으면서도 전공 때문에 특별히 취업이나 승진에서 불이익을 받는 일은 거의 보지 못했다. 아마도 특정 분야 전공자가 많은 것은 취업할 때 무슨 우대를 받아서라기보다는 애당초 지원자가 특정 분야에 몰려 있었기 때문일 것이다. 그러니 자연 대답이 궁해질 수밖에 없었으리라는 정황쯤은 미리 언급해두자.

사람들은 때로 대답하기 곤란한 질문을 받으면 동문서답으로 핵심을 피하곤 하며, 출판편집자들이라고 해서 예외는 아닐 것이다. 그런데 이 질문에 대한 동문서답의 행진에는 누가 보아도 확연히 드러나는 일관성이 발견되었다. 요컨대 좀 점잖게 말하자면 "졸업까지는 아직 시간이 있으니 진로에 대해 좀더 신중히 생각하라"는 것이고, 막말로 하자면 "일찌감치 냉수 먹고 속 차리라"는 것이다. 어떻게 말하든 "(출판계 취업을) 도시락 싸들고 다니며 말리고 싶다"는 현업 종사자들의 심정이 고스란히 담겨 있는 것만은 분명하다.

길 가다가 우연히 마주친 낯선 사람이 같은 고향 사람이라도 반갑고 심지어 성씨만 같아도 '종씨'라며 반색을 하는 게 우리네 삶의 풍경인데, 같은 길을 걸어보겠다는 후배에게 등을 두드려주지는 못할망정, 어쩌다가 이 지경에까지 이르렀을까.

그 이유는 대략 두 가지쯤인 것 같다. 우선 누구나 쉽게 짐작할 수 있음직한 한 가지 이유는 편집자들의 직업적 만족도가 몹시 낮다는 데에서 찾을 수 있을 것이다. 그것은 어느 편집자가 지적했듯이 '말리고 싶은 강도'가 성별에 따라 상당히 차이가 난다는 점에서도 간접적으로 확인된다. 즉 남성이라면 더 말리고 싶고, 여성이라면 어느 정도 도전해볼 만하다는 쪽으로 기운다는 것이다. 출판편집자들이 설마하니 여성들은 만족도가 작은 직업에서 일해도 괜찮다는 성차별적인 생각을 가지고 있기 때문에 이런 태도가 나타나는 것은 아닐 것이다. 오히려 가부장적인 성역할의 압력이 워낙 큰 사회에서 살다 보니, 직업에서 느끼는 만족도가 애당초 성별에 따라 다를 수 있다는 인식에서 비롯된 것으로 보인다.

그래서 이런 태도에 (아마도 여성이라서 더욱) 울적해하는 그에게 이런 씁쓸한 부언을 덧붙여줄 수밖에 없었다. "가령 이런 경우라면 여성이라도 '남자라면 말리고 싶다'와 같은 이유로 당연히 말리고 싶겠지요. 첫째, 자기가 거의 전적으로 부양해야 할 부모나 자식 혹은 백수 남편이 있다. 둘째, 마흔 전에 10억의 재산을 모아서 이후

여생을 편히 살고 싶다. 셋째, 나이 들어가면서 성장 배경과 교육 수준이 비슷한 다른 친구들에게 경제적 조건으로 꿀리고 싶지 않다. 또는 반대로 가령 이런 경우라면 남성이라도 직업 없이 노는 것보다는 낫겠지요. 첫째, 평생 독신으로 살 것이므로 벌어 먹일 처자식 걱정을 안 해도 되거나 마누라가 고소득이라 경제적으로 가장의 역할을 하고 있으므로 집에서 공밥 얻어먹는 신세만 면하면 된다. 둘째, 가끔 로또에 당첨되는 꿈이나 꾸면서 그냥 오늘만 대충 수습하고 사는 것만으로도 고맙겠다. 셋째, 나 잘난 맛에 사는 인간이므로 다른 사람과 비교 따위는 안 할뿐더러 비교당해도 '결코 절대로 무슨 일이 있어도 하늘이 두 쪽 나도' 주눅 들지 않을 자신이 있다."

다른 사람은 혹 어떨지 모르겠지만, 적어도 내가 편집자가 되려는 이들을 '도시락 싸들고 다니며' 말리고 싶은 이유는 바로 여기에 다 들어 있다. 몇 해 전 어느 텔레비전의 뉴스에서 직업별 초임을 비교하는 기사가 방송된 적이 있다. 출판이 연봉 1650만 원으로 대상 업종 중 최하위를 차지하는 영예(?)를 안았다. 그것만으로도 다른 사람과 비교해서 '결코 절대로 무슨 일이 있어도 하늘이 두 쪽 나도' 주눅이 안 들 재주가 없는 필부로서는 얼굴이 화끈거릴 일인데, 더 기가 막힌 일은 그 다음에 일어났다. 이 소식을 전해들은 편집자들의 반응은 "초봉 1650만 원 주는 회사가 어딘지 가르쳐달라"는 것이었다. "경력 무시하고 신입으로라도 들어가겠다"는 것이다. 이것이 출판업의 현실인 것이다.

물론 사람이 밥만으로 사는 것은 아니다. 하지만 허울 좋은 보람을 뜯어먹고 살 수 있는 사람은 없다는 것도 명백한 진리이다. 혼자라면 '굶지만 않으면 된다'고 작심하지 못할 일도 아니지만 식솔을 부양해야 할 처지라면 얘기가 또 달라진다. 게다가 더 큰 문제는 과연 '(박봉과 격무에도 불구하고) 좋은 책 만드는 보람'을 느끼며 일하는 편집자가 과연 얼마나 되며, 나아가 야근, 철야, 휴일 근무까지 불사하며 자신이 소모되고 고갈되어 간다는 것도 미처 깨닫지 못한 채 애써 '보람'을 느낀다 한들 그것은 또 얼마나 가식적인 자기기만인가 하는 또 다른 차원의 현실이다. 많은 편집자들이 이구동성으로 "책을 좋아하는 사람은 출판사에서 일할 생각을 하지 말라"고 말하는 것은 무슨 이유이며, "출판사에서 일한 뒤로 책을 더 안 읽게 되었다"(실은 '못 읽게 되었다'는 것이 정확하겠지만)고 토로하는 편집자들은 또 왜 그리 많은가.

나름대로 출판에 대한 열정을 토로하는 취업 희망자들에게 희망적인 말씀 한마디 못 팔고 끝내 "꿈 깨라"는 독한 대꾸를 되돌려줄 수밖에 없는 두번째 이유는 여기에 있다. 좀더 노골적으로 말하자면, 정말 책 만드는 일이 '천직'이어서 어떤 악조건 속에서도 그렇게 살 수밖에 없는 이라면, 이미 어떤 형태로든 그 언저리에 닿아 있게 마련이고. 또 당장은 아니더라도 사노라면 굳이 애쓰지 않아도 어떻게든 그 계기에 부딪칠 수밖에 없다. 아마도 대부분의 편집자들이 그렇게 출판 일에 입문하게 되었을 것이다.

출판계의 노동력 시장이 다른 업종에 비해 특히 폐쇄적인 이유는 거기에 있다. 출판의 언저리에도 닿아본 일이 없는 이들이 '의욕'과 '열정'을 피력할수록 오히려 더 백안시하고 심지어 냉소하는 희한한 풍경이 벌어지는 이유는 별 게 아니다. 내놓고 말은 않지만, 책이라는 물건과 출판이라는 일에 대해 다분히 낭만적인 환상을 가진 채 '의욕'과 '열정'만 믿고 덤비다가 이내 '실망'과 '좌절'을 경험하며 다른 길을 찾아 떠나는 뒷모습을 더이상 보고 싶지도 않고, 그래도 '목구멍이 포도청'이라 마지못해 쥐꼬리보다 조금 긴 봉급에 붙들려 아무런 보람도 만족도 없이 그저 버텨내는 모습을 무작정 껴안고 가기도 버거운 것이다.

출판편집자도 즐겁게 일하고 싶다. 우리도 이 길을 택하려는 후배들을 보면 차마 미덥지는 않더라도 등이라도 두드려주는 여유를 갖고 싶다. 컨베이어 벨트에 매달려 부속품처럼 소모되는 생산직 노동자들도 있는데 무슨 배부른 소리냐고 반문하는 이가 있다면, 나는 이렇게 답할 것이다. 어떤 직종에서 일하든 모든 사람은 사람으로서 누려야 할 풍요로운 정신 상태를 유지할 권리가 당연히 있지만, 특히나 출판업의 노동 대상은 명백하게 '인간의 정신 활동'이기에, 우리에게 그것은 마치 건축 작업장에서 자재를 날라야 하는 노동자에게 기본적으로 강한 체력이 요구되는 만큼이나 필수적인 조건이라고. 아니라면, 제발이지 출판산업이 '문화산업'이라는 '새빨간 거짓말'만이라도 이제 그만두라고.

━━━━
〈송인소식〉 2004. 1. 20.

벼룩의 간을 내먹을 사람들

2004

북에디터 자유게시판에는 온갖 종류의 글이 올라온다. 때로 빙긋이 미소 짓게 하는 편집 일의 보람과 애환이 묻어나는 글도 있고, 또 때로 도대체 이 사람들은 전생에 무슨 죄가 많아 다른 더 좋은 직업 다 놓아두고 하필 이 일을 하게 되었을까 싶은 마음에 울적해지는 글도 있다. 유감스럽게도 후자가 더 많다. 출판사 언저리에 좋은 일보다는 궂은 일이 더 많아서라기보다는, 대부분의 사람들이 그러하듯이 편집자들도 아직은 기쁨과 보람을 나눠 두 배로 만들기보다는 슬픔과 노여움을 나눠 반으로 줄이는 데 더 익숙하기 때문일 것이다. 예컨대 눈이 빠져라 일해주고 몇 달째, 심지어 해를 넘기도록 품삯을 못 받았다는 딱한 사정을 여러 사람과 나눈다고 그 고통이 설마 반으로 줄어들 리는 없겠지만 말이다.

더 딱한 것은, 그런 무지막지한 만행을 저지르고 있는 이들을 대놓고 구체적으로 지목하지도 못하고 그저 '어느 출판사'라고밖에는 쓰지 못한다는 것이다. 생계가 걸려 있는 노동의 대가를 제때에 받아내지 못하면서도 마음만 순해빠져서 못하는 게 아니다. 순진하게 출판사 이름을 들먹였다가 곧바로 명예훼손으로 고소하네 마네 하는 험한 막말이 댓글로 올라오기도 하는 일도 있었으니 말이다. 도대체 일반 채무도 아니고 노동의 대가를 체불하면서 참으로 뻔뻔스러운 적반하장이다. 액수가 많기라도 하면 그래서 집이라도 팔아야 마련할 정도의 규모라면, 그리고 쌓아놓고 있는 것도 아니고 정말 없어서 못 준다는데 괘씸하기는 해도 인간적인 연민이라도 갈 것이다. 쥐꼬리보다 조금 긴 금액조차 깔끔하게 해결하지 못하면서 무슨 여력으로 회사를 계속 유지하고 있는지가 차라리 신기하다.

게다가 이런 경우의 대부분은 돈도 돈이지만, 빈번한 약속 위반이 더 모욕적이기도 하다. 지킬 자신이 없는 약속은 애당초 하지를 말든가 일단 주기로 한 날짜는 목에 칼이 들어와도 그야말로 집을 팔아서라도 지키든가, 차일피일 미루는 일이 여러 번 되풀이되다 보면 거저 달라는 것도 아니고 마땅히 받아야 할 돈을 조르고 있는 자신의 꼴이 더 구차스러워지게 마련이다. 아무리 '앉아서 주고 서서 받는다'지만, 회사가 당장 휘청거릴 만큼의 거액도 아니고 고작해야 몇 십만 원 남짓한 금액을 한두 번도 아니고 몇 달씩 입에 올리노라면 그 기분 참 (레토릭이 아니라 정말 말 그대로의 의미에서) '거지같다'!

정식으로 고용되었던 처지라면 일단은 노동법에라도 호소할 수 있다지만, 일종의 도급 계약이라고 할 수 있는 번역이나 디자인 등의 경우에는 법으로 해결할 길도 난망이다. 옛말에 송사에 집안 망하더라고 배보다 배꼽이 더 커지게 마련이라 엄두도 못 내고 벙어리 냉가슴일 수밖에 없으니 말이다. 말이 좋아 '프리랜서'지 사실상 일용 노동자나 다름없는 불안정한 상태에 놓여 있지만, 어쩌면 일당은 그 자리에서 '현금 박치기'가 기본인 일용 노동자들의 처지가 차라리 더 나은지도 모르겠다.

정말로 회사 살림이 어려워서 어쩔 수 없다고 변명하려는 사람들에게는 어느 후배의 말을 전하고 싶다. "웃기는 얘기다. 이건 여력의 문제가 아니라 마인드의 문제다. 막말로 거래처에서 돌아오는 약속어음을 못 막으면 부도이고, 어음만 안 끊었다 뿐이지 엄연히 지불하기로 약속한 날짜를 지키지 못하는 건 부도가 아니란 말인가." 차라리 그럴 바에야 말로만 내일 준다, 일주일 뒤에 와라, 한 달 뒤엔 꼭 해결하겠다 미루지 말고, 그 날짜를 지급 기일로 못박아 은행도어음을 발행하는 것이 최소한 인간적인 모멸만은 피할 수 있는 길이 아닐까 싶다. 그야말로 얼마 되지도 않는 금액 때문에 부도 사고를 내지 않으려면 무슨 수를 써서라도 해결하지 않겠나. 또는 솔직히 말해서 언제까지 반드시 해결하겠다는 식의 약속 자체가 정말로 그렇게 하겠다는 진정성이 담겨 있는 것이 아니라 그저 당장의 독촉을 모면하고자 아무렇게나 둘러대는 것이 아니냐는 것이다. 그렇지 않다면 어음 발행을 못 할 이유가 없지 않은가.

그리고 바로 이 지점이, 돈을 받고 안 받고를 떠나서 그보다 더 심각한 모욕에 직면할 수밖에 없는 대목이다. 도대체 사람을 얼마나 우습게 여기면, 하다못해 여축을 잠시 돌려준 것도 아니고 당장의 생계가 걸려 있는 말 그대로 '밥벌이'의 대가를 놓고, 그런 '자기 자신조차 믿지 않을 거짓말'을 외눈 하나 깜빡 않고 거듭하겠는가. 혹시 '사람이 거짓말 하는 게 아니라 돈이 거짓말을 할 뿐'이라고 변명할 셈인가. 맞는 말이다. 사람이 나빠서는 아닐지도 모른다. 하지만 돈이 거짓말을 했다고 해서 사람이 책임을 지지 않아도 된다면, 도대체 왜 신용불량자가 생겨나고, 부도 기업이 생겨나며, 심지어 '해결사'까지 동원한 채권 추심을 견디지 못해 자살이라는 극단적인 선택을 하는 사람들까지 생겨나겠는가. 인격이 없는 금융 자본의 독촉은 무섭고, 정작 인격을 가진 사람의 독촉은 우습다는 게 아니면 뭐란 말인가.

그런데, 이렇게 비록 진정성이 의심스럽기는 하나마 인간적으로(?) 사정하기라도 하는(사람한테 모질어지지 못하는 심성을 이용하는 것은 인간적인 것이 아니라 가장 비인간적인 처사라는 점은 차치하고라도) 쪽은 그래도 또 양반에 속한다. 몇 번의 독촉이 거듭된 뒤에 나오는 말이 예컨대 이런 식이다. "일을 이 따위로 해놓고 돈 달라는 말이 나오나, 오히려 손해 배상을 받아야 할 것은 우리다." 당초의 의도에 비추어 결과물의 완성도가 신통치 않아 다시 작업을 해야 했던 속쓰린 경험을 해본 사람이라면, 이런 말까지 나올 수밖에 없는 심정을 애써 이해하지 못할 바는 아니다. 그러나 정말로 그렇다면, 납품을 받았을 때 못쓰는 물건이라고 분명하게 인수를 거절했어야 하는 것이 아닌가. 기껏 몇 달씩이나 이제나 저제나 마음 졸이게 하고 나서 뒤늦게 오리발을 내미는 건 도대체 무슨 심사인가. 그러니까 애당초의 지불 약속은 노동의 대가가 아니라 단지 가난한 사람에게 베푸는 선심이었으며, 시간이 좀 지나 보니 도저히 남 도울 처지가 아니라 생각이 바뀌었다는 것인가.

이런 태도는 스스로 기업을 경영할 자세가 되어 있지 않은 얼치기에 지나지 않는다고 고백하는 것에 다름 아니다. 누군가에게 일을 맡겼을 때는 그 판단에 대해 분명한 책임이 있으며, 또한 신통치 않은 결과물임에도 불구하고 결국 수용을 했다면 그 판단도 오롯이 자신의 책임일 뿐이다. 작업을 처음부터 다시 하는 비용과 부담을 감수하면서도 이왕 해놓은 일에 대해서는 대가를 지불하는 것은, 결코 자선이 아니라 애당초의 판단 착오에 대해 책임을 지는 것일 뿐이다. 왜 자신이 최종적인 판단을 내린 결과 발생한 손해를 열심히 일한 죄밖에 없는 사람에게 전가하는가. 벼룩의 간을 내먹을 사람들이 아닌가. 도대체 그만 한 위험을 감수할 능력도 의사도 없을 바에야 누군들 기업을 경영하지 못하겠는가. 많은 유능한 편집자들이 '창업'을 꿈꾸면서도 선뜻 결심하지 못하는 것도 일 자체에 자신이 없어서가 아니라 경영상의 위험 부담에 대해 엄두가 나지 않아서이다. 사업은 아무나 하는 게 아니다.

문제는 이런 사이비들이 하나둘이 아니며, 동네 구멍가게를 운영할 마인드도 안 되는 사람들이 지금 이 시간에도 '창업'의 대열에 줄을 잇고 있다는 것이다. 악담을 하자면 일찌감치 그 알량한 밑천이 다 드러나 부도라도 내서 퇴출된다면 더이상 민폐는 없을 테니 차라리 다행인데, 원칙대로 하자면 부도가 났어도 열두 번도 더 났을 회사들이 버젓이 영업을 하면서 여러 사람을 울리고 있으니, 그런 회사에서 아무리 좋은 책을 만든들 무슨 의미가 있을까. 아니 그 이전에 상식도 경우도 없는 사람들이 만들어내는 책이 어떻게 좋은 책일 수가 있을까. 책이라는 물건이 궁극적으로 사람의 정신을 담아낸 그릇일진대.

〔이런 얼치기들을 시장에서 퇴출시키는 유일한 방법은, 아무리 당장의 생계가 급하다 해도 단호하게 노동력 제공을 거부하는 것이다. 흔히 생각하듯이 예컨대 제도적 규제 따위를 모색하는 것은 자칫 헌법이 보장하는 '출판의 자유'에 심각한 위협을 가할 수도 있는 위험한 발상이다. 빈대 한 마리 잡자고 초가삼

간 태울 수는 없는 노릇이다. 명색 '전문직'에 걸맞는 안목을 갖추고 있다면 그쯤은 스스로 판단할 수 있을 것이다. 물론 그래도 문제는 여전히 남는다. 실은 그만한 안목도 갖추지 못한 '얼치기' 노동자들이야말로 어쩌면 퇴출당해 마땅한 사이비들을 온존시키는 핵심적인 동인 가운데 하나일지도 모른다.〕

〈송인소식〉 2004. 2. 20.

눈 가리고 아웅하기

2004

막 청소년기로 접어들던 시기에 남녘의 어느 도시를 둘러싼 흉흉한 소문을 들으며 자라, 대학생이 되어서는 해마다 5월만 되면 식사를 제대로 하기 어려운 날들이 계속될 만큼 참혹한 사진들을 마주해야 했던 우리 또래들에게, 5월은 결코 '신록의 계절' 운운하는 풍의 산뜻한 느낌으로 다가오지 않는다. 그 5월의 첫날, '메이데이'는 '8시간 노동'을 내걸었던 1886년 5월 1일의 시카고 노동자들의 파업 시위를 기념하기 위해 제정된 전 세계 노동자들의 기념일이다. 이 날의 의미를 노동자들이 되새기는 것조차 용납할 수 없었던 반공 파시즘 정권의 치졸하기 짝이 없는 술책으로 반세기 가까이 잃어버렸다가 겨우 10년 전에서야 되찾은 날이기도 하다.

노동자들이 이 날을 기념하는 이유는 매우 의미심장하다. '메이데이'는 성공을 자축하는 날이 아니라 처절하게 진압당한 실패를 기억하는 날이다. 그리고 그 유래로부터 1백 년이 훨씬 지난 지금도 '하루 8시간 노동'이 꿈만 같은, 그래서 더더욱 이 날을 기억할 수밖에 없는 한국의 적지 않은 출판 노동자들에게는 전 세계 노동자들이 함께 기념한다는 '메이데이'조차도 '남의 얘기'이다. 다른 날은 다 몰라도 이 날 하루만이라도 일을 멈추어야 하는 이유는, 남들 퇴근하는 시간에 제대로 퇴근하지도 못하고 남들 쉬는 날 제대로 쉬지도 못하는 출판계의 열악한 노동 조건 속에서 단 하루치의 휴식조차도 아쉽기 때문만은 아니다. 바로 이 날이야말로 바로 그러한 조건 속에서 일하는 출판 노동자들이 지금 당장 자신이 처해 있는 상황을 단 하루만이라도 냉정하게 되짚어 생각하는 시간으로 활용하기 위해서이다.

그래서 '메이데이'에 출근을 강요하는 회사는 단지 하루의 휴일을 빼앗은 것이 아니라, 노동시간 단축을 향한 투쟁의 역사와 그것을 기념하는 단결과 연대의 몸짓 그리고 그것을 공유함으로써 더욱 튼튼해질 노동자의 정체성을 통째로 강탈하는 것이다. 그렇게 '메이데이'는 바로 지금 여기에서 '진압'당하고 있다!

어느 사장은 '출판편집자'는 '노동자'가 아니라는 폭언을 했다고 한다. 도대체 어떤 논리로 그런 어마어마한 주장을 뒷받침할지 몹시 궁금하기는 하지만 낯선 일은 아니다. 불과 10여 년 전만 해도 우리는 '교사는 노동자가 아니다'라는 천박한 정치 선전을 귀에 못이 박히게 들어야 했으며, 멀리 거슬러 올라갈 것도 없이 '공무원은 노동자가 아니'라는 이유로 공무원들의 집단행동이 사법 처리 대상이라는 협박이 지금 이 시간에도 횡행하고 있다. 유감스럽게도 노동자가 노동자일 수 있는 근거는, 스스로 노동자임을 자각하고 노동자로서의 삶을 실현하려는 데 있지, 누군가가 그 여부를 대신 판단해주는 것이 아니다. 그러니 무슨 해괴망측한 논리를 끌어다 강변을 해도 아무 소용이 없다. 내가 노동자일 수 있는 유일한 근거는

"나는 노동자다"라고 판단한 나 자신으로부터 나온다.

근로기준법을 화장실 밑씻개만큼도 여기지 않는 출판사 사장들과 중간 관리자들은 스스로를 노동자라고 생각할 리가 없을 터이므로 '메이데이'에 굳이 쉬지 않아도 된다. 사람 목숨이 달려 있는 일도 아닌데 노동자들에게서 '메이데이'까지 빼앗을 만큼 다급한 일이 무엇인지는 도무지 알 수 없는 일이나 혹여라도 만에 하나 그런 일이 있다손 쳐도 손수 처리하시면 될 것이다. 노동자들은 주인이 시키는 일은 무엇이건 해야 하는 머슴이 아니다. 이런 대명천지의 상식도 제대로 이해하지 못하면서 무슨 '문화산업'씩이나를 경영하겠다는 것인지 그 배짱이 놀라울 뿐이다.

그래도 이젠 사정이 많이 나아졌는지, 공휴일에 출근하지 않았다는 이유로 그 다음날로 집단 해고를 통지한 엽기적인 사건이 그야말로 예외적인 악명을 떨칠 만큼은 개명이 이루어진 듯은 하다. 그러나 출판계에는 그보다 훨씬 더 악랄하고 고약한 노동 통제술이 존재한다. '누가 일하래?'라는 오리발 전술! 퇴근하라고 종용을 하는데도 편집자들이 알아서 야근을 한다고 버티고, 쉬라고 하는데도 휴일에도 나와서 일을 하겠다고 기를 쓰는데, 그걸 무슨 수로 말리겠냐고 같잖은 하소연을 해댄다. 이 말을 액면 그대로 믿는다면, 출판 편집자들은 모두 정신이 어떻게 된 사람들임에 틀림이 없다. 일을 더 한다고 임금을 더 주는 것도 아닌데, 하지 않아도 된다는 일까지 오지랖 넓게 붙들고 늘어져 선량한 사장을 파렴치한 착취자로 둔갑시키는 아주 나쁜 사람들이기까지 하다.

그렇다면 도대체 왜 이런 터무니없는 일이 벌어질까. 그 이유는 출판편집자라면 누구나 알고 있다. 아마도 매일 오후 정시 퇴근을 종용하고 휴일에는 쉬라고 입발린 소리를 늘어놓는 사장들과 중간 관리자들만 모르거나 혹은 알면서도 모르는 척하는 것일 게다. 누가 보아도 무리한 작업 일정을 잡아 밤낮없이 매달리지 않으면 도저히 맞출 수 없는 마감을 강요하면서, 근로기준법이 정한 노동시간과 휴일을 지킨다는 선언이 도대체 무슨 의미가 있는가. 회사에서 일을 못 하게 하면 집에 일거리를 싸짊어지고 가서라도 일정은 맞추어야 하는 것을. 이거야말로 '눈 가리고 아웅'이 아닌가.

게다가 이토록 단순한 이치를 내놓고 거스르기가 민망한 줄은 아는지 급기야 점점 더 고약한 방어 논리를 창안해내기에 이른다. 일정을 제대로 못 맞추는 것은 편집자의 무능이며, 무능하면 최소한 성실하기라도 해야 한다는 것이다. 물론 이때 성실이란 남들 쉴 때 쉬지 않고 죽도록 일한다는 의미이다. 유감스러운 일이지만, 그것은 성실한 것이 아니라 미련한 것이고, 설령 일부 편집자들이 무능한 것이 사실이라 해도 편집자를 무능하게 만드는 장본인은 미련함을 예찬하는 작자들이다.

그리고 밤을 낮 삼아 일하고도 결코 좋은 소리를 못 듣는 출판 노동자들은 대부분 물론 무능하지 않다. 도대체 유능하다는 기준이 어디에 있는지 알 수 없는 일이지만, 책을 만드는 일은 벽돌 공장에서 벽돌을 찍어내는 일이 아니다. 입만 열면 '어느 회사에서는 며칠 만에 책 한 권을 만들었다'는 둥, '어느 회사의 편집자는 한 달에 몇 권을 뽑아낸다'는 둥 무능을 질책하며 조금이라도 숨을 돌리려 하면 곧바로 게으름을 의심하는 사장들은 어울리지도 않는 출판사일랑 집어치우고 당장 벽돌 공장을 차리라고 권하고 싶다.(벽돌 공장에서는 일한 시간에 따라 정확히 임금을 지불하지 않을 도리가 없을 터이니, 그토록 선량한 사장이 착취자로 둔갑하는 억울함을 당할 일도 없을 것이다.)

연전에 강무성 전 정신세계사 편집주간이 북에디터에 '일정 배반의 법칙'이라는 제목의 글을 올려 '팬클럽'을 만들어야겠다는 말이 나올 정도로 편집자들의 열광적인 환호를 받은 일이 있다. 무리한 일정은 반드시 그 일정을 강행한 사람들을 배반한다는 '일정 배반의 법칙'이 편집자들의 폭넓은 공감을 얻을 수 있었던 것은, 그것이 대부분의 편집자들에게 '남의 일'이 아니었기 때문일 것이다. 일정을 핑계 삼아 출판 노동자들을 골병들게 하면서 죄의식은커녕 편집자의 무능과 나태만을 탓하려 드는 사장님들과 중간 관리자님들에게, 마치 병원마다 걸려 있는 '히포크라테스의 선서'마냥 큼직한 글씨로 인쇄해서 모든 출판사 사무실의 가장 눈에 잘 띄는 곳에 걸어놓았으면 좋겠다 싶은 이 글의 한 대목만큼은 꼭 전해드리고 싶다. "최근에 한 출판인이 '3월 안에 이 책이 안 나오면 우리 망해'라고 하기에 (그때가 3월 20일이었고 아직 교정도 안 끝나 있었습니다.) '내면 더 빨리 망할 것 같은데'라고 대답한 적이 있습니다."

〔이 글의 문제의식은 지금도 여전히 혹은 더욱 더 유효하지만, 출판 환경에 대한 인식이 지나치게 안이했던 것이 아닌가 하는 반성이 있다. 지금 시점에서 돌이켜보자면 과연 '무리하지 않은 작업 일정'이라는 것이 도대체 어떻게 가능할지 점점 더 막연해지고 있는 것이 현실이기 때문이다. 『편집자로 산다는 것』에 수록된 「무한노동 강요하는 정글의 법칙」이라는 제목의 글에서 상술했다.〕

〈송인소식〉 2004. 5. 20.

번역 출판의 원숭이들

2004

아무리 생각해도 이해가 잘 가지 않는 묘한 관행이 있다. 아무리 편집자의 가장 중요한 역할 중의 하나가 텍스트의 상품적 완성도를 높이는 일이라 해도, 적어도 국내 저자의 저작물에 관한 한 편집자가 텍스트에 개입하는 데는 일정한 한계가 있게 마련이다. 편집자가 아무리 공을 많이 들였다 해도 편집자의 손을 거쳐 완성된 최종적인 텍스트는 언제나 저자의 것이며 편집자는 저자 고유의 영역을 침해하지 않는 선에서 텍스트에 개입한다. 그런데 번역물의 경우에는 얘기가 달라진다.

나 자신도 때로 그러했거니와 수많은 출판사의 수많은 편집자들이 지금 이 순간에도 번역 텍스트의 완성도를 높이기 위해 공을 들이는 과정에서 거의 '공역자' 수준의 역할을 떠맡고 있으며, 심지어는 사실상의 번역자 노릇(이 경우 명목상의 역자는 결과적으로 고작해야 초벌 번역의 수고를 해주는 보조적인 역할에 머물게 된다)을 하는 경우도 허다하다. 국내 저작물에 빗대자면 거의 '섀도 라이터'에 해당될 정도의 역할을 하고 있는 편집자가 비일비재하다. 바람직하지 않은 편법적 관행이기는 하지만, 국내 저작물에서 '섀도 라이터'가 동원되는 것은 가령, 자신의 생각을 글로 만들어낼 만한 역량이나 여유가 없지만 그 이름 자체가 저자로서의 상품성을 강하게 내포하는 경우가 대표적이다. 그리고 이렇게 '섀도 라이터'를 개입시키는 경우에는 대개 편집자가 직접 텍스트를 생산하지 않는다.

그렇다면 정말 이상한 일이 아닌가. 번역물의 경우에는 오히려 꼼꼼하게 공들인 번역으로 소문난 유명 역자들은 편집자가 거의 손을 볼 여지가 없는 완벽에 가까운 텍스트를 만들어내기 때문에 어차피 논외이다. 편집자가 '공역자'에 준하는 역할을 하거나 심지어 거의 '재번역'을 해야 하는 역자들은 굳이 그 이름을 '역자'로 달지 않으면 안 될 정도의 상품성을 가지고 있지 않다. 당최 편집자가 그런 역할을 대신 떠맡아야 할 이유가 없는 것이다. 오로지 이유가 있다면 애당초의 번역 원고의 품질이 그대로 책으로 출간할 수 없을 만큼 조잡하다는 것뿐이다.

물론 나는 편집자가 '공역자' 수준으로 손을 본 원고를 버젓이 제 이름으로 출간하는 번역자들의 자질을 싸잡아 비난할 생각은 조금도 없다. 가령 대학 교양영어조차도 낙제를 두 번씩이나 받은 끝에 간신히 통과를 한 그야말로 조잡하기 짝이 없는 내 영어 실력으로도 뻔히 보이는 오역을 쏟아내곤 하는 것이 그분들이 나보다 영어를 못해서라고 생각하지도 않으며, 해당 분야의 전문 연구자의 길을 걷고 있는 번역자들이 텍스트에 대한 전문적 식견이 모자라서 원문의 오독에 기인한 난삽한 문맥을 방치한다고 생각하지도 않는다. 혹자는 외국어에 능숙한 번역자들이 정작 한국어 구사 능력에 문제가 있기 때문에 편집자들이 곤욕을 치른다는 지적을 하기도 하지만, 순수하게 한국어 표현상의 문제라면 앞서 지적했듯 어차피 국내 저작물의 경우에도 얼마든지 있을 수 있는 일이기 때문에 유독 번역물을 지목할 까닭도 없고 애당초 편집자의 고유 영역인 바에야 굳이 문제삼을 일도 아니다. 지금 문제를 삼고 있는 것은 단순한 문장 교열의 차원이 아니라 편집자가 일일이 원문 대조를 해가면서 문장 하나하나를 재구성하지 않으면 안 될 정도의(그럴 바에야 처음부터 편집자가 직접 번역을 하지 도대체 무엇하러 번역을 맡겼던가를 회의하게 하는) 명백한 '오역'들이 쉴새없이 출몰하는 경우들이다. 외국어 독해력이 뒤지는 것도 아니고 전문적 식견이 딸리는 것도 아니라면 도대체 무슨 이유로 '자동번역기'로 뽑아낸 수준을 아슬아슬하게 넘은 번역문들이 편집자로 하여금 본의 아니게 '팔자에 없는' 번역자(게다가 어차피 역자로 이름도 올리지 못할 '새도 인터프리터') 노릇까지 하지 않으면 안되도록 골탕을 먹이는 것일까.

그런데 그보다 더 이해가 안 되는 이상한 일은 또 있다. 번번이 그 고생을 되풀이하면서 이제는 번역 계약을 할 때부터 어느 정도는 보나마나 그런 과정이 되풀이되리라는 것을 예상하면서도, 왜 그럴 바에야 처음부터 담당 편집자가 직접 번역을 시도하겠다는 경우를 좀체로 찾아볼 수 없는 것일까. 어차피 나중에 편집자가 일일이 원문 대조를 할 수밖에 없는 초벌 번역 수준밖에 기대하지 않는다면, 굳이 따로 번역자를 구할 까닭이 없지 않은가. 정말 이해가 안 가는 일이다. 하지만 기실 우리는 누구나 그 이유를 정확하게 알고 있다. 수수께끼의 비밀은 단순한 곳에 있다. 편집자가 번역문의 생산에 매달려서는 투입/산출의 수지가 맞지 않는다. 즉 번역만을 전담하는 편집자 한 명을 고용한다고 했을 때 과연 그 편집자가 한 해 동안 몇 권이나 생산할 수 있는지를 계산해보면 답은 뻔하게 나온다. 그런데 바로 이 대목에 크나큰 함정이 도사리고 있다. 어차피 번역문의 품질이 조잡할 때 편집자는 책의 완성도를 높이기 위해 재번역에 매달릴 수밖에 없다! 실은 결과가 같을 뿐 아니라 번역료 비용만 추가로 더 나간다. 그렇다면? 바로 조삼모사朝三暮四의 주먹구구가 아닌가. 현실을 냉정하게 읽어낸다면, 적어도 오역은 없으리라고 충분히 신뢰할 수 있는 번역자가 확보된 것이 아니라면 담당 편집자가 처음부터 번역을 하는 것이 훨씬 더 효율적이다. 편집자가 장기간 번역에 매달려 있을 만큼 한가한 상황이 아니라면 당연히 일손을 더 늘리면 되는 것이다.

일손을 더 늘린다고? 그게 어디 말처럼 쉬운 일인가? 그것이 현실적으로 불가능하다는 딜레마가 바로 출판인들을 졸지에 조삼모사의 원숭이로 전락시키는 원인이다. 그리고 더욱 의미심장하게도, 이 대목에서 첫번째 미스터리를 풀 수 있는 열쇠가 모습을 드러낸다. 결코 자질을 의심할 수 없는 잠재적으로 훌륭한 번역자들이 생산한 번역문의 품질이 조잡해지는 이유는 사실 별다른 게 아니다. 그 유일한 이유는 그들이 작업량에 합당한 경제적 대가를 받고 있지 못할뿐더러 작업 조건이 불안정하다는 데 있다. 사회적으로 인정할 만한 일정한 역량을 가지고 있는 사람이라면, 번역의 품질은 단지 시간과 인내의 문제일 뿐이다. 따라서 문제의 핵심은 충분한 시간 속에서 치열한 인내를 감당할 만큼 번역료가 충분하지 못하다는 것 이외에 다른 것일 수 없다. 번역자가 번역 작업에만 충실하게 매달리는 동안 생계를 꾸릴 수 있을 만큼 번역료가 충분하다면, 그 작업을 비슷한 임금 수준의 편집자가 처리한다 해도 경영상으로는 아무런 문제가 없을 것이다. 그럼에도 불구하고 그렇게 할 엄두를 못 낸다면 기실 번역자에게 지불되는 비용이 편집자의 임금에 비해 낮다는 결론 외에 다른 가능성은 없다.

〔이 내용에 대해 어느 번역가가 어느 지면에서 "번역료가 헐하다는 이유로 번역을 허술하게 하는 번역가는 없다"는 취지로 반론을 한 일이 있다. 당장 나부터도 원고료가 적은 글이라고 해서 허술하게 쓰거나 원고료가 많다고 해서 더 공을 들이는 건 아니니 충분히 수긍할 만한 주장이다. 아마도 내가 글을 정밀하게 쓰지 못한 탓에 내가 말하려는 취지를 오해한 듯하다. 이 내용은 번역료의 다과에 따라 번역의 질이 달라진다는 의미가 아니다. 번역료의 수준이 워낙 형편무인지경인 나머지, 일정한 소득을 확보하기 위해서는 질이 담보되지 않을 정도로 터무니없는 작업량과 그에 기인한 살인적인 작업 속도와 노동 강도를 감당해야 한다는 의미이다. 이런 상황에서도 질 높은 번역을 기대할 수 있다면, 열악한 상황에서도 흐트러짐 없이 집중력을 발휘할 수 있는 초인이거나 번역의 완성도를 위해 생계의 압박쯤은 초탈할 수 있는 도사일 것이다.〕

그리고 거기에서부터 악순환이 시작된다. 낮은 번역료는 번역자로 하여금 충분한 시간과 인내를 발휘하지 못하게 하는 현실적인 제약 조건이 되며 따라서 번역문의 품질은 당연히 떨어진다. 이것은 외국어 실력이나 전문적 식견과는 아무 상관이 없는 일이다. 번역문의 품질이 떨어지는 만큼 편집자는 (정상적인 상황에서라면 할애할 필요가 거의 없는) 더 많은 시간과 인내를 투입해야만 한다. 결국 소탐대실小貪大失! 세상에 거저 생기는 것은 없는 법이다. 게다가 가외로 차라리 (번역을 전담하는) 편집자로 고용했을 때 안정적인 작업 조건에서 훨씬 더 높은 생산성을 발휘할 번역자들을, 도저히 신뢰할 수

없는 얼치기로 내몰아 출판문화의 인프라를 스스로 훼손하는 놀라
운 성과까지 달성하고 있으니, 원숭이도 이보다는 나을 것 같다.

〈기획회의〉 2004.11.5.

출판인이 정치에 관심을
가져야 하는 이유

2004

제17대 국회의원 선거가 코앞으로 다가왔다. 때가 때이니만큼 정치 이야기가 빼놓을 수 없는 술안주거리가 되기도 하고, 어느 정당을 지지한다는 둥 반대한다는 둥 옥신각신 갑론을박이 벌어지는 풍경도 주변에서 드물지 않게 발견할 수 있다. 다른 한편 정치에 대한 관심이 높아지는 것과 거의 비례하여 정치에 대한 혐오와 냉소 또한 점차 수위가 높아지기도 한다. 하루하루를 먹고살기 바쁜 갑남을녀들에게 정치에 대한 관심이 먼 남의 나라 이야기나 호사가들의 취미생활쯤으로 여겨지곤 하는 것이 어제오늘의 일은 아닐 것이다.

오죽하면 정치 따위에 관심을 기울일 여력이 없을 만큼 빡빡한 하루하루의 일상이라는 것이 실은 정치와 깊숙이 맞물려 있다거나, 정치가 유치원생 수준만도 못한 모리배들의 난장판이 된 것도 결국 시민들의 정치적 무관심 때문이라거나 하는 뻔하디 뻔한 공자 말씀을 늘어놓고 싶지는 않다. 다만 지지하는 정당도 없고 정치하는 놈들이라면 어느 정당을 막론하고 다 지긋지긋하게 신물이 난다는 '정치적 냉소' 또한 틀림없는 하나의 '정치적 견해'일 뿐이라는 새삼스러운 사실을 환기하는 것으로 족할 듯하다.

그리고 과연 그러한 정치적 견해는 (다른 모든 구체적인 정치적 견해와 마찬가지로) 얼마나 자신의 정치경제적 이해관계에 부합하는 견해인지를 조용히 자문해보기를 권하고 싶을 따름이다. 말이 나왔으니 하는 말이지만, 특정한 정당을 열렬히 지지하는 사람치고 그 정당에서 내걸고 있는 정책의 방향이 그가 추구하는 삶의 방향이나 당장의 정치경제적 이해관계에 부합하는 꼴을 찾아보기가 어렵다. 다시 말해 재벌가의 자제가 재벌의 경제적 이해를 옹호하는 정당을 지지하는 것은 당연한 일이지만, 죽었다 깨나도 그 근처에도 못 가 볼 사람들이 그런 정당을 지지하면서 쌍지팡이를 짚고 나서는 것은 도대체 무슨 영문인지 알다가도 모르겠다. 아마도 그런 꼴이 하도 같잖다 보니 '정치 얘기'라면 지레 손사례를 치게 되는지도 모를 일이다. "도대체 당신이 지지한다는 그 정당이 국회의원을 몇 명 당선시키건 말건 당신하고 무슨 상관인데?"

하지만 꼭 그렇게 싸잡아 냉소할 일만은 아니다. 가령 근로기준법을 휴지로 만드는 일이 비일비재한 출판계 현실에서 일반적인 노동자의 권리를 옹호하는 정당을 지지하는 것은, 출판 시장이 날로 축소되고 있는 상황에서 문화산업의 공공적 성격을 지지하는 정당을 환영하는 것은, 심지어 치솟는 사무실 임대료와 인건비가 영세한 출판사의 경영에 가장 큰 압박 요인이라고 할 때 '부동산 공개념'을 주장하고 임금의 상당 부분을 차지하는 비용을 국가의 사회보장을 통해 해결하고자 하는 정당에 동조하는 것은, 결코 냉소하거나 경원할 일이 아니다.

물론 이는 비단 출판인뿐 아니라 모든 시민들이 마땅히 누려야 할 시민의 정치적 권리이자 자신의 삶에 대한 책임으로부터 당연히 생겨나는 소중한 의무이기도 할 것이다. 하지만 출판산업에 종사하는 이들에게는 그에 덧붙여 정치에 관심을 가져야 할 분명한 이유가 더 있다. 일반적인 의미에서 민주 사회의 시민이 별다른 정치적 견해를 가지고 있지 않다는 것이 결코 자랑거리가 아니라 스스로 자신의 삶에 대해 책임질 의사가 없다는 무책임의 적나라한 표현일 수밖에 없듯이, 적어도 '인간의 창조적 정신활동의 결과물'을 다루는 출판산업 종사자가 정치적으로 무색무취하다는 것 또한 '쓸데없는 데 한눈 팔지 않고 일에나 열중하는' 성실함이 아니라 실은 직업적으로 몹시 무능하다는 징표에 지나지 않는다.

생각해보라. 세상에 다른 사람에게 전달하기 위해 만들어진 텍스트 치고 말 그대로의 의미에서 몰가치하거나 가치중립적인 텍스트가 존재하는가? 만일 그런 텍스트가 존재한다면 그것은 이미 '의미를 가진' 텍스트가 아닐 것이다. 모든 기호가 기호일 수 있는 것은 그것이 '의미'를 가지고 있기 때문이며, '의미'란 어차피 임의적인 것이다. 따라서 '의미'란 사람과 사람이 어우러져 살아가는 삶의 관계망 속에서 태어난 것이며, 그러한 한 '의미'를 만들어내고 그것을 다른 사람에게 전달하는 모든 행위는 그 자체로 '정치적'이다. 요컨대 모든 문화적 생산물은 그 존재 자체로서 정치적 맥락에 포섭되어 있다. 그 모든 맥락을 무시한 채 문화적 생산물을 가공한다는 것은 무책임한 일일뿐더러 실제로 가능하지도 않은 일이다.

이것은 특정한 저작물이 궁극적으로 내포하는 정치적 함의에 한정되는 거창한 이야기가 아니다. 오히려 그 영역에서라면 출판인들은 '자신이 동의하지 않는 정치적 견해'가 출판물로 표현될 자유에 대해서까지 너그러워질 필요가 분명히 있다. 정작 섬세한 정치적 감각이 요구되는 지점은 그보다 더 사소하고 자질구레해 보이는 곳에 있다. 하다못해 문장 하나를 다듬고 단어 하나를 선택하는 데에도 저자의 편향된 정치적 견해는 어김없이 개입하게 마련이고 그것을 상품으로 가공하는 출판인들에게는 저자의 그러한 편향을 점검하고 판단할 수 있는 정치적 안목이 요구된다. 이러한 안목이, 정치에 무관심하거나 다양하게 존재하는 정치적 견해들을 무턱대고 냉소해서는 결코 확보될 수 없음은 더 말할 나위가 없다.

예컨대 그저 무심히 넘어갈 수도 있는 '편부모 가정'이라는 편견에 가득 찬 말을 굳이 '한 부모 가정'이라는 좀더 중립적인 말로 고쳐주고, 사전에도 올라 있지 않은 '비혼非婚'이라는 낯선 말을 혹여 '미혼未婚'이라는 말의 오타려니 넘겨짚지 않고 오히려 그 말에 담긴 편견에 대한 저항의 표현이라는 것을 간취해내는 능력이 단지 지식의 많고 적음이나 사회 통념상 일반적으로 바람직하다고 여겨지는 인성으로부터 저절로 생겨나는 것은 아닐 것이다. 방송 진행자였던 이계진 씨가 전하는 바에 따르면, 어느 아나운서는 1982년 이산가족 찾기 방송의 그 북새통 속에서도 '애꾸'니 '절름발이'니 하는 원색적인(?) 표현이 씌어진 팻말을 그대로 읽어나가지 않고, 꼬박꼬박 "한 쪽 눈이 안 보이신답니다" "다리가 불편하시답니다"로 고쳐 읽었다고 한다. 이것이 이 사회에서 장애인이 비장애인들과 어떻게 관계를 맺고 있는가에 대한 '정치적' 관심 없이 가능한 일일까.

그래서 나는 '책'이라는 문화적 생산물을 다루는 출판인들에게 일반적인 의미에서 일정한 수준의 '교양'이 필요하다고 할 때, 그 '교양'은 '취직 시험 일반 상식' 따위에 들어 있음직한 '상식'과는 다른 종류의 '교양'이라고 생각한다. 그것은 아마도 언젠가 출판계의 선배이기도 한 칼럼니스트 김규항이 "교양이 문화적인 지식이나 감정 표현의 절제, 우아한 말과 행동 따위라는 생각은 봉건적"이라면서 정확히 지적했듯이 "사회적 분별력, 곧 세상에서 일어나는 일의 옳고 그름을 따지고 그 뜻과 관계를 파악하는 능력"이라는 의미일 것이다. 물론 자신과 나아가 이웃의 삶 앞에 정직하게 분명한 정치적 견해를 가지는 것이야말로 그러한 '교양'의 가장 중요하고 핵심적인 일부분일 것이다.

정치에 관해 이야기한다는 것이 '정치인'이라는 직업을 선택한 이들 몇 명을 놓고 그 중 누가 더 나은지 또는 좀더 정확히는 누가 덜 못한지를 가르는 일이 아니라, 서로의 이해관계가 때로 대립하고 충돌하기도 하는 다양한 사회 구성원들 가운데 내가 과연 누구의 편인가를 정직하게 스스로에게 되묻는 과정이라면, 선거를 앞두고 우리가 굳이 정치에 대한 이야기를 꺼려야 할 이유는 없을 것이다. 그러한 관심조차도 여전히 호사가의 취미생활일 뿐이라면 나는 차라리 이렇게 말하겠다. 우리가 만들어내는 상품 역시도 그런 의미에서라면 마찬가지 아니겠냐고. 어차피 인간의 정신활동과 그 총체로서의 문화생활이란 '경제적 잉여'이고, 그것을 누리는 것이야말로 '삶의 질'이며, 바로 그것을 위해 우리가 오늘 이 시간에도 불철주야 자신의 노동력을 눈이 빠져라 실현하고 있는 것이 아니겠냐고.

〈송인소식〉 2004.3.20.

출판계의 '조감독'들은 어디에?

2004

"어느 정도 편집자 생활을 했지만 남은 것이 무엇이었는지 생각해
봅니다. 나빠진 눈, 나빠진 호흡기, 나빠진 목, 나빠진 생활… 이제
편집자 생활에 자부심 같은 건 없습니다."

　어느 편집자가 북에디터의 게시판에 올린 글 중 일부이다. 아마
도 '어느 정도 편집자 생활을 해본' 이라면 대개는 매우 절실하게 공
감할 법한 토로일 것이다. 많은 사람들이 공감하는 문제가 있는데
도 그것이 해결되지 못하고 있다면, 아니 해결은커녕 무엇이 어디
에서부터 잘못되었는지 실마리조차 찾고 있지 못하다면, 거기에는
개인의 의지나 노력만으로는 넘어설 수 없는 거대한 구조적 장벽이
가로놓여 있다는 뜻일 것이다.

　그러나 우리 사회에서 이런 처지에 놓여 있는 사람들이 비단 출판
편집자들만은 아닐 것이다. 굳이 먼 데서 찾을 것도 없다. 관객 1천
만 시대가 열렸다는 우리 시대 문화산업의 꽃 영화계의 속사정도 사
양길로 접어들었다는 출판계보다 더하면 더했지 덜할 것이 없다.
지난 3월 27일 4부 조수연합(한국영화조감독협회, 한국영화제작부협

회, 촬영조수협의회, 조명조수협의회)가 개최한 '영화인 근로조건 개선과 전문성 향상을 위한 연구 발표 및 공청회'에서 발표된 영화산업 노동자의 실상은 이렇다. "법정 최저임금에도 못 미치는 평균연봉 640만 원, 하루 평균 16시간의 노동시간에 4대 보험 혜택도 보장받지 못한다."

30년 전 전태일 시대를 방불케 하는 참상을 알리는 이 기사를 보면서, 나는 엉뚱하게도 오히려 영화인들에게 부러움을 느꼈다. 그들은 "90% 이상이 비정규직으로 대부분 작품별 계약, 도급 계약으로 이루어지는" 불안정함 속에 "산업 자체가 규모가 영세하고 다들 아는 사람들끼리 돌아가면서 일하는 시스템"이어서 "블랙리스트라도 돌면 타격이 크기 때문에 소극적이기 되기 쉬운" 그 열악한 조건 속에서도 '실태 조사'도 하고 '공청회'도 열면서 조직화의 첫걸음을 힘차게 내딛고 있는데(이후 이 노력은 노동조합 결성이라는 가시적인 결과를 도출해냈다), 도대체 노상 '박봉'과 '격무', 나아가 '전망 부재'를 토로하며 서로 공감하는 출판산업 노동자들은 왜 술자리 푸념에서 그치고 마는 것일까 하는 안타까움 때문이다.

어떤 이는 "내 발등의 불이 뜨거워서 동료들에게 눈 돌릴 겨를이 없다"고 항변하기도 한다. 하지만 그렇다면 영화인들이라고 해서 제 발등의 불이 뜨겁지 않았을까. 나는 차라리 이렇게 이야기하고 싶어진다. 그래서 당장 제 발등에 떨어진 불부터 끄고 보겠다고 발버둥친들 그 불이 꺼지던가? 그렇게 해서 발등의 불을 진화하는 데 일단 성공하는 사람이 있다면 나는 정말이지 그 비결을 묻고 싶다. 내 경험으로는 아무리 용을 써도 발등의 불이 꺼지기는커녕 점점 더 빠른 속도로 불똥이 내 발등을 겨냥해오기만 하더라고 감히 단언할 수 있다. 동료들의 손을 잡지 않고서는 열 번 죽었다 깨나도 그 불을 끌 수 없다는 '절망적 자각', 바로 거기에 어렴풋하나마 불길을 잡을 실마리가 있을 터이다. "조직화가 이루어져 개선을 요구하지 않으면 시장의 룰에 따라 계속 열악하게 일할 수밖에 없다"고 말하는 영화인들의 자각은 하늘에서 떨어진 것이 아니다.

하지만, 이 정도의 '모범 답안'으로는 아무래도 공허하다. 출판 노동자들이 그걸 몰라서 벙어리 냉가슴만 앓고 있는 것은 아닐 것이다. 연료(출판 노동자들의 열악한 노동 조건)도 있고, 산소(암담한 현실에 대한 분노와 개선을 바라는 열망)도 있지만, 거기에 불을 당겨줄 최초의 '불씨'를 어디서 구해야 할지 모르겠다는 것이 적어도 그런 움직임이 가시화된다면 얼마든지 동참할 의사가 있다고 말하는 이들의 가장 솔직한 심경일 것이다. 그래서 나는 다시 영화인들의 사례를 찬찬히 뜯어본다. 그리고 이내 가장 '절망적인' 현실을 발견해낸다. 출판계에는 '조감독'이 없다!

아니 없기야 하겠는가. 첫머리에 제시했던 인용문에 공감할 수 있는 모든 출판인들이 실은 '조감독'일 터이다. 그런데 희한한 일이다. 한편의 '조감독'들은 자신이 '감독'이라는 터무니없는 착각에 빠져 있거나, 적어도 실은 허망하기 짝이 없는 거짓 희망에 지나지 않음에도 불구하고 언젠가의 '감독 데뷔'를 꿈꾸며 '제작사'의 눈치를 보는 자기기만 속에 허우적대고 있다. 나는 그런 이들이 짐짓 '제작사'의 횡포를 소리 높여 성토하며 '신세한탄'을 늘어놓을 때 참을 수 없는 욕지기를 느낀다.〔최근 『편집자로 산다는 것』의 발간으로 촉발된 크고 작은 논쟁에서 내가 많은 이들의 '공분'을 자초한 것은, 어쩌면 이런 맥락에서의 '욕지기'를 참지 못하고 과격하게 표현했기 때문일 것이다.〕또 다른 한편의

'조감독'들은 '절망'이 지나쳐 자학의 경지에 들어서 있다. "조감독은 무슨 얼어 죽을… '시다바리' 주제에!" 나는 이런 통렬한 자조를 굳이 반박하고 싶지 않다. 오히려 긍정한다. 그렇다. 그런데 그래서 어쨌다는 것인가? '시다바리'에게도 인권이 있고 노동권이 있다. 도대체 '시다바리'는 주는 대로 받고 시키는 대로 일해야 한다고 누가 그러던가. 오히려 '시다바리'도 사람이라고 떠들어도 시원찮을 판국에 '시다바리'를 정작 사람 취급하지 않는 것은 누구인가.

애꿎은 영화판의 용어를 동원해서 에둘러 말할 필요도 없다. 출판편집자들의 열린 네트워크인 북에디터에서도 이런 현실은 어김없이 확인된다. 애타게 길을 묻는 초보 편집자들의 아우성은 가득한데, 넘치면 넘치는 대로 모자라면 모자라는 대로 자신의 경험을 조근조근 들려주는 중견 편집자의 목소리를 접하는 것은 가뭄에 난 콩을 발견하기보다 어려운 일이 되어버렸다. 아마도 제 발등에 떨어진 불 끄기 바쁘거나 아니면 제 앞가림도 못 하는 처지라 지레 주눅 들어 주제넘은 짓을 사양하고 슬그머니 '초보'의 대열에 끼여들어 있을 것이다.

〔북에디터 사이트는 초창기에 중견 편집자들이 드물지 않게 모여드는 건강한 네트워크였다. 적어도 그 실마리는 있었다. 그러나 이 글을 쓸 당시에도 이미 '선배의 가르침'을 구하는 초보 편집자들의 애타는 목소리만 허공에 메아리칠 뿐 정작 그 호소에 답할 중견 편집자들의 발길이 끊긴 상황이었으며, 이런 상황이 장기간 방치된 나머지 현재 시점에는 '과연 편집자들이 모이는 사이트가 맞는지' 정체성을 의심할 정도까지 황폐해져 있다. 현재 네트워크로서의 기능을 완전히 상실한 북에디터 사이트에 글을 올리는 이들은 〔'초보 편집자'조차도 아닌〕 '편집자 지망생'이거나, 아무리 봐도 출판편집자라고 보기에는 미심쩍은

이들이 대부분이다. 만일 편집자의 네트워크가 튼튼하다면 그런 이들의 고민과 애환도 함께 나누지 못할 이유도 없고 또 마땅히 그래야 하겠지만, 실제로는 오히려 편집자들의 모여들어 교류할 수 있는 네트워크 형성을 저해하는 정서적 걸림돌로 작용하고 있는 게 현실이다.)

그러나 분명히 말하거니와 자기기만 때문이건 자조 때문이건 납작 엎드려 그 존재감조차 희미한 대략 5~7년차의 중견 편집자들이 분명하게 자신의 존재를 드러내지 않는 한, 영화계의 노력은 영영 부러운 일로만 머물고 말 것이다. 더이상 당장 발등에 떨어진 불이 급하다고 변명하지 말았으면 좋겠다. 그걸 자력으로 꺼나아갈 수 있다면 그는 이미 '조감독'이 아닐 터이므로 공연히 엄살을 떨며 '신세한탄'을 늘어놓을 것도 없다. 모두의 발등에 쉴새없이 점점 더 빠른 속도로 떨어지고 있는 불은 모두의 노력으로밖에는 끌 수 없다.

또한 몇 년씩 종잇밥을 먹고서도 자신을 비하하는 데만 점점 더 익숙해져 가는 것은 무능 이전에 무책임이다.(오해가 있을까봐 부언하자면, 동료들이나 거창하게 출판산업에 대한 책임이라는 의미가 아니라 한 사람의 성인으로서 마땅히 지녀야 할 자기 자신의 삶에 대한 책임이라는 의미이다) '무능'은 결코 비난할 일이 아니지만(그리고 비난해봤자 자조만 더더욱 부추길 뿐이지만), '무책임'이라면 얘기가 달라진다. 아직 더 배워야 할 것이 많다는 '겸손'과 그래서 아무 말도 할 수 없다는 '비굴'은 아무 상관이 없다. 그런 논법이라면 죽기 전에 세상을 향해 자기 발언을 할 수 있는 사람이 도대체 얼마나 되겠는가. "영화뿐만 아니라 어느 사업장이나 돈을 버는 것과 일을 배우는 것이 함께 이루어집니다. 심지어 실습생이나 산업연수생에게도 근로기준법이 적용됩니다."라는 영화인들의 지적은 출판계에도 당연히 적용된다.

　이런 내 생각이 틀렸다고 생각한다면 얼마든지 반론하시라. 그리고 조금이라도 동의할 만한 점이 있다고 여긴다면, 바로 그 지점에서부터 머리를 맞대고 어떤 모색이 필요할지를 함께 고민해보자고 제안하고 싶다. "그 시작은 미미하나 끝은 창대하리라!"

〈송인소식〉 2004.4.20.

굶어 죽어도 공장에서
일하는 건 싫다고?

2004

출판업이 '어렵고 더럽고 위험한' 일을 지칭하는 이른바 3D 업종의 하나라는 자조의 목소리도 이제는 새삼스러운 일이 아니다. 생명의 위협까지 무릅써야 하는 '위험한' 일들의 근처에도 못 갈 정도로 '안전한' 일인 데다가, 고상하게 텍스트를 만지작거리는 게 고작일 뿐 산업 폐기물이라 봤자 종이뭉치가 나오는 정도이니 오히려 '깨끗한' 편에서 헤아리는 게 빠른 일이라는 것을 설마하니 몰라서 이런 과장 어린 수사로 엄살을 떠는 것은 아닐 것이다.

말이야 바른 말로 하자면, 워낙 대한민국의 산업안전 수준이 엉망인 나머지 '위험한' 일이라고 명함을 내밀기에 멋쩍어서 그렇지 출판업도 절대적인 기준에서 그리 '안전한' 편은 아니다. 아무리 편한 일을 한다고 해도 하루 12시간 이상씩을 간혹 휴일도 없이 일해야 한다면 건강을 해치지 않을 사람이 거의 없을 것이다. 오히려 그 잘난 '정신노동'을 하는 덕분에 '업무 관련성'을 입증하기만 더 어려울 뿐이다. 당장 눈에 보이는 위험에 직면하지 않아도 된다고 해서 '안전하다'고 말할 수 있는 것은 아니다. 또는 '더럽다'거나 '깨끗하다'는 것이 순수하게 미감의 문제라면, 시쳇말로 '견적을 내기'조차 난감할 만큼이나 '지저분한'(!) 문장들에 파묻혀 '욕지기'를 참아가면서 머리를 싸매고 씨름하느라 속절없는 세월을 보내는 것을 두고 굳이 '더럽다'고 이야기하지 못할 것도 없을 것이다.

그러나 이런 과장된 자조가 출판산업의 열악한 노동 환경과 그에 대한 출판 노동자들의 분노의 일단을 표현하고자 하는 저항적인 의미를 담고 있기는 하지만, 그리고 그런 측면은 충분히 공감할 만하지만, 그 이면에 매우 불순한 이데올로기적 배경을 깔고 있음도 부인하기 어렵다. 그것은 가령 우리 시대에 선망의 대상이 되곤 하는 직업군에 속하는 의사나 변호사들이 자신의 직업을 '3D 업종'이라고 지칭할 때 그 대열에 끼지 못한 사람들이 느껴야 하는 적지 않은 불편함에 비교될 만하다.

나는 물론 타 업종과 비교할 수 없을 정도의 박봉과 격무로 점철된 출판업의 열악한 노동 환경에 분노한다. 하지만 출판업이 아무리 '어렵고 더럽고 위험하기'로서니 당장 멀리 갈 것도 없이 유관 업종 중의 하나인 인쇄업에 비할 수 있을까. 예컨대 도대체 출판인들, 특히나 영업 부서조차도 좌천 부서쯤으로 생각해서 영업부로 발령을 내면 나가라는 의미로 받아들이기도 한다는 편집자들의 직업적 준거 집단은 어디인가? 막말을 하자면 '먹물'깨나 먹었다고 눈에 뵈는 게 없는가. 출판편집이 '인간의 창조적 정신활동'을 다루는 직업인 만큼 그에 걸맞는 노동 조건을 확보해야 한다는 지당한 요구와 그렇기 때문에 '물질적인 가치'를 생산하는 다른 제조업들보다 고귀하다는 식의 비뚤어진 우월감은 전혀 별개의 문제이다.

그렇다. 출판업은 분명 제조업이다. 책을 만드는 일은 물론 벽돌 공장에서 벽돌을 찍어내는 일과는 분명히 다르지만, 출판사를 가리켜 지식과 정보를 생산해내는 공장이라고 한다고 해서 틀린 말은 아니다. 노동 가치 이론에 관한 한 국내의 권위자 중의 한 사람인 정운영 선생이 오래 전 갓 대학에 입학한 신입생들에게 주는 글에서 "대학은 지식을 생산하는 공장"이라고 표현하기도 했지만, 가치를 생산한다는 점에서 공장 노동자와 전혀 다르지 않은 '먹물'들이 자신의 일터를 '공장'이라고 지칭하는 것에 발끈하는 것은 도대체 무슨 까닭일까. 자신들의 일은 너무나 고귀해서 '가치'를 생산하지 않아도 분배가 보장되는 일이라는 뜻일까? 그런 사람들을 우리는 아주 점잖은 말로 '도씨'라고 부른다!

최근에 북에디터의 구인 게시판을 한바탕 뜨겁게 달구었던 어느 출판사의 구인 광고는 이렇게 시작한다. "요즘 저희 공장에서 편집 일꾼을 한 명 구하고 있습니다." 내게는 차라리 정겹게만 들릴지언정 도무지 '비하'나 '폄훼'의 흔적조차 찾을 수 없었던 이 광고에 엄청난 비난이 쏟아졌다. 그 중의 압권이 바로 이 글의 제목이다. "굶어 죽어도 공장에서 일하기는 싫어요." 나는 묻고 싶어졌다. 공장에서 일하기 싫다면 도대체 어디에서 일하고 싶은가. 아니 그럼 공장에서 일하는 사람들이 모두 굶어 죽는 것보다도 못한 삶이라고 여겨진다는 것인가. 나는 그렇게 말하는 사람이 혹시라도 '공장이 아닌' 출판사(그런 게 가능할지도 의문이지만)에 보란 듯이 취업해서 '책'을 만들게 될까봐 더럭 겁이 났다. 그가 만드는 것은 그의 정신적 노동력을 실현하여 정신적인 가치를 담아낸 '책'이 아니라 아마도 아무런 가치도 담고 있지 않은 그저 종이에 먹물을 묻힌 '쓰레기'일 가능성이 크다. 보라. 스스로 악을 쓰며 거절하고 있지 않은가. 굶어 죽을지언정 가치를 생산해내는 일에 종사하기는 싫다고!

하지만 나의 이런 걱정은 기우이기 쉽다. 죽어도 공장에서 일하기는 싫다는 사람에게 일을 맡길 '공장'은 없을 것이며, 제대로 된 출판사 치고 '공장'이 아닌 곳도 없을 터이기 때문이다. 때로 아예 발가벗고 '사詐'자와 '도盜'자를 내걸고 덤비는 얼치기들이 이 동네라고 없는 것은 아니지만, 소비자들도 바보는 아니다. 정직하게 노력한 사람들에게 돌아가기에도 몫이 모자라서 늘 '책 공장의 일꾼'들이 박봉과 격무에 시달리는 것이 아니겠는가. 요컨대 '양서良書'를 사 주는 데도 인색하기 짝이 없어 출판산업을 구조적 불황에 시달리게 하는 독자들이 하물며 '쓰레기'에 지갑을 열지는 않을 것임에 틀림없다고 그렇게 믿고 싶다.

이 사건은 실은 자신의 일터를 '공장'이라고 표현한 어느 '작업반장'이 고귀한(?) 출판업을 비하하고 폄훼한 것이 아니라, 거기에 발끈한 고귀하신 분들이 '공장 노동자'를 비하하고 폄훼하는 돼먹지 못한 편견을 노골적으로 드러낸 것에 지나지 않는다. 제발이지 그런 고귀하신 분들은 '책'이라는 인류의 정신적 자산을 만들어내는 일 근처에는 얼씬도 하지 말아 주시기를 바란다. 그 자산은 궁극적으로 자기의 일터('공장')에서 자신의 노동력을 실현함으로써 가치를 만들어내는 '일꾼'들(전문적인 용어로 '노동자') 공동의 것이기 때문이다.

그래도 무언가 석연치 않은 앙금이 남는 분들에게는 이렇게 쐐기를 박아두고 싶다. 우리가 근로기준법을 휴지조각으로 만들기 일쑤인 터무니없는 노동 조건을 개선해야 하는 최종적인 근거는, 벽돌 공장에서 벽돌 찍어내는 사람의 한 시간 노동의 가치와 출판사에서 교정지를 붙들고 씨름하는 사람의 한 시간 노동의 가치가 다르지 않기 때문이지, 그 반대가 아니다. 그렇지 않다면 도대체 무슨 근거로 노동력 제공의 대가를 셈할 참인가. 유감스럽게도 흔히 착각하듯 '실현되지 않은 교환가치'에 목을 매고 무한 경쟁 속에 자신의 노동력을 소모시키는 한 당신은 '노동자'가 아니라 '자본가'이며, '자본가'를 위한 노동 조건 따위는 없다. 굶어 죽어도 공장에서 일하기는 싫다는 잘난 '먹물'의 허위의식부터 벗어던지지 않는 한, 자신이 생계를 위해 노동력 말고는 처분할 것이 없는 노동자라는 것을 자인하지 않는 한, 최소한 법이 보장하고 있는 노동 조건조차도 요원한 일이라는 역사적 진실을 엄중하게 경고하고 싶다.

그리고 이 시간에도 숱한 '책 공장'에서 '공장의 불빛'을 밝히며 오늘보다 나은 내일을 꿈꾸고 있을 수많은 출판산업 '일꾼'들에게 마음에서 우러나는 동료애로 분투를 기원한다. 우리들이 연대의 손을 굳게 맞잡을 때, 어떤 어려움 속에서도 그 손을 놓지 않을 때, '책 공장'들에서도 법이 정한 최소한의 노동 조건을 보장받으며 일한 만큼의 정당한 대가를 받게 될 날이 반드시 올 것이다.

〔앞의 글 「눈 가리고 아웅하기」의 말미에 붙인 주석에서처럼, 이 글 역시도 글을 쓸 당시와 지금의 상황은 많이 다르다. 어쩌면 이미 그 당시부터 변화의 조짐이 있었는데 내가 아둔하여 미처 정확히 알아채지 못했는지도 모른다. 물론 그렇다 해도 앞글과 마찬가지로 이 글이 담고 있는 근본적인 문제의식은 여전히 또는 더욱 더 유효하다. 다만 출판편집자들의 노동력을 '가치의 생산'보다는 도박과 다를 바 없는 '실현되지 않은 교환가치'에 매몰시키는 구조적 압력이 견고하게 강화된 것만은 분명하다. 본문에 지적했듯 '자본가'를 위한 노동 조건 따위는 당연히 없겠지만, '도박꾼'을 위한 노동 조건도 어불성설이

다. 그리고 '굶어 죽어도 공장에서 일하기는 싫다'는 이들일수록 더욱 도박의

유혹에 취약하다는 준엄한 사실을 경고해둔다.〕

▬▬▬▬
〈송인소식〉 2004.6.20.

판권면의 딜레마

2004

모든 책에는 반드시 그 책의 서지 정보를 담은 판권면이 포함되어 있다. 예전에는 전통에 따라 내지의 맨 뒷면을 판권면으로 활용했으나 최근에는 양서洋書의 관행(백과사전이 전하는 바에 따르면, 옛날에는 유럽에서도 판권면이 책 뒤에 있었으나 1520년경부터 필요 사항을 표제지에 옮겨 적었고 이 관행이 지금까지 이어져오는 것이라 한다)을 따라 표제지의 뒷면에 판권면을 둔다.

판권면은 이를테면 책의 족보라고 할 수 있다. 저작권자, 출판권자(발행처 및 발행인), 발행일, 판차 등을 명시한다는 것쯤은 출판계 종사자가 아니라도 책을 조금만 눈여겨 살펴본 사람이라면 누구나 알 수 있는 일이다. 애당초 '판권'이라는 말의 함의 자체가 그렇거니와 책의 권리 주체를 공시公示하는 기능과 아울러 책에 대한 책임의 주체를 밝혀두는 구실도 하고 있다는 것 역시 누구라도 충분히 짐작할 수 있는 일이다. 그런데 도대체 무엇이 딜레마라는 것인가. 이 글의 제목이 많은 이들에게 의아스럽게 느껴질지도 모르겠다.

하지만 상황이 그리 단순하지만은 않다. 예전의 관행대로 저작권자, 출판권자, 발행일, 판차 등 필수적 서지 사항만으로 단조롭게 구성된 판권면에서는 물론 아무런 문제가 생겨나지 않는다. 그러나 최근의 판권면은 필수사항 외에도 다양한 정보를 담고 있다. 언제부터인가 특히나 작은 규모의 출판사에서는 편집과 제작에 직접적으로 관여한 사람뿐 아니라 모든 직원의 이름을 판권면에 기재하여 책에 대한 '공동의 책임'을 강조하는 추세가 늘고 있다. 또한 판갈이를 하는 중판重版의 경우뿐 아니라 같은 판으로 새로 인쇄를 하는 중쇄重刷의 경우에도 발행일을 따로 표기하기도 한다.(사실 판차를 바꾸지 않는 중쇄의 경우는 서지적으로는 동일한 책이므로 중쇄 발행일은 서지 정보로서 큰 의미가 없다.)

그러다 보니, 아주 모호한 상황이 생겨난다. 초쇄 발간 당시의 직원이 중쇄를 발간할 때 퇴사했다면 어떻게 처리하는 것이 좋을까. 역시 책의 제작과 편집에 직접 관여한 사람이 아닌 경우에는 그다지 고민스러울 것이 없다. 판권면에 표기된 해당 쇄의 발행일을 기준으로 현직에 있는 이들의 이름을 기재한다고 해서 그리 이상할 것이 없기 때문이다. 문제는 현재 관행화되어 있는 기재 양식으로는 책의 제작과 편집에 직접적으로 관여한 사람과 그렇지 않은 사람을 구별하지 않으며, 따라서 기획·편집·조판 등의 경우에는 판권면만 보아서는 그 책의 기획·편집·조판에 직접적인 역할을 했다는 의미인지 그저 발행처에서 현재 그에 해당하는 업무를 맡고 있다는 의미인지 알 수가 없다는 데 있다.

어쩌면 이 자체로는 아주 사소한 문제일지도 모른다. 어떻게 처리하든 무슨 큰일이 날 것도 없는 별 대수롭지 않은 문제를 지나치게 깊이 생각하는 것 아니냐고 반문할지도 모르겠다. 나 또한 이런 반문이 틀린 말은 아니라고 생각한다. 그러나 내가 이 지면에서 굳이 이 이야기를 꺼내는 이유는, 그 자체로는 사소하기 짝이 없는 이 문제가 출판 관행의 다양한 국면을 잠재적으로 암시하고 있지 않은가 하는 생각이 들어서이다. 즉 이 문제를 통해서 그보다 훨씬 더 중요할 수도 있는 다른 문제들로 나아갈 수 있는 실마리가 잔뜩 널려 있는 것으로 보이기 때문이다. 그러니 판권면에 모든 직원의 이름을 기재할 경우에 퇴사 직원을 어떻게 처리할 것인가 하는 문제 자체에 대한 고민은 일단 접어두자.

가령 이 문제의 발단은 중쇄의 발행일을 굳이 표기하는 데서 생긴 것이다. 만일 중쇄의 발행일을 표기하지 않고 해당 판차의 초쇄 발행일만을 표기한다면, 아무런 문제가 일어나지 않는다. (중판의 경우에는 서지적으로 동일한 판본이 아니며, 따라서 그 판차의 기획·편집·조판에 직접적으로 관여한 사람이 표기되는 것은 전혀 이상한 일이 아니다. 물론 좀더 친절하다면, 마치 중판시에도 초판의 발행일을 명시하듯이 이전 판본의 기본틀이 거의 개정되지 않고 상당 부분 유지되고 있는 증보판의 경우 초판의 제작과 편집에 관여했던 이들을 따로 표기하여 그 노고를 기릴 수도 있을 것이다.) 그렇다면 왜 서지적으로 큰 의미도 없는 중쇄의 발행일을 서지 사항을 기록하는 판권면에 굳이 표기하는 것일까. 좀더 노골적으로 말하면 이 관행은 과연 정당한 근거를 가진 것일까.

그렇다고 오해하지 말았으면 좋겠다. 나는 이러한 관행의 근거가 정당하지 못하다고 주장하려는 것이 아니다. 모든 관행은 아무리 불합리해 보인다 할지라도, 그것이 관행으로 자리 잡을 만한 까닭이 반드시 있게 마련이다. 그리고 그 까닭이란, 아마도 안팎으로 어려운 출판계의 상황에서 조금이라도 더 독자들에게 다가가고자 하는 분투의 소산일 터이기 쉽다. 이 경우로 국한시켜 말하자면, 창고에 묵혀둔 오래된 책이 아니라 지금 막 기계에서 뽑아낸 새 책이라는 것을 강조하거나 중쇄를 거듭하며 꾸준히 잘 팔려 나가고 있는 책이라고 포장하고 싶어 하는 욕심은 물론이려니와 고질적 관행으로 지목되어 왔던 중판과 중쇄의 고의적 혼동까지도 출판사들의 무원칙한 욕심을 탓하기보다는, 오죽하면 그렇게밖에는 입맛을 맞출 길이 없는 독자들의 천박한 소비 패턴과 그런 풍토를 낳는 출판 시장의 구조적 결함을 더 큰 목소리로 비판하고 싶다. 다만 내가 강조하고자 하는 것은 당장 어떻게 할 수 없는 관행이라 해도 적어도 그 근거가 정당한 것인지에 대해서는 늘 고민하고 있어야 하지 않겠는가 하는 것이다.

마찬가지로, 직접적으로 제작과 편집에 관여하였기 때문에 책의 품질에 관해 실무자로서 책임을 져야 할 사람과 더불어 회사에서 발행하는 상품에 관한 포괄적인 책임 속에 비록 직접적으로 제작에 관여하지는 않을지라도 나름대로 일정한 역할을 담당하고 있는 사람을 구별하지 않고 판권면에 모두 표기하는 관행에도 틀림없이 그럴 만한 이유가 있을 것이다. 그리고 이 관행에는 아마도 중쇄의 발행일을 표기하는 관행보다 좀더 복잡한 배경이 얽혀 있을지도 모른다. 도대체 손바닥만한 출판사에서 내 일 네 일이 따로 있어 봤자 얼마나 분명하게 구획되어 있겠는가. 모든 구성원들이 책의 제작에 직접적으로는 아닐지라도 간접적으로나마 참여했다면 그 노고를 판권면에 기록하여 '함께 만들었다'고 내세우는 것이 그리 잘못된 일은 아닐 것이며, 그것은 그 출판사의 경영철학에 관계된 문제이니만큼 외부인이 함부로 왈가왈부할 일도 아닐 것이다.

그런데 여기에는 함정이 있다. 그것이 정말로 경영철학에 관계된 문제라면, 퇴직을 했든 또는 부서가 바뀌었든, 그 책이 독자들의 손에 들어가기까지 힘을 모았던 모든 사람들의 이름이 기록되어야 마땅할 것이니, 역시 문제의 소지는 전혀 없을 것이다. 처음에는 그럴 만한 이유가 있었겠지만, 차츰 일종의 관성처럼 왜 그래야 하는지에 대한 의식이 희미한 채로 이도 아니고 저도 아닌 어정쩡한 자세가 될 때, 이렇게 해도 이상하고 저렇게 해도 이상해지는 것은 아닐까. 그 책의 제작에 가장 큰 애를 쓰긴 했지만 이미 퇴사를 했기 때문에 그 이름을 판권면에 남겨 두는 것이 조금이라도 이상하게 여겨진다면, 애당초 판권면에 모든 직원의 이름을 명기하는 것으로 표현하고자 했던 이념이란 사실 그다지 현실 적합성이 없는 자기기만일 가능성이 높다. 결국 책에 대해 최종적으로 책임을 져야 할 것은 그 책의 제작에 직접적으로 관여를 했건 안 했건, 현재 해당 업무를 맡고 있는 사람일 것이다.

아무려나 이 문제는, 판권면의 사전적 정의만큼 단순하거나 자명한 문제는 아니다. 특히나 출판편집자의 평균 근속 연수가 2년 미만이라는 상황까지 고려한다면 많은 이들의 '명예'가 실질적으로 걸려 있는 문제이기도 할 것이다. 내 견해를 조심스럽게 밝히자면, 다리 하나를 만들면서도 잡부의 이름까지도 빠뜨리지 않고 기록을 남겨 놓는 태도를 본받는 것은 좋은 일이지만, 책의 판권면이 발행처의 재직증명서는 아니지 않은가.

〔최근 편집자의 이름을 저자의 이름과 나란히 표지에 표기하는 문제를 두고 논란이 일기도 했는데, 이 글에서 제기한 것과 비슷한 맥락의 질문이 숙제로 남겨졌다. 편집자의 노고를 기리고 저자와 편집자의 동등한 위상을 가시적으

로 드러내는 것도 좋은 일이지만, 책의 표지가 저자의 편집자에 대한 다분히 자의적인 평가를 기록하는 공간인지는 의문의 여지가 있다.〕

〈송인소식〉 2004.5.5.

제6장

배 워 서 남 주 자

'독서 진흥'과 '출판인 양성', 모두 성공하려면

2010

출판사 취업을 염두에 두고 직업적 전망을 모색하기 위해서든, 또는 책을 사랑하는 독자로서 좀더 깊이 있게 책에 접근하기 위해서든, 출판을 공부하려는 적극적인 의지를 가진 젊은이들이 적지 않다. 흔히 활자보다 영상에 더 익숙한 세대라고 지목되곤 하지만, 의외로 영화 등 영상물 제작과 관련된 공부를 하려는 이들보다 많으면 많았지 결코 적지는 않은 듯하다. 그런데 '누워서 침 뱉기'인지는 모르겠으나, 두 가지 선뜻 이해가 안 가는 사실 앞에서 당혹스러움을 느끼곤 한다.

우선, 영상물 제작에 관심을 가지는 이들이 대개 관객이라는 차원에서 보아도 상당히 '고급' 관객에 속한다는 것을 쉽사리 짐작할 수 있는 데 반해서, 출판에 관심을 가지는 이들은 독자라는 차원에서조차 '고급' 독자에 속한다고 보기에 힘든 이들이 대다수라는 점이다. 물론 감히 관객이나 독자의 '수준'을 평가하자는 것은 아니다.

다만 가령 액션영화를 만들고 싶어 하는 영화감독 지망생이라면, 대개 국내는 물론이려니와 해외의 유명 액션영화들은 거의 섭렵하고 때로 잘 알려지지 않은 작품들에까지도 제 나름의 취향에 따라 눈길을 두었을 탄탄한 수용 체험 속에서 그 꿈을 키워왔을 것이다. 전문적인 평론가만큼은 아니더라도 웬만한 액션영화 감독들의 스타일을 비교해가면서 호불호를 논평하는 것쯤은 그리 어려운 일도 아닐 것이다.

하지만 웬일인지 출판에 대한 열정과 포부를 힘주어 피력하면서도 독서 체험이 형편없이 빈약해서, 이른바 스테디셀러로서 그야말로 한 시대를 풍미한 책들인데도 읽어보기는커녕 제목조차 낯설어하는 이들이 수두룩하다. 이미 역사가 되어버린 고전을 저술한 대가들은 고사하고 현역으로 왕성하게 활동중인 대표적인 저자들에 대해서도 캄캄절벽이라 가벼운 논평조차도 언감생심이더라는 것이다. 이런 지경이니 벌써 몇 년째 취업의 문을 두드리는 젊은이들은 줄을 서는데도 정작 현장에서는 "사람이 없다"는 하소연이 터져나오는 기묘한 상황이 벌어지는 것일 게다.

더 신기한 일은, 영상물 제작을 매개로 적지 않은 동아리들이 활동하는 가운데 실질적인 '공부'가 이루어지고 있는 데 반해, 그보다 결코 적지 않은 이들이 출판을 직업적인 전망으로 고민하고 있는데도 출판을 공부하는 동아리나 스터디그룹이 활동하고 있다는 얘기는 듣도보도 못했다는 것이다. 하긴 책 읽기를 매개로 하는 동아리조차 크고 작은 영화관람 모임과 비교하기 민망한 형편인데, 하물며 책 만들기를 매개로 활동하는 동아리라니!

언필칭 '영상세대'이니 당연한 현상일지도 모르겠지만, 그렇다면 출판에 뜻을 두었다는 젊은이들은 왜 좀체로 줄어들지 않는가. 왜 이들의 열정과 포부를 실천적인 문화활동으로 담아낼 틀이 전무한 것인가. 요컨대 영화감독을 꿈꾸는 이들은 아마추어 영화 동아리를 통해 소규모로나마 영화 제작을 체험할 기회가 있건만, 왜 출판편집 자를 꿈꾸는 이들을 아우르는 아마추어 출판 동아리는 없단 말인가.

영화든 책이든, 적어도 문화산업의 영역에서라면 아마추어의 두 터운 기반 없이 프로페셔널의 기량을 기대할 수는 없다는 엄연한 이 치를 곱씹어보자. 게다가 이들이야말로 가장 확실한 '독자'들이다, 업계의 관심과 배려가 새삼 절실하다.

<한겨레> 2010.12.11.

출판계에도
'공개 오디션'을 도입하자

2011

요즘 방송가에서는 공개 오디션 프로그램이 새로운 트랜드를 주도한다고 한다. 연예인뿐 아니라 아나운서를 공개 오디션으로 선발하겠다는 방송사가 나타나는가 하면, 심지어 어느 정당에서는 국회의원 후보 공천에까지 공개 오디션을 도입하겠다고 나서기에 이르렀다. 승자와 패자를 두부모 자르듯 갈라버리는 경쟁 질서를 기정사실화한다는 점에서 충분히 비판할 지점이 있기는 하지만, 경쟁의 과정과 결과가 속속들이 만천하에 공개되는 것이 다른 어떤 선발 방법보다 공정해 보이는 대중의 정서도 무시하기는 어려울 듯하다.

문학이든 음악이든 미술이든 문화활동에 속하는 영역에서는 일찍부터 각종 공모전을 통해 준비된 신인들을 발굴해왔다. 심사의 공정성과 투명성을 놓고 잡음이 일었던 사례도 없지 않지만, 그런 논란이 발생할 수 있다는 것 자체가 결과물을 누구나 눈으로 볼 수 있기 때문일 것이다. 한마디로 '될 만한 사람이 되었다'는 공감대가 폭넓게 형성될 수 없다면 언제든 의혹의 불씨가 될 수 있기에 권위를 유지하기 위해서는 공정하고 투명하게 운영하고 평가해야 한다는 눈에 보이지 않는 압력을 받게 되는 것이다. 이에 힘입어 장차 문화활동에 종사하려고 하는 이들에게 구체적으로 무엇을 어떻게 준비해야 할지 기준을 제시해주는 가볍지 않은 기능을 하기도 한다.

책을 만드는 일도 틀림없는 문화활동의 한 영역이고, 책을 만들어낼 만한 능력이 있는지를 가리는 데는 필답 시험이든 구술 면접이든 시험을 치르는 것보다 공모전을 통해 '결과'로써 자신의 능력을 보여달라고 요구하는 편이 일손이 필요한 출판사에도 또 일을 하기 위해 준비하는 이들에게도 더 설득력이 있다. 덧붙여 가령 대학생 광고 공모전 따위가 예비 광고인에게 실력을 점검할 수 있는 기회를 제공하는 한편으로 광고에 대한 이해의 저변을 확대하는 데 크나큰 역할을 하기도 하듯이, 문화 생산자만이 아니라 문화 수용자의 층을 두텁게 하는 데도 효과적인 기능을 한다.

그런데 다른 어느 분야와 달리 출판편집 분야에는 이렇다 할 공모전이 전무한 실정이다. 생각해보면 참으로 이상한 일이다. 물론 다양성을 기반으로 하는 문화 영역에서 일방적인 기준으로 가차없이 서열을 매기는 일이 마냥 달가운 것만은 아니다. 하지만 문학이나 음악, 미술 등 다른 문화활동도 그것은 마찬가지일 것이다. 이런 문제는 공모전이 쓸모가 없는 까닭이 아니라 오히려 다양한 지향과 기준을 가진 더 많은 공모전이 필요한 까닭이라고 보는 편이 합리적이다.

이것은 비단 수준 높은 인력에 목마른 출판사들이나 책 만드는 일을 하기 위해 구체적으로 어떤 준비를 해야 할지 막막해하는 예비 출판인들에게만 좋은 일이 아니다. 예컨대 서평 공모전과 서평 공모 수상작들을 책으로 엮어내는 과제를 부여하는 편집 공모전을 연계시킬 수 있다면, 자신들이 자초한 악무한적인 가격 경쟁 구조에 발목이 잡혀 출판사들의 고혈을 더 쥐어짜내 결국 출판산업의 생산 기반 자체를 위협하는 일 말고는 달리 뾰족한 생존의 길을 찾지 못하고 있는 서점들에게도 꽤나 효과적인 프로모션 방법이 될 것이다. 남은 일은 오로지, 이런 효과의 과실을 누리게 될 주체들이 공정하고 투명한 운영을 위해 필요한 비용을 과감히 투자하는 것뿐이다.

지면에 실린 제목은 「출판편집계도 '공모전' 도입해보자」이다.

〈한겨레〉 2011.3.12.

'무책임한 책'은 퇴출해야

2011

인문교양서 분야에서 꽤 탄탄한 입지를 다져온 어느 출판사의 번역서를 읽다가 "미국의 인구에서 다섯번째 부자는 다섯번째로 가난한 사람보다 소득이 12배나 된다."라는 문장을 발견하고 눈을 의심했다. 지난 몇 년 동안 수십 종을 번역해낸 저명한 번역가의 책이라 충격이 더했다.

책 한 권에 담긴 수만 문장 중에 고작 한 문장의 오역을 놓고 지나친 비약일지는 모르지만, 나는 이 번역가가 번역한 책을 더는 믿을 수 없게 되었다. 그만큼 배반감이 컸다는 얘기다. 1차적으로는 부실한 번역에 책임을 물어야 마땅하겠지만, 실은 편집자에 대한 분노가 더 컸다. 편집자의 가장 중요한 임무는 저자와 역자를 보호하는 것일진대, 번역자에 대한 불신으로까지 이어질 엄청난 오역을 출간 전에 잡아내지 못한 것은 변명할 여지가 없는 무책임이다.

대단히 전문적인 내용이어서 미처 챙기지 못했다면 차라리 이해하겠다. 나는 원문을 확인하지 않고도 오역의 원인을 너끈히 짐작할 수 있었다. 영단어 'fifth'에는 '다섯번째'라는 뜻도 있지만 '5분의

1'이라는 뜻도 있다. 중학생 수준의 기초영문법에 나올 법한 내용이다. 그러니까 문제의 문장은 "상위 20% 인구의 소득이 하위 20%의 소득보다 12배 많다."라는 뜻으로, 이른바 '소득 5분위 분배율'에 관한 서술이다. 그리 전문적이랄 것도 없는 고등학교 사회 교과서 수준의 경제학 개념이다. 어쩌다가 이런 엉터리 책이 버젓이 출간되는 사태가 일어났을까.

가령 '5분의 1'이 '5문의 1'이나 '5분 1'이라고 활자화되었다고 상상해보자. 무성의한 교열에 다소 불쾌해질지는 모르겠지만, 그야말로 수십만 글자가 담긴 책이라면 '있을 수 있는 실수'라고 생각할 수도 있겠다. 무엇보다도 전체적인 맥락을 고려하면 의미를 이해하는 데 아무런 지장이 없기 때문이다. 심지어 '5'자 대신 '4'자를 누르는 바람에 '4분의 1'로 오자가 났다고 해도, 정확한 서술은 아니지만 이 문장이 말하고자 하는 대체적인 의미를 파악하는 데는 큰 문제를 일으키지 않는다.

그런데 재미있는 것은, '5문의 1'이나 '5분 1'과 같은 사소한(?) 실수는 '눈에 불을 켜고' 잡아내려 야근과 철야를 불사하는 '성실한' 편집자들이라도, 아니 그런 편집자들일수록, 웬만해선 '4분의 1'과 같은 오자는 발견하지 못한다는 점이다. 하물며 '다섯번째'라는 터무니없는 오역에까지 시선이 닿기를 기대하기는 더욱 어렵다. 이것이 출판 종사자라면 누구나 고개를 끄덕일 어김없는 현실이다.

물론 책을 무성의하게 만드는 출판사와 편집자는 비난받아 마땅하다. 그렇다면 '책'이라고 부르기조차 민망한 물건을 책이랍시고 찍어내는 무책임한 출판사와 편집자는 어떤 대가를 치러야 할까. 내 상상력이 모자라서인지 '퇴출' 이외에 다른 방법이 도무지 떠오르지 않는다. 뒤집어 말해, 책을 성의 있게 만드는 편집자와 출판사는 칭찬받아 마땅하지만, 그 이전에 제 이름을 걸고 만들어내는 책에 책임을 지는 것은 기본적인 '상도의'의 문제이다.

출판 현장에서 이 자명한 이치가 망각되고 외면당한다면, 그 귀결은 어마어마한 '문화적 재앙'이다. 우리는 지금 '독자의 감소'라는 피할 수 없는 현실을 통해 그 재앙의 서막을 실감나게 확인하고 있다. 늦었다고 생각할 때가 가장 빠를 때다. 제발 정신 차리자!

〔이 글의 내용에 "억지다"라는 논평을 한 이가 있었다. 내 지적을 듣고 나니 '그럴 수도 있겠다' 싶긴 하지만 그냥 봐서는 전혀 이상하게 느껴지지 않았으며, 그런 사람들이 더 많을 것이기에, 그것을 알아채지 못했다는 이유로 '퇴출'까지 언급하는 것은 비약이라는 내용이었다. 한마디로 정리하자면 '기대가능성이 없는 일을 비난할 수는 없다'는 것이다. 한편 지당하신 말씀이다. 내가 이 글에서 지적한 바도 '오역' 자체가 아니라 바로 '기대가능성'이다. 마땅히 해야 하는 일인데도 기대가능성이 없다면, 결론은 '도대체 뭐가 문제냐'가 아니라 '기대가능성을 높이기 위해 어떤 노력이 필요한가'여야 한다.〕

〈한겨레〉 2011.2.12.

편집자를 양성하는 직업 교육은 가능한가

세상에는 계량화된 수치로 객관화할 수 없는 일들이 무척 많다. 가령 어떤 음식을 '맛있다'고 하거나 어떤 사람을 '훌륭하다'고 하거나 또는 어떤 예술 작품을 '걸작'이라고 할 때, 그 판단 기준은 (비록 시대에 따라 대체적인 흐름은 있겠지만) 사람마다 다 다를 것이다. 그리고 출판편집자의 '능력'도 그 중의 하나이다.

우선 출판편집은 단순한 기능으로 환원될 수 있는 일이 아니다. 다시 말해 특정한 기능만 익히면 누구나 할 수 있는 그런 성질의 일이 결코 아니다. 물론 기능적인 면도 분명히 있고 그래서 어느 정도 숙련된 기능을 가지고 있다는 것은 이미 이 직업에 종사하고 있는 이들에게라면 간과할 수 없는 미덕임에 틀림없지만, 출판편집자가 되기 위해 반드시 필요한 기능 따위는 존재하지 않으며 또한 제아무리 기능적 숙련도가 높다고 해도 그것만으로 '좋은' 편집자가 될 수는 없다. 또 그렇다고 해서 예컨대 일반 사무직이나 판매직처럼 일을 대하는 성실함이라든가 적극성처럼 어느 직업에서나 기본적으로 요구되는 보편적인 기준에 들어맞는다고 해서 누구나 할 수 있는

230

일도 아니다. 요컨대 출판편집은 매우 전문화된 능력을 필요로 하는 일이다.

그런데 문제는 그 '전문성'의 정체가 무척 아리송하다는 데 있다. 대개의 전문직들은 그 분야가 요구하는 전문적인 지식의 체계가 마련되어 있고, 그 지식의 양을 객관적으로 측량할 수도 있으며, 또한 그러한 지식의 전달 체계 또한 확고하게 제도화되어 있다. 하지만 출판편집자가 되기 위해 무슨 전문적인 지식의 습득이 필요하다는 이야기는 듣도보도 못했거니와, 설령 그런 것이 있다 해도 (앞서 말한 '기능적 숙련도'와 마찬가지로 이미 이 직업에 종사하는 이들에게라면 미덕이겠으나) 다른 전문직들에서처럼 그것만으로 이 직업을 갖기 위한 '최소한의 자격'을 가지고 있다고 인정하기에는 상당히 무리가 따른다.

오해하지 말기 바란다. 나는 편집자에게 전문적인 지식이나 숙련된 기능이 필요 없다고 말하는 것이 아니다. 그것들은 '좋은' 편집자로 발전하기 위해 꼭 필요한 덕목이다. 하지만 그것은 각자 일을 해 나아가는 과정에서 경험이 쌓이면서 축적되는 일종의 '경륜'에 속하는 문제이지, 애당초에 이 직업에 취업하기 위해 꼭 갖추고 있어야 하는 '최소한의 자격', 즉 취업 준비생을 위한 직업 교육에서 핵심적으로 다루어야 할 내용이라고 보기는 어렵다.

출판사에 취업을 희망하는 구직자들이 줄을 잇고 있는데도 출판사들마다 "사람 좀 구해달라"고 아우성인 아주 기묘한 상황이 좀체로 해결될 기미조차 안 보이는 답답함의 기저에는, 출판사에서 그리도 안타깝게 목말라하는 '사람'이 도대체 어떤 능력을 가진 사람인지를 구체적으로 특정하여 구직자들에게 제시해줄 방법이 마땅치 않다는 딱한 사정이 도사리고 있는 것이다.

내 나름대로 굳이 편집자에게 요구되는 전문적인 능력의 정체를 한마디로 딱 잘라 정리하라면, '인문적 균형감각'쯤으로 어림할 수 있을 것이다. 아마도 많은 출판인들이 (여전히 무언가 모자라다는 느낌이 들기는 할망정) 대체로는 동의할 만한 기본적인 자질 중의 하나임을 부인하기는 어려울 것이다. 그렇기 때문에 내게는 편집자가 되기 위해서 어떤 준비가 필요한가라는 질문이 마치 "정확한 판단력을 키우기 위해서는 어떤 공부가 필요합니까?"라든가, "폭넓은 교양을 위해서는 어떤 책을 읽어야 합니까?"라든가, "논리적인 사고를 위해서는 어떤 기능을 익혀야 합니까?"라든가 하는 질문들만큼이나 생뚱맞게 들린다.

다시 한 번 오해 없기를 바라지만, 이러한 능력을 굳이 '인문적 균형감각'이라고 표현했다고 해서 그것이 꼭 '인문서 분야'에만 국한된 이야기는 아니다. 어느 분야를 막론하고 책이라는 상품이 '인간의 창조적 정신활동'의 소산이고 사회 전체의 '인문적' 자산이라는 사실을 부인할 수 없다면, 그 상품을 생산하는 현장 노동자에게 '인문적 균형감각'이 요구되는 것은 당연한 일이다. 그렇지 않다면, 그저 공장에서 규격화된 제품을 찍어내듯이 쏟아내도 되는 것이라면, 단지 종이에 먹물을 묻힌 물건에 불과하지 그것을 '책'이라고 할 수 있을까. 하물며 펄프 1그램도, 기름 한 방울도 안 나는 나라에서 그런 물건을 '책'이랍시고 만들어 내놓는 것은 거의 죄악이다.

흔히 편집자의 기본적인 기능으로 평가되곤 하는 문장 교열 능력도 실은 말 그대로의 의미에서 기능이라기보다는 '세상을 넓게 보고 깊게 생각하고 정확하게 판단하는 능력'의 소산으로 자연스럽게 체

득되는 것이라고 보는 편이 정확하다. 물론 이러한 능력 역시도 부단한 훈련 과정을 통해 다듬어질 수 있다는 점에서라면 '기능'일 수 있지만, 그 훈련 정도를 객관적으로 계량화하여 측정할 수 없다는 점에서나 단기간의 체계적인 직업 훈련을 통해서 숙련시킬 수 없다는 점에서는 그렇게 볼 수 없는 측면이 더 많다.

출판업에서 어떤 방식으로든 현재의 지극히 폐쇄적인 노동력 시장이 좀더 합리적이고 투명한 방향으로 근대화되지 않으면 출판산업이 자멸의 길로 들어서리라는 데에는 이견이 있을 수 없다. 좀더 합리적이고 체계적인 직업 교육의 길을 마련하고 또 그 성취도를 좀더 공정하게 평가하기 위한 객관적인 준거를 확보해야 한다는 필요성에도 누구나 동의할 것이다. 더구나 평균 근속 기간이 2년 미만이라는 높은 이직률을 감안하자면, 근무 기간만으로도 대략의 숙련도를 가늠할 수 있는 기능직과는 분명히 다르다는 점에서 경력자에 대한 능력 검증 수단도 꼭 필요하다는 목소리도 높다.

하지만 도대체 누가 무슨 수로, 어떤 사람의 거의 총체적인 인성에 깊숙이 닿아 있는 이러한 능력을 평가할 수 있을까. 더 솔직히 말하자면 실제로 일을 시켜보기 전에는 가늠하기 어려운 일이 아닌가. 실은 그렇기 때문에 그토록 "사람이 없다"고 애태우면서도 알음알음의 안면에 의존해서 사람을 구할 수밖에 없는 전근대적인 고용 관행이 끈질기게 유지되는 것일 터이다. 다시 말해 누군가가 얼마나 '넓게 보고 깊게 생각하고 정확하게 판단할 수 있는지'를 그나마 가장 그럴듯하게 판단할 수 있는 방법이란 그 사람을 잘 알고 있는 믿을 만한 사람을 통해서 넘겨짚는 수밖에 더 있겠느냐는 것이다.

그러니 어찌할 것인가. 편집자의 능력을 어느 정도라도 객관적으로 검증할 수 있는 계량화된 지표가 마련되어야 한다는 주장이 출판계 일각에서 꾸준히 제기되어 왔던 데에는 분명히 타당한 이유가 있지만, 나는 어쩌면 그런 식의 제도화야말로 '인문적 균형감각'을 평가하는 것과는 가장 거리가 먼 어리석은 방법일 뿐이라고 생각한다. 어느 누구보다도 가장 자유로운 정신을 '직업적 능력'으로 가지고 있어야 할 편집자의 전문성을 압살하고, 나아가 편집자의 능력을 단순한 기능으로 환원시키려는 '반인문적'인 시도가 아닌가.

그렇다고 해서 어쩔 수 없으니 지금까지 해왔던 대로 계속 갈 수밖에 없지 않느냐는 맥 빠지는 얘기를 하려는 것은 아니다. 그러기에는 인력난과 구직난이 공존하는 부조화가 너무나 심각하다. 더 많은 고민과 모색이 필요하겠으나 적어도 지금의 내 상상력이 허락하는 가장 그럴듯한 대안은 '인턴십' 제도이다. 일을 시켜 봐야만 검증할 수 있는 능력이라면, 실제로 일을 시켜보면 될 것 아닌가. 제대로 능력이 검증되지도 않은 인력을 활용할 만한 여력이 있는 출판사가 몇이나 되겠느냐는 열악한 현실을 몰라서 하는 말이 결코 아니다. 하지만 최소한의 타당성을 가진 '능력 검정 제도'를 도입하자는 발상이 나오는 마당이라면, 적어도 그런 무의미할 뿐만 아니라 위험하기까지 한 시도를 위해 필요한 막대한 시간과 노력에 투자할 예산 규모로, 차라리 출판계 공동의 노력으로 '인턴십' 운영이라는 공익을 주된 목적으로 하는 출판사 한두 깨쯤 만드는 게 어려운 일은 아닐 것이다.

〈송인소식〉 2004.2.5.

'인턴십 제도'를 재론함

2004

「편집자를 양성하는 직업 교육은 가능한가」 제하의 글을 놓고, 좀더 정확히 말하자면 내가 그 글에서 '자격 검정 제도'에 대한 하나의 대안으로 조심스럽게 제시한 '인턴십 제도'에 관해 약간의 논란이 일었다. 그것은 우선 좀더 분명한 비전 속에서 언급되었어야 할 내용을 부주의하게도 정밀한 설명을 생략하고 툭 던지듯 제시하는 바람에 빚어진 오해 때문이었다. 더구나 이미 출판 관련 단체들이 주관하여 정부의 지원을 받아 인턴 고용이 실시되어 왔다는 정황에 미처 생각이 미치지 못하여 스스로 오해를 자초한 측면도 있다. 모호한 내용으로 인해 독자들에게 혼란을 드린 점을 진심으로 사과드리며, 다시 한 번 이 문제를 논함으로써 애당초 그것을 대안으로 제시했던 의도를 좀더 분명하게 해명하고자 한다.

다만 그에 앞서 왜 현실적으로 당장 오해가 빚어질 수도 있는 문제를 어설픈 몇 마디로 단순무식하게 제시할 수밖에 없었는지부터 변명해야 할 것 같다. 그것은 그 글에서도 전제했다시피 출판계에 만연해 있는 안면과 인맥을 매개로 하는 전근대적 고용 관행을 개선하기 위해서는 "더 많은 고민과 모색이 필요하다"는 것을 강조하고 싶었기 때문이다. 다시 말하면 '인턴십 제도'만이 가장 유력한 대안이라고 주장할 의사도 없었을뿐더러, 오히려 아직은 내 머릿속의 상상으로만 맴돌고 있는 '인턴십 제도'의 구상을 지나치게 자세히 설명하는 것은 자칫 또 하나의 탁상공론으로 논점이 교란될 수도 있다는 점을 우려하기도 했다. '인턴십 제도'를 이야기한 것은 꼭 그렇게 해야 한다는 뜻이 아니라 "더 많은 고민과 모색"의 실마리로서 하나의 가능성을 제시한 것뿐이며, 따라서 나로서는 최대한 조심스럽게 제시할 수밖에 없었던 것이다. "너무 쉽게 생각하지 말자. 이를테면 이런 방안도 있지 않은가." 정도의 이야기였던 셈이다.

그런데 문제는 '인턴십'이라는 것이 내 상상 속에만 존재하는 것이 아니라 엄연히 현실에도 존재하고 있다는 지점에서 발생한다. 물론 내가 그 글에서 이야기하고자 했던 '인턴십 제도'는 현재 운용되고 있는 '인턴십 제도'와는 성격도 다르고 그 구체적인 모습도 전혀 다른 것이다. 한마디로 단언하자면, 현재의 출판계 상황에서 개별 기업에 전적으로 관리와 운용의 책임을 위임한 인턴 제도는 말이 좋아서 '인턴'이지 실은 편집자의 전문성 양성이나 능력 검증과는 아무 상관이 없는, 해고가 손쉬운 단순 노동력의 저임금 고용을 정당화하는 속 빈 강정이다.

지나친 막말이라고 생각하실 분도 있을지 모르겠지만, 출판사에서 어떤 경우에 인턴 사원의 필요성이 제기되는지, 더 노골적으로는 당장 인턴 사원을 받게 된다면 무슨 일을 시킬 것인지 가슴에 손을 얹고 생각해본다면 분명하게 답이 나올 것이다. 우선 제대로 검증되지도 않은 인력에게 상당한 수준의 전문성이 요구되는 업무를 맡길 리 만무하다. 책의 제작과 관련하여 무엇인가를 독자적으로 판단할 수 있도록 기회를 주고 그 결과를 냉정하게 평가하기 위해서는 기존 직원들에게 그만큼 새로운 업무 부하가 걸리게 마련이다. 솔직히 말해서 인턴들의 수습 과정을 체계적으로 관리하고 점검할 만큼의 여력이 있는 회사라면, 무엇 때문에 인턴 사원을 고용하겠는가. 고참 편집자가 인턴들의 훈련을 챙길 시간에 책을 한 권이라도 더 만들어내는 편이 낫다고 생각하지 않겠는가. 고작해야 굳이 독자적인 판단이 필요 없는 잔심부름이나 잔뜩 시키다가 수습 기간이 다 채워지면 여전히 업무 능력에 대해 충분한 검증이 되지 않았다는 이유로 정식 고용을 거절하면 그만이다.

요컨대 '인턴십 제도'의 핵심은 실질적인 업무와 연계된 체계적인 교육·훈련 프로그램에 있다. 내가 과문한 탓인지, 수습 기간을 정상적으로 마치면 실무에 당장 투입해도 지장이 없는 업무 능력을 보유하게 되었다고 충분히 인정할 수 있는 자체 교육 프로그램이 마련되어 있는 출판사가 있다는 이야기도 들어본 일도 없거니와, 설령 그런 출판사가 어디에선가 꾸준히 그런 식으로 성실하게 신규 인력을 양성하고 있다 해도 그렇다면 더더욱 업계 단체를 통해 일괄적으로 모집된 인턴 사원을 배정받는 방식이 아니라 그 회사에 필요한 인력의 선발 기준과 규모를 스스로 정하여 신규 채용 절차를 통해 정식으로 고용하려 할 것이다.

실은 특히나 영세 규모의 출판사에서 신규 인력 채용을 기피하고 경력자를 선호하는 것은, 체계적인 교육·훈련 프로그램의 미비 때문이다. 이 근본적인 문제를 외면하는 것은 출판편집자가 거저 하늘에서 떨어지기를 기대하는 것이나 다름없다. 물론 지금도 편집자

지망생을 위한 각종 교육 프로그램들이 곳곳에서 성업중이다. 그러나 실무와 직접적으로 연계되지 않은 프로그램에는 근본적인 한계가 있다. 편집자가 만들어지기 위해 정작 필요한 것은, 경험이 풍부한 선배 편집자의 수준 높은 강의가 아니라 책이 만들어지는 과정을 스스로 하나하나 경험하며 자신의 능력을 가늠할 수 있는 '실습'이며, 누구나 부러워할 만한 경력을 자랑하는 훌륭한 강사가 아니라 실제로 책을 만들어가는 실습 과정의 디테일을 세심하게 관찰하고 점검하여 그때그때 적절한 조언을 줄 수 있는 성실한 안내자이다.

이런 최소한의 실습 체계도 마련하지 않은 채 운영되는 '인턴 제도'는 말 그대로의 의미에서 '수습' 제도일 수 없으며, 단순 노동력의 저임금 임시 고용(심지어 그 얄량한 임금조차도 정부의 보조금으로 충당하여 '손 안 대고 코를 푸는')을 정당화해 주는 눈가림에 지나지 않는 허울뿐인 '인턴 제도'에 나는 단호하게 반대한다.

그렇다면 애당초 내가 빈약한 상상력을 동원하여 그려보았던 '인턴십 제도'는 어떤 모습인가. 처음부터 한 사람 한 사람에게 편집자로서의 역할을 부여하여 실제로 일을 하게 하는 것이다. 물론 경험이 없고 미숙하기 때문에 일을 처리하는 속도는 매우 더딜 터이고 영리를 목적으로 하는 일반 출판사에서 그 과정을 감당해가며 체계적인 훈련을 시키는 것은 무리일 것이다. 그래서 (편집자 인력 양성이라는) "공익을 목적으로 하는" 특수한 형태의 출판사라는 한정 어구를 붙였던 것이다. 사실 말은 그럴싸하지만 처음에는 공공적으로 설립했다고 해도 결국에는 경영 압박을 받지 않을 수 없을 것이고 그것이 다시 수습 과정의 부실로 이어질 위험도 분명히 있다. 하지만 가령 책의 제작과 판매에 소요되는 비용은 오로지 공공 자금이나

이 기관을 통해 양성된 인력을 공급받게 될 기업의 분담금 등으로만 조달하도록 하고 영업 이익은 인센티브 형식을 통해 전적으로 해당자에게 환원되도록 제도적으로 못을 박아 놓는다면, 적어도 이러한 취지에 대한 출판계 공동의 인식이 유지되기만 한다면 위험을 피할 방법이 없는 것도 아니다. 또 출판의 각 분야별로 요구되는 편집자의 능력이 다를 터이니 분야별로 이런 특수한 형태의 출판사가 만들어져도 좋을 것이다.

〔이 글을 쓴 이듬해 서울출판예비학교 교육과정 설계에 참여하게 되었고, 이 글에서 피력한 생각들을 교육과정에 반영할 수 있는 기회를 얻었다. 그러나 노동부의 지원을 받아 현실화된 이 과정은 지원기관이 요구하는 제도적 한계로 말미암아 온전한 '인턴십'으로 발전시키기에는 많은 무리가 있었다. 일례로 본격적인 '인턴십'이라면 당연히 '훈련 상황'이 아닌 '실제 상황'에 대한 긴장을 체화할 수 있도록 이끄는 것이 핵심이어야 할 텐데, 아무리 교수진들이 짐짓 '실제 상황'에 걸맞는 긴장을 주문해도 학생들이 이미 '연습'임을 알고 있다는 전제를 벗어나기는 어렵다. 또한 입학부터 수료까지의 교육과정이 확정되어 있는 상태에서는, 기획 회의의 모델을 세미나 방식으로 도입하는 것까지는 가능해도 실제로 기획을 책으로 구체화하는 과정을 '실습'하는 데는 현실적인 무리가 따른다. '취업률'로 교육과정의 성과가 평가되는 한계도 학생들의 성취도를 냉정하게 평가하는 데 걸림돌로 작용할 수밖에 없다. 그럼에도 훌륭한 교수진들의 노력으로 제한된 조건 아래에서나마 최대한 '인턴십'에 근접시키려는 기조를 4년 동안은 유지할 수 있었다. 그러나 유감스럽게도 이러한 기조가 근본적으로 무너지는 파행이 빚어졌고, 그에 대한 문제 제기를 〈기획회의〉 286호(2010.1.2.20.)에 실린 「매트릭스를 멈춰라」라는 제목의 글에 담은 바 있다.〕

물론 서두에 밝혔듯이 이것은 채 여물지도 않고 다듬어지지도 않은 그저 하나의 가능성에 대한 예시일 뿐이다. 이것이 정말로 가능한 구상인지 어떤지는 애당초의 논제가 아니었다. 나는 단지 꽤 오랫동안 출판계 일각에서 고용 관행의 합리화 방안의 하나로 거론되어 왔던 '자격 검정 제도'가 문제의 근본적인 해결과는 정반대 방향을 가리키고 있음을 지적하면서, 다른 더 좋은 방안이 없는가를 좀 더 머리를 맞대고 고민하고 모색해보자는 이야기를 하고 싶었을 뿐이다. 내가 제기한 설익은 방안보다 더 좋은 방안이 있다면 얼마든지 제시해주시고, 또는 내 생각에 조금이라도 그럴듯한 면이 있다면 그것을 실마리로 하여 좀더 발전적으로 변형시켜주셔도 좋겠다. 그런 논의들이 풍부해질수록 우리는 가장 효과적인 방안에 근접하게 될 것이다.

━━━━━
〈송인소식〉 2004.4.5.

'나이배기 신입'을 위한 변명

2005

한겨레교육문화센터에서 '출판편집자 입문'을 강의하기 시작한 지 벌써 두 해가 가까워 온다. 강의를 수료한다고 해서 당장 눈에 보이는 어드밴티지를 손에 쥐지도 못할 강의에 굳이 거금의 목돈을 들여가면서 열심을 내는 수강생 한 사람 한 사람의 실존적인 절박함을 저울에 달 수는 없지만, 내가 개인적으로 특별히 가장 안타깝게 여기는 부류의 수강생들이 있다. 고작 일주일에 한두 번 만나는 강사도 선생이랍시고 감히 부모의 마음에 비유하는 것이 좀 멋쩍기는 하지만, 아무리 '열 손가락 깨물어 안 아픈 손가락 없다'고는 해도 특히 가슴을 저리게 하는 '애물단지'가 있는 것은 어쩔 수 없는 것이 또한 인지상정일 터이다.

편집자의 인력 수급 구조가 상당히 폐쇄적으로 경직되어 있다는 것은 주지의 사실이지만, 어떤 방식으로든 이 문제가 전향적으로 해결이 되어 합리적인 고용 환경이 조성된다고 해도 여간해서는 편집자로서 출판계에 진입하기가 어려운 사람들이 있다. 그렇다고 해서 편집자로서의 잠재적 능력이나 자질이 상대적으로 떨어지느냐

하면 오히려 정반대로, 당장 실무에 투입할 만한 현장 경험이 없어서 그렇지 일단 일을 하기 시작하면 누구보다도 빠른 속도로 일을 배워가면서 업무를 장악해나갈 것으로 보이는 사람들이기 때문에 안타까운 것이다. 이들은 사회적인 묵시로 대략 받아들여지는 신규 취업의 적령기를 넘어선 '나이배기'들인데 서너 달 단위로 바뀌는 각 기수마다 꼭 한두 명씩은 있다.

출판편집이라는 일이 텍스트를 통해 저자 또는 독자라는 '타인의 세계'와 대화하는 일인 동시에 저자와 독자의 대화가 가장 효과적으로 이루어질 수 있도록 '매개'하는 일이라고 할 때, 편집자가 갖춰야 할 가장 기본적인 자질은 '사람에 대한 이해의 깊이'라고 할 수 있다. 혹 다른 의견을 가진 분들이 있을지 모르나 적어도 나는 그렇게 믿고 있으며 내 강의에서 그 점을 가장 강조한다. 그래서 출판계의 인력 수급 구조에 대해 문제 제기를 할 때마다 '세상을 넓게 보고 깊이 생각하고 정확하게 판단하는 능력'을 어떻게 객관적으로 측정할 수 있겠느냐는 근본적인 질문을 출발점으로 삼기도 했던 것이다. 그렇다면 설령 출판 현장의 경험은 일천할지라도 살아온 과정의 경험이 풍부하고 그 의미를 진지하게 곱씹어낼 줄 아는 사람과 그럭저럭 현장의 '짬밥 수'를 늘리기는 했어도 오히려 그렇기 때문에 어느샌가 매너리즘에 빠져 '우물 안 개구리'가 되어 버린 사람 중에 어느 쪽이 더 편집자로서의 자격을 갖추고 있을까.

물론 나는 걸핏하면 나이를 들먹이며 '나이가 깡패'가 되는 한국 사회의 극단적인 나이주의에 혐오를 넘어선 적대감을 가지고 있는 사람이지만, 그럼에도 불구하고 결코 '연륜'을 함부로 무시해서는 안 된다는 생각을 가지고 있으며 '사람에 대한 이해'가 절대적인 관건이 되는 출판편집에서라면 더더욱 그렇다고 생각한다. 물론 나이만 먹었다고 해서 저절로 더 나은 사람이 되는 것도 아니고 세상이 험하다 보니 '나이를 헛먹은' 것으로 의심되는 사람이 훨씬 더 많은 것이 어느 정도 사실이기도 하지만, 적어도 "여러 가지 점에서 지원자들 중에 가장 나아 보이기는 하는데 나이가 많은 게 걸려서" 취업의 문턱에 걸려 넘어지는 그리 낯설지 않은 풍경에 대해서라면 좀더 심각하게 근원을 추궁할 필요가 있다.

그런데 매우 유감스럽게도, 잠재력이 충분히 보이는 '나이배기'를 '신입'으로 받아들일 만한 출판사는 거의 없는 것 같다. 워낙 경력자를 선호하는 분위기라서 애당초 문이 좁기도 하지만, 어쩌다 신입을 허용할 때조차도 나이가 많다는 것이 분명 매우 커다란 '결격사유' 중의 하나라는 사실을 부인할 사람은 별로 없을 게다. 아무래도 나는 좀 이상하다. 아예 경력자가 아니면 안 된다고 못을 박는 경우는 논외로 하더라도, 이왕 신입을 채용할 바에야 어차피 경력이 없다는 것은 문제가 되지 않을 터이니 출판에 대한 관점, 텍스트 이해의 깊이, 경험에서 우러나온 인문적 소양(어느 선배의 표현을 빌자면 '사회적 분별력'!) 등등을 통해 엿볼 수 있는 편집자로서의 잠재적 성장 가능성이 가장 큰 관건이 되어야 할 터이다. 여기에 다른 이유가 아닌 나이가 많다는 사정이 불리하게 개입할 소지는 전혀 없다.

여기에는 아마도 이미 회사 안에서 자리를 잡고 나름의 역할을 해내고 있는 '선배 편집자'들과의 '서열' 문제에서 오는 불편함을 피하고 보자는 것 말고 다른 이유는 없을 듯하다. 그 불편함의 정체를 모르는 것은 아니지만, 나는 도무지 이해가 가지 않는다. 만일 구체적인 일머리에 대해서는 전혀 경험이 없는 주제에 나이를 내세워 '인생 선배' 대접을 받으려 드는 극단적인 나이주의자라면 혹 모르는 일이되, 업무와 관련해서는 얼마든지 겸손하게 배우는 자세로 임하겠다는 각오가 충만하고 자신보다 나이는 어려도 현장 경험을 하루라도 더 한 '선배'의 경력을 존중할 의사에 한 치의 사심도 없는 사람이라면 도대체 문제될 것이 무엇이란 말인가. 깨놓고 말하면 나이에 따른 서열이 깍듯한 '나이주의' 문화에 너무나 익숙해진 나머지 '나이 많은 후배'라는 낯선 존재와 관계를 맺는 방법을 익혀 나가는 데 두려움을 가지고 있는 것은 아닌가. 무슨 미사여구를 동원해서 변명을 늘어놓는다 해도 결국은 그냥 '나이 든 선배'와 '나이 어린 후배'라는 전형적 관계가 익숙하고 편하기 때문이 아닌가.

그렇다면 이것은 매우 심각한 문제이다. 가령 '장애인 고용 확대'의 사회적 정당성은 충분히 인정하지만, 장애인이라는 낯선 존재를 일상적으로 대하는 데서 오는 불편함을 감당하기 싫어서 이런저런 핑계로 외면하고 마는 것과 무엇이 다른가. 이 비유는, 나이주의 문화에서 결코 자유로울 수 없는 누구나가 마주칠 수밖에 없는 정서적 딜레마를 공연히 도덕적으로 비난하기 위해서 끌어들인 것이 아니다. 나는 알량한 도덕이 아니라 냉철한 직업적 전문성에 호소하고 싶다. 계속 강조하는 바이지만, 끊임없이 낯선 존재와 관계를 맺어가며 자신의 삶을 풍부하게 하는 것은 편집자로서의 삶에서 가장 기본적인 태도에 속한다. 교과서에나 나올 법한 모범답안의 혐의를 피할 수는 없지만, 늘 새로운 '타인의 세계'를 향해서 탐험하는 것을 기꺼워하고 바로 거기에서 삶의 보람과 즐거움을 경험하는 사람과 낯선 존재와 대면하기를 두려워하고 귀찮아하며 익숙한 세계에 안주할 수 있다는 것을 행복한 삶이라고 생각하는 사람이 있다고 할 때 도덕적으로 어느 쪽이 더 바람직한 태도인가는 사람마다 생각이 다르겠지만, 적어도 출판편집자로서 어느 쪽이 더 프로페셔널한가는 명백하다.

  좀 심하게 말하자면, 과연 이런 사람들이 만드는 책을 믿어도 되는 것일까. 물론 편집자도 사람이다. 때로는 새로운 세계를 향한 건강한 호기심을 주체하지 못하면서도 또 때로는 일상의 안온함으로부터의 유혹을 쉽게 떨치지 못하는 것이 사람이다. 하지만 나는 결코 영화 〈생활의 발견〉의 인상적인 대사처럼 "사람에게 사람 이상을 요구하는" 것이 아니다. 적어도 사람과 사람의 대화를 매개하는 직업을 가지고 있다면 보통 사람들과는 조금은 다른 '인간관'을 자신의 일상에서부터 실천해야 하는 것이 아닌가를 묻는 것뿐이다.

<기획회의> 2005.3.5.

배워서 남 주자!

한겨레교육문화센터에서 1년 넘게 '예비 출판편집자 과정'의 강의를 진행하면서 늘 안타깝게 생각했던 것은, 막 출판에 입문하고자 하는 이들이나 출판편집자의 길에 들어서 걸음마를 떼고 있는 이들에게 이 일에 관한 길잡이로 마땅히 읽힐 만한 책을 찾아보기가 어렵다는 것이다. 어차피 출판편집자에게 기본적으로 요구되는 자질을 '인문적 균형감각'이라고 생각하는 터이고 보면, 읽힐 만한 책이 왜 없겠는가. 세상을 보는 시야를 넓혀주고 그 안에서 자신의 위치를 성찰하게 하는 데 도움이 되는 모든 책이 다 '출판편집자'로 성장하는 데 밑거름이 될 수 있을 것이다. 그러나 막연하게 인문적인 교양을 쌓을 수 있는 책을 닥치는 대로 읽어치우면 그게 다 자신의 정신적 자산으로 축적이 될 것이라고 말하는 것은, 말 자체야 지당하지만, 도대체 출판편집자가 어떤 일을 하는 사람이며 또 그 일이 어떤 성격의 일인지 감을 잡으려는 사람들에게는 어쩌면 하나마나한 말이다.

온라인 서점의 목록을 아무리 뒤져도 '편집'이라는 검색어로 잡히는 책이라 봐야 매우 기능적인 영역의 접근뿐이며 게다가 쿼크익스 프레스 같은 전산 조판기를 다루는 방법을 소개한 매뉴얼류를 제외하면 대부분 오래 전에 절판이 된 책들이기 일쑤이다. 한마디로 이른바 '에디터십'의 정체에 접근할 수 있는 책이 거의 없다는 것이다. 아쉬운 대로 10여 년 전에 번역 출간된 『편집자란 무엇인가』(일지사)를 읽으며 대충 감이라도 잡아보기를 권하기는 했지만, 삭스 커민즈가 편집자로 살았던 미국의 출판 현실이 '지금 여기'에서 요구되는 출판편집자의 모습과 괴리될 수밖에 없는 부분은 여전히 의문부호로 남겨둔 채 장님 코끼리 만지듯 미루어 가늠해주기를 바라는 수밖에 없었다. 한국의 출판 역사를 몸으로 써내려온 선배 출판인들의 자취를 정리하는 가운데 그들의 편집자로서의 자세를 엿볼 수 있는 구체적인 사례를 풍부하게 제시한 그런 책에 목이 말랐다.

그래서 얼마 전 출간된 정은숙 마음산책 대표의 『편집자 분투기』(바다출판사)를 마주했을 때, 그 내용을 미처 살펴보기도 전에 이 책이 나왔다는 사실만으로도 만세라도 부르고 싶을 만큼 반가울 수밖에 없었다. 출판사에 큰 족적을 남기고 은퇴한 원로급의 회고록이나 평전조차도 아쉬운 판국에, 지금 이 순간에도 동시대를 호흡하고 있는 선배 편집자의 생생한 육성이어서 반가운 마음은 훨씬 더컸다. 내가 그 동안 그토록 목마르게 찾던 또는 기다리던 책이 바로 이런 책이었다. 내가 이 책에 담긴 내용, 즉 저자의 편집관 또는 편집자관에 한 사람의 편집자로서 충분히 동의할 수 있는가 하는 점은 차라리 나중 문제였다. 설령 꽤 성공한 편에 속하는 편집자라는 평가를 받고 있는 저자가 들려주는 내용이 편집자로서의 성공과는 그다지 관계가 없는 보잘 것 없는 길을 걸어왔던 내게(또는 나와 다르지 않은 처지의 동료들에게) 이를테면 '배부른 자랑'이나 '교과서적인 모범답안' 이상으로 다가오지 못하는 실망스러운 내용이었다 할지라도, 삼인행필유아사三人行必有我師의 교훈을 떠올리자면 그 자체로 후배 편집자들의 거울의 역할에 값하기에는 충분할 것이니 반갑지 않을 이유란 당최 없었다.

하지만 책갈피를 넘기면서 내가 확인한 바는 새삼스럽게 놀라운 것이었다. 실망스럽기는커녕 이렇다할 참고 교재 하나 없이 나 자신의 매우 편협한 경험만을 밑천 삼아(말이 나온 김에 솔직히 털어놓자면, 강의를 진행하면서도 내가 강의하는 내용이 과연 얼마나 보편적으로 받아들여질 수 있는 내용일까 또는 좀더 구체적으로는 과연 내 강의를 들은 이들을 현장에서 지휘하게 될 편집자들에게 지지받을 수 있는 내용일까에 대한 의구심을 완전히 떨치지 못하고 있던 참이었다.) 강의해왔던 내용의 대부분이 고스란히 이 책 안에 활자화되어 있었다. 그것을 하나하나 발견해가는 기쁨은 이루 말로 다 표현하기가 어려울 지경이다. 물론 그렇다고 고작 한 사람의 지지자를 확인했다고 해서 편집 일에 대한 내 입장(또는 거꾸로 저자의 입장)이 보편적이라는 확증을 잡았다는 듯이 들뜨는 것은 논리적으로나 현실적으로나 무리일 것이다. 그러나 "백 권의 책에는 백 개의 관점이 있다"는 저자의 말을 굳이 빌지 않더라도 따지고 보면 '보편적인 편집관'이라는 것이 어디 있으랴. 설령 나와는 달리 저자가 이 책에 펼쳐 보이고 있는 편집관에 동의할 수 없는 편집자라 할지라도, 그렇다면 그렇기 때문에 더욱 그러한 자신의 관점을 대중 앞에 펼쳐놓을 이유가 충분하다. 바로 그 점을 자극하고 고무한다는 측면 하나만으로도 이 책의 출간이 가지는 사회적 의미를 평가하기에 주저해서는 안 된다.

요컨대 나는 정은숙 대표만이 아니라 그와는 자못 다른 생각을 가진 다양한 편집자들이 이런 종류의 책을 통해 자신의 고유한 편집관을 구체적으로 드러내 보여주기를 바란다. 편집자의 길에 정해진 모범답안이 있을 수 없다면, 다양한 관점을 가진 선배 편집자들의 삶에서 우러나온 현장감 넘치는 육성만큼 소중한 길잡이는 없을 것이다. 도대체 언제까지 편집일을 선배의 '어깨너머'로 요령껏 배워나갈 수밖에 없는 영역에 방치할 작정이란 말인가. 이렇게 말하면 나름대로 일가를 이루었다고 평가받는 편집자들조차도 "작가는 작품으로 말한다"는 예술가스러운 언설을 방패삼아 겸양하곤 하지만, 출판편집은 체계화된 언어로 다 담아낼 수 없는 '예술'이 아닐뿐더러(물론 그런 측면도 분명히 없지 않지만), 어쩌면 그것은 그의 에디터십이 실은 애당초 일관성 있는 서술로 표현될 수 없는 '주먹구구'에 지나지 않음을 그럴듯하게 감추려는 변설은 아닌지도 곰곰이 되짚어보아야 할 대목이다. 아니 그 모든 것을 다 떠나서라도 "작가는 작품으로 말한다"는 겸양의 말로 한사코 글쓰기는 물론이려니와 인터뷰조차 거절하는 예술가들을 저자나 인터뷰이로 끌어들이기 위해 자신이 어떤 말로 설득을 했던가를 되돌아보았으면 좋겠다.

〔'출판가 쟁점'으로 연재한 30편의 글에서 제기했던 문제 가운데, 유일하게 내가 글에서 밝힌 소망 그대로 현실로 나타난 제안이 바로 이 내용이다. 『편집자 분투기』를 시작으로 현장 편집자들이 쓴 책들이 줄줄이 출간되었으며, 특히 이 글에서 제안했던 취지에 가장 근접한 책만 꼽더라도 『책으로 세상을 편집하다』, 『책으로 세상과 소통하다』, 『책으로 세상을 움직이다』, 『책으로 세상을 꿈꾸다』로 이어지는 '기획자노트 릴레이' 시리즈(한국출판마케팅연구소)를 비롯하여 『출판편집자가 말하는 편집자』(부키), 『나는 에디터다』(새물결) 등이 다

양한 현장 편집자들의 육성을 활자화했다.]

책이 보편적 가치를 지닌 문화적 생산물이라면, 당연히 그 책을 만든 편집자의 숨결 또한 무형의 문화재일 것이다. 그리고 굳이 출판에 종사하지 않는 사람이라 해도 편집자의 숨결까지도 그가 만든 책과 함께 문화적 자산으로 갈무리해두어야 한다는 데 이의를 달지 않을 것이다. 출판 종사자라면 더더욱 그것은 현실적이고 실용적인 요구가 된다. 기실 모든 창조적인 저작물은, 자신은 비록 선배의 어깨너머로 체득한 것일지라도 후배들에게는 체계적으로 전수해주려는 노력과 의지의 소산으로 태어났다. 그만큼 출판 종사자는 "배워서 남 주자"는 정신에 빚지고 있다. 이제 조금씩이라도 그 빚을 갚아도 될 때가 되었다. 오랜 경험 속에서 몸으로 체화되어 있는 자신만의 고유한 '편집론'을 더 많은 사람들이 따라 배우며 길잡이로 삼을 수 있도록 언어화해 주기를 출판편집의 '백전노장'들께 감히 요구한다. 그리고 그 소중한 물꼬를 틔운 정은숙 '선배'께 다시 한번 진심 어린 경의를 표한다.

〈기획회의〉 2004.10.5.

'정답'을 찾지 말고
'의견'을 구하라

2004

북에디터의 게시판에는 간혹 얼핏 사소해 보이는 편집상의 문제들에 대한 의견을 묻는 질문이 올라온다. 가령 이 지면에서 다룬 바 있는 "판권면에 퇴사한 편집자의 이름을 넣어야 하는가"와 같은 문제〔제5장 「판권면의 딜레마」〕로부터 "무선철 제책에서 면지를 넣는 것이 꼭 필요한가" 등등 생각해볼수록 재미있고 유익한 질문들이 속출한다. 그리고 빠뜨릴 수 없는 질문이 가령 "'황당해 하다'로 띄어 써야 하는가 아니면 '황당해하다'로 붙여 써야 하는가"와 같은 종류의 질문이다.

그런데 이런 글을 올리는 사람들의 태도는 크게 두 종류로 나뉜다. "어차피 정답이 없는 문제이겠지만, 다른 편집자들은 어떤 견해를 가지고 있는지 알고 싶다"는 태도와 "분명한 정답이 틀림없이 있을 터이니 그것을 아는 분은 가르쳐달라"는 태도이다. 가령 "어느 제목이 좋은가"를 묻는 질문은 틀림없이 전자에 해당하는 질문일 것이다. "판권면을 어떻게 꾸미는 것이 좋은가" 따위의 질문도 당연히 전자에 속하는 질문이지만, 뜻밖에도 후자의 태도로 접근하는 이들을 심심치 않게 마주친다. 아예 "어떻게 하는 것이 원칙인가"를 대놓고 묻는 이들도 있다. 물론 나는 그들 모두가 '원칙대로'만을 고집할 정도로 꼭 막힌 사람들이라고 생각하지는 않는다. 선의로 보자면 "상황에 따라 유연하게 대처해야겠지만 그래도 원칙이 무엇인지는 아는 것과 원칙도 모르면서 아무렇게나 처리하는 것은 다르지 않은가" 하는 정도의 생각을 가진 사람이 대부분일 것이다. 하지만 나는 도대체 이런 종류의 문제에 '원칙'이 따로 있을 것이라고 생각하는 발상 자체가 좀 황당하게 여겨진다.

예컨대 표지와 내지 사이에 면지를 끼워 넣는 것은 '원칙'이 아니다. 양장본에서라면 당연히 분명한 기능적 목적을 가지고 있으니 원칙이고 자시고를 따질 문제가 전혀 아니며, 무선철에서라면 이제 와서는 함부로 거스르기가 상당히 어려워진 '관행'일 따름이다. 이럴 경우에 나는 '왜' 그러한 관행을 존중할 수밖에 없는지, 그것을 거스를 경우에 어떤 어려움에 직면하게 될지를 설명하는 편이다. 그러나 예상할 수 있는 어려움을 감수하고서라도 과감하게 관행에서 벗어나는 결단을 내린다고 해서 '원칙'에 어긋나는 것은 아니다. 애당초 그런 '원칙' 따위는 존재하지 않기 때문이다. 그리고 대개 이렇게 설명하면 대부분의 경우는 그 문제가 왜 '원칙'의 문제가 아닌지를 어렵지 않게 납득하는 편이다.

하지만 '띄어쓰기'의 문제를 비롯하여 구체적인 언어 표현에 관한 영역으로 들어오면 태도는 사뭇 달라진다. 분명하게 정답이 존재하리라는 굳건한 믿음 앞에서, 이 문제 역시도 앞서의 다른 문제들과 다름없이 사람마다 의견이 다를 수 있다는 것을 설명하기란 결코 쉬운 일이 아니다. 이런저런 의견의 가능성과 그 나름의 근거를 제시하면서 스스로 판단하기를 권해도, "그러니까 어느 쪽이 옳다는 말인가"만을 채근하는 요령부득의 반문이 되돌아오기 일쑤이다. 심지어 장황한 설명으로 '잘난 척'하지 말고 간단명료하게 '정답'만 가르쳐 달라는 폭언을 들은 일도 있다.

어쩌다가 이 지경까지 되었을까. 이 사람들에게 '한국어'는 자신이 호흡하고 있는 '살아 있는' 현실이 아니라, 초등학교 때의 '받아쓰기'에서부터 그 살벌하다는 대학 입학시험 때까지 줄기차게 '정답 맞추기'를 해야 했던 '암기 과목'의 하나일 뿐이다. 물론 어느 나라 말에든 일정한 규범은 존재한다. 만일 그러한 규범이 존재하지 않는다면 우리는 단 한 순간도 다른 사람과 의사소통을 할 수 없을 것이다. 그러나 그것은 역설적으로 의사소통이 불가능할 정도로 심하게 일그러진 표현이 아니라면 이미 규범의 테두리 안에서 이루어진 언어 행위라는 것을 의미하기도 한다. 사실 '정상적인' 한국어 화자라면 규범에서 벗어난 말은 직관적으로 알 수 있다. 글자를 읽어도 뜻을 도무지 알 수 없거나 대략의 뜻을 짐작할 수 없는 것은 아니나 표현이 부자연스럽고 어색하여 글을 읽어나가는 흐름을 방해하거나 특별한 주의를 기울이지 않으면 자칫 의미를 오해할 여지가 있는 등의 문장은 누군가가 굳이 '틀렸다'거나 '잘못됐다'고 지적해주지 않아도 스스로 알 수 있는 것이다.

또는 어떻게 표현하는 것이 더 자연스럽고 매끄럽게 읽히는지 모국어에 대한 자신의 언어 직관으로 판단을 내리기가 곤란한 문제가 있다면, 그것은 그 사람이 한국어 문법에 대한 이론적 지식이 모자라서가 아니라 한국어 화자들 사이에서 규범이 동요하고 있기 때문이다. 다시 말해 규범적인 '정답'이 있는 문제들은 따로 배우지 않아도 누구나 직관으로 알 수 있으며 거꾸로 직관으로 판단하기 곤란한 문제들은 따로 배우고 말고 할 '정답' 자체가 이미 존재하지 않는 문제들이다.

물론 성장 배경이나 교육 정도 등에 따라서 사람마다 언어 직관은 얼마든지 서로 다르게 형성될 수 있다. 어떤 사람에게 아주 어색한 표현이 다른 사람에게는 무리 없이 받아들여지기도 하고 그 반대일 수도 있다. 그래서 편집자들은 궁극적으로 자신의 고유한 언어 직관이 아니라 그 책을 읽을 것으로 예상되는 독자들이 대체로 공유하고 있을 언어 직관에 준거를 두려는 노력을 의식적으로 해야만 하며, 그것이 편집자들의 직업적 전문성을 구성하는 중요한 요소 가운데 하나일 것이다. 이때 '사전'은 매우 중요한 참고 수단이 된다. 사전 편찬자들이 보기에 대체로 '교양 있는 사람들이 두루 쓰는 현대 서울말'이라고 여겨지는 말들을 모아 놓은 것이기 때문이다. 하지만 그것은 어디까지나 사전 편찬자들의 '의견'일 따름이다.

많은 사람들이 띄어쓰기에 무슨 대단히 심오한 원칙이 있는 것으로 착각하곤 하지만, 유감스럽게도 '문장 속의 단어는 띄어 쓰라'는 맞춤법 규정조차도 한국어에서 단어를 정의할 방법이 막연하다는 현실 앞에서 속수무책인 경우가 많다. 띄어쓰기의 절대적 기준이 되는 '단어'를 가장 그럴듯하게 정의하는 길은 "많은 사람들이 단어라고 생각하는 것이 단어이다"라는 식의 순환적인 방법뿐이다. 그러니 예컨대 띄어쓰기를 제대로 하기 위한 노력이란 '띄어쓰기 사전' 따위를 달달 외우는 식이 아니라 되도록이면 다양한 사람들의 '의견'을 참고하여 자신의 언어 직관이 '많은 사람들이 대체로 공유하는' 언어 직관에 근접하도록 훈련하는 길 말고는 달리 방법이 없다. 언어 규범의 문제도 의연히 '의견'을 물어야 할 문제이지 '정답'을 조를 문제가 아닌 것이다.

그럼에도 불구하고 많은 편집자들이 언어 규범에 매우 소모적으로 매달리느라 정작 꼼꼼히 챙겨야 할 내용상의 문제에 집중하지 못하는 것은 왜 그렇게 해야 하는지도 모르는 채로 무조건 그렇게 하는 것이 '옳다'고 오랜 세월 동안 주입당해왔기 때문이다. '규범적 원칙이니까 지켜야 한다'는 얼핏 그럴듯하게 들리는 근거는 사실은 '지켜야 하니까 지켜야 한다'는 동어반복일 뿐이다. 일반적으로 많은 사람들이 따르고 있는 규범의 테두리를 벗어나지 말아야 하는 유일한 이유는, 그것이 더 많은 사람들에게 가장 효율적으로 의미를 전달하려는 목적에 부합하기 때문이지 그것이 '원칙'이기 때문이 아니다.

외국어 학습조차도 모국어 습득 모델을 좇아 문법 학습과 단어 암기 방식에서 벗어나 일상적인 소통 체험의 축적을 통해 자연스럽게 체화되도록 하는 방향으로 변화하고 있는 세상에서, 정작 몇 십 년 동안 사용해온 모국어를 새삼스럽게 외국어 대하듯이 '정답 맞추기'를 하려 드는 것은 포복절도할 코미디이다.

〈송인소식〉 2004.7.5.

그건 '기획'이 아니다!

2004

지난 12월 10일에 있었던 북에디터의 송년회 자리에서 어느 편집자로부터 "(편집자가 갖춰야 할) 기획 마인드와 교정·교열 마인드는 무엇이 어떻게 다르며 어느 쪽이 더 강조되어야 하는가"라는 요지의 질문을 받았다. 질문의 의도를 모르는 바는 아니지만, 나는 좀 뜨악해질 수밖에 없었다. 편집자에게는 그저 '편집자의 마인드'가 필요할 뿐, 백 걸음을 양보해서 출판물의 '기획'에 임하는 데 어떤 자세(마인드)가 필요하다는 것을 인정한다 하더라도 심지어 교정·교열에 그와는 다른 무슨 특별한 마인드가 필요하다는 것은 상상조차 해본 일이 없기 때문이다. 이러한 질문은 이 지면에 실린 「'정답'을 찾지 말고 '의견'을 구하라」라는 제목의 글에서 지적했던 바와 같이 교정·교열 작업에 대한 심각한 오해 때문이기도 하지만 그와 동시에 '기획'에 대해서도 상당한 오해가 잠재해 있다는 것을 짐작케 한다.

일례로 출판 아이템에 대한 '아이디어 제시' 정도를 놓고 '기획'이라고 뻐기곤 하는 편집자를 흔히 볼 수 있다. 이런 분위기는 사실 출판 동네에서 그동안 출판 기획이 얼마나 주먹구구로 이루어져왔는지를 생생하게 방증할 뿐이다. 모든 매체의 기획이 그러하지만, 출판물의 기획이란 저자에 의해 책이 씌어지는 순간부터 독자의 손에 들어가 읽히는 순간까지의 전 과정을 구상해내는 일이다. 가령 마케팅에 대한 구체적인 관점이 확보되지 않은 기획을 기획이라 할 수 있겠는가. 지질부터 제책 형태에 이르기까지 제작의 방향이 포함되지 않았거나 디자인의 통일을 기하기 위한 콘셉트가 제시되지 않았어도 마찬가지 반문을 할 수 있다. 그런데 왜 유독 책이라는 상품의 가장 중요한 전달 수단인 '문장'에 대한 구체적인 고려만이 이른바 '기획'에서 생략되어도 무방한 것으로 간주되는 것일까. 아니, 문장 교열처럼 자질구레한(?) 일에는 신경 쓰실 겨를이 없으시다는 자칭 '기획자'들께서 기획의 가장 핵심적인 과정의 하나라 할 수 있는 필자 선정을 하실 때는 무슨 기준으로 하신다는 것일까. 물론 '문장'만이 필자 선택의 유일한 관건은 아니겠지만, 필자의 문장을 살펴보지도 않고 집필을 의뢰한다는 것은 어불성설이다.

두 번 말하면 잔소리지만 책을 기획하는 사람에게는 '문장'을 보는 자신만의 안목이 절대적으로 필요하다. 그렇다면 그것은 '교열하는 사람이 가져야 할 마인드'와 전혀 다르지 않을 것이다. 물론 기획자가 디자인 콘셉트를 제시한다고 해서 직접 디자인을 하지 않는 경우도 많듯이, 기획자가 직접 자신이 기획한 책의 문장을 만지지 않을 수는 있다. 하지만 기획자가 디자인을 모를수록 디자인 콘셉트가 모호하게 뭉뚱그려져 하나마나한 원론 수준을 맴돌게 되고 결국 디자이너와의 효율적이 소통에 심각한 장애가 초래되는 경우가 비일비재하듯이, 제 입으로 "문장 교열은 잘 모른다"고 부끄러움도 없이 떠드는 기획자가 제시하는 교열의 방향이 도대체 얼마나 '실제적인 내용'을 담지할 수 있을 것인가. 요컨대 '집행력'을 담보하지 않은 기획은 기획이 아니다.

이런 딱한 사정은 '교정·교열'에 대한 오해에도 어김없이 작용한다. 도대체 책 전체의 기획 방향을 염두에 두지 않고, 필자가 애써 작성한 원고를 단 한 글자라도 고칠 수 있다고 믿는 것일까. 유감스러운 일이지만, 아마도 많은 편집자들이 실제로 그렇게 믿고 있을 것이다. 하지만 이것은 좋게 보아야 시대착오이며, 심하게 말하면 무책임한 일이다. 우리는 지금, 필자가 원고용지에 육필로 써내려간 원고에 편집자가 온갖 조판 지시를 첨부한 '원고'를 교정쇄와 대조하며 교정校正을 하던 시대에 살고 있지 않다. 만일 예전처럼 작업 지시서로서의 원고지가 존재하던 시대라면, 교정을 하는 사람이 책의 내용과 기획의 방향을 충분히 이해하고 있다면 당연히 훨씬 더 효율적이고 생산적인 작업이 이루어질 수 있겠지만 설령 그렇지 않다 해도 작업이 불가능하지는 않았을 것이다. 그래서 교정을 하는 사람에게는 그저 한 글자의 잘못도 놓치지 않는 '꼼꼼함'이 다른 누구에게보다 더 필요할 뿐이라고 여겼음직하다.(그 시절에도 감히 필자의 '문장'을 교열하는 것은, 그 책의 '책임 편집자'나 할 수 있는 일이었지 단순히 '교정 업무'만을 맡은 사람이 할 수 있는 일이 아니었다!) 그러나 이제 그런 '원고'는 애당초 존재하지 않는다. 필자가 보내온 원고는 이미 워드프로세서로 깔끔하게 타이핑이 되어 있으며, 필자가 원고 작성상의 실수로 오타誤打를 냈다 하더라도 그것이 순수한 의미의 오타인지 필자가 고의로 낯설게 표현한 것인지를 확인할 수 있는 본래적 의미의 '원고'가 없다는 것이다. 그럼에도 불구하고 타이핑을 이용한 원고 작성의 수월함은 육필로 원고용지에 써내려갈 때에 비해서 실수로 인한 오자 발생의 가능성을 엄청나게 증가시켰다. 이 딜레마는 단순하게 오탈자를 확인하는 작업조차도 책의 전체적인 내용을 정확하게 이해하고 문장의 맥락과 흐름을 총체적으로 파악하지 않으면 도저히 불가능한 일로 만들어버렸다. 요컨대 이제 교정과 교열을 구별하는 것은 무의미한 일이 된 것이다.

　여기까지는 어렵사리 수긍을 한다 해도 또 한 가지의 결정적인 문제가 남아 있다. 책의 기획 방향과는 무관한 '문장 교열'의 절대적 기준이 따로 있다는 확고한 믿음이다. 그리고 그 기준이 무엇인지는 모르겠지만, 아무튼 그것을 정확히 숙지하여 철저하게 실현시키는 것이 '교열하는 사람이 갖춰야 할 마인드'라고 생각하고 있는 듯하다. 그러나 그런 식의 기준 따위는 존재한 적도 없고, 존재할 수도 없으며, 존재해서도 안 된다. 편집자가 '교열'이라는 이름으로 필자의 원고에 '훼손'을 감행할 수 있는 유일한 목적은 오로지 그 책의 상품으로서의 완성도를 높이기 위한 것이며, 그것은 애당초 원고의 내적 필연성으로부터 유래한 자기 완결성에 근거한다. 따라서 이때 문장 교열의 유일한 준거는, 그 책의 핵심 독자에게 저자가 전달하고자 하는 메시지가 효과적으로 전달되고 있는가일 뿐, 다른 준거가 개입할 여지는 전혀 없다. 그렇다면 도대체 '핵심 독자'가 구체적으로 누구인가를 상정하지 않고 또 저자가 그들에게 전달하고자 하는 내용을 (어떤 의미에서는 '저자보다도 더 잘') 이해하지 않고, 기본적으로 저자에게 귀속되는 저작물에 어떻게 함부로 '교열'을 가할 수 있을 것인가. 요컨대 이러한 성격의 준거를 확보하는 것을 '교열자의 마인드'라고 할 때, 그것은 '기획자의 마인드'와 전혀 다르지 않을 것이다.

문장을 다듬는 과정도 또는 지면을 디자인하는 과정도 모두 책의 '기획'을 구체적으로 실현해내는 과정의 일부이다. 기획의 콘셉트와 방향을 공유하지 않고 이루어질 수 있는 일이 아닌데도, 마치 '기획'은 저 높은 곳에서 이루어지는 대단히 창조적인 일이기라도 한양 제대로 된 소통과 공유의 과정을 생략한 채 "시키는 일이나 열심히 하라"는 고압적인 태도를 유지하는 출판사가 아직도 많다. 나는 그런 식으로 이루어지는 그 알량한 '기획'의 정체를 알다가도 모르겠거니와 그렇게 해봤자 '시키는 일'(?)인들 제대로 될 리가 없다고 생각한다. 더 우스꽝스러운 일은 그런 엉터리 '기획'을 밀어붙이곤 하는 자칭 '기획자'들일수록 디자이너나 편집자들의 능력과 자질이 모자라다는 개탄을 입에 달고 다니며 자신의 무능과 무책임을 전가하기에 바쁘다는 것이다.

〈기획회의〉 2004.12.20.

제7장

출판가 쟁점, 끝나지 않은 이야기

2005년 새해 아침의 소망

2005

새해 아침부터, 돼지꿈을 꾸고 '로또 당첨'을 상상하는, 그런 허황한 소리를 실없이 늘어놓고 싶지는 않다. 당장 듣기는 기분 좋을지 몰라도 현실감이 없는 소망의 뒷맛이란 헛헛하게 마련이다. 날로 악화일로로 치닫고 있는 출판산업에 산적한 문제들이 하나둘이 아니지만, 그것이 하루아침에 단칼에 어떻게 되기를 바란다면, 그처럼 허황한 소망도 없을 것이다.

지난 한 해 동안 '출판가 쟁점' 지면에 썼던 글들을 다시 뒤적여보며, 최소한 노력이라도 해볼 수 있는 일들이 무엇일까를 곰곰이 되새겨봤다. 우선 '조폭'들은 출판계를 떠나라고 큰소리를 치기는 했지만(제3장), 동서고금에 '조폭'들이 제 발로 밥그릇을 걷어차고 개과천선했다는 얘기는 들어본 적이 없거니와, 당장 그들을 출판계에서 일거에 몰아낼 수 있는 뾰족한 방법이 있어 보이지도 않는다. 그저 '소박하게' 전국의 서점에 판매시점관리 시스템만이라도 깔린다면, '조폭'들이 더이상 횡포를 부릴 명분이 더는 없어지리라는, 유통과정과 판매 동향이 백일하에 드러난 마당에도 이전과 다름없는 횡포를 보인다면 출판계 바깥에 있는 어느 누구라도 그들이 '조폭'에 지나지 않는다는 진실을 알 수 있게 되리라는 소망 하나 품어 본다. 하지만 아무래도 이 '소박한' 소망조차도 여전히 실없이 느껴지기는 마찬가지다. 지금 그 정도 사업을 추진할 힘이 있는 이들이라면 그 결과를 전혀 달가워하지 않을 것이 틀림없고, 그 '최소한'의 성과에라도 목말라 있는 이들이라면 이 '소박하고 간단한' 일조차 추진할 아무런 힘이 없다. 그것이 현실이다.

좀 다른 얘기를 하자면, 한때 영화의 배급이 말 그대로 '조폭 시스템'에 의해 움직이던 시절이 있었다. 이 배급업자들을 영화판에서 몰아낸 것은, 아이러니하게도 영화인들은 물론이려니와 문화산업의 '주체성'에 깊은 관심을 가진 시민사회에서 극렬하게 반대했던 (그래서 심지어 공중이 모이는 영화관에 뱀을 풀어 넣는 엽기적인 '투쟁'조차 불사했던) 해외 자본의 직배 시스템이었다. 물론 그렇게 해서 결국 '자본'이라는 이름의 이전보다 더 강력한 '조폭'이 그 자리를 대신했을 뿐이라고 한다면, 별반 달라진 것이 없다고 할 수 있을지도 모른다. 그러나 '자본'의 폭력이 더 강력할 수 있는 것은 그만큼 '정교하게' 움직이기 때문이라는 점을 간과해서는 안 된다. 철저하게 자본의 이윤에 종속된 지금의 배급 시스템이 영화산업의 다양성을 위협하고 있다는 비판은 얼마든지 유효하지만, 그렇다고 해서 예전의 배급 시스템이 더 나았다고 주장할 수 있는 사람도 없을 것이다. 아무려나 영화판에서 벌어졌던 또는 벌어지고 있는 일들이 출판산업의 전망에도 많은 시사점을 던져 주는 것만은 분명하다. 이상화 시인이 노래했듯이, "마돈나, 언젠들 안 갈 수 있으랴, 갈테면 우리가 가자, 끄을려 가지 말고." 그것이 2005년의 출판계에 바라는 내 첫

번째 소망이다.

두번째 소망은 그보다 훨씬 더 '소박'하고 완곡하다. 출판산업의 '공공화'를 위한 논의만이라도 본격적으로 시작되었으면 한다. 가령 공공도서관의 확충처럼 예산의 확보가 필수적인 일, 출판산업의 자금 흐름 왜곡의 주범으로 지목되어온 유통업만이라도 공공적 토대 위에서 이루어질 수 있도록 할 수는 없을까처럼 업계의 이해관계가 물려 있는 일들은, 당장 가시적인 진전을 볼 수 없을지라도 부지런히 떠들어대기라도 했으면 좋겠다. 하나마나한 소리라고 지레 체념하는 한 점점 더 요원한 일이 될 것이 아닌가. 하물며 예컨대 영리 활동을 통한 이익을 환수할 생각이 없는, 그저 자신의 인건비 정도만 해결되는 것으로 만족할 수 있는 수많은 출판인들의 활동을 학교법인이나 의료법인처럼 '비영리 활동'으로서 보호할 수 있는 제도적 방안을 모색한다든가 하는 일에는 돈이 따로 드는 것도 아니고 당장 누구의 밥그릇을 직접적으로 위협하는 것도 아니기에, 논의를 망설일 이유란 도무지 없다. 그저 발상의 전환만이 필요할 뿐이다. 출판산업이 굳이 공공화되지 않아도 아쉬울 것이 없는 이들은 그냥 지금처럼 영리 활동을 하면 될 테니, 함께 머리 맞대고 논의해보자고 호소할 필요조차도 없다. 무릇 목 마른 자가 먼저 샘을 파는 법이다. 어떤 방식으로든 어느 정도의 공공화가 필요하다고 공감하는 이들로부터 과연 어떤 방식이 가능할지를 논의라도 시작해보자는 정도의 완곡한 소망이라면 그리 실없어 보이지만은 않을 것 같다.

하지만, 아무리 실없이 들리더라도 그야말로 어마어마한 소망 한 가지쯤은 꼭 언급해두고 싶기도 하다. 제발이지 새해부터는 출판종사자들의 쥐꼬리보다 조금 긴 월급봉투가 현실화되었으면 좋겠고, 근로기준법에 규정된 노동시간과 휴일·휴가만이라도 제대로 지켜지는 꼴을 보고 싶으며, 적어도 죽자 살자 품을 팔고도 품삯을 아예 떼이거나 차일피일 밀리는 바람에 발을 동동 구르는 이들이 단 한 명도 없기를 바란다.

2005년이 뭐 별다른 해라고 이 거창한 소망이 이루어질 수 있으리라고 믿는 것은 아니다. 하지만 밤낮 박봉 타령이 끊이지 않으면서도 정작 '쪽팔려서라도' 쉬쉬하고만 있는 급여 수준에 대한 공개적인 논의만이라도, 근로기준법이 어떻게 생겼는지에조차 무관심한 채 법정 근로시간을 초과하는 혹사가 일상적 관행이 되어 있는 데다가 법적으로 보장된 휴가도 못 찾아먹고 있는 한숨 나오는 현실에 대한 '실태 조사'만이라도 해봤으면 좋겠다. 다시 한 번 애타게 부르노니, 도대체 출판계의 '조감독'들은 도대체 어디에서 무엇들을 하고 있단 말인가(제5장).

그래서 내게는 마지막으로 또 한 가지 어쩌면 가장 간절한 소망이 있다. 술자리에서 안주거리로나 주고받는 게 고작인 뻔하디 뻔한 개탄, 인터넷 게시판에 분풀이라도 하듯 쏟아붓고는 그냥 휘발시켜 버리곤 하는 하소연에 더이상 머물지 말고, 좀더 생산적인 논의로 이어지게 할 수 있는 가시적인 연대의 네트워크가 올해에는 그 첫 단추만이라도 끼워지기를 바란다. 출판사(덧붙여 저작권 대행사, 편집 대행사, 서점 등 출판 유관 업종)에 정규직으로 고용되어 있는 다양한 직종의 노동자들은 물론이려니와, 어떤 형태로든 출판사에 노동력을 제공하고 그 대가를 받는 '프리랜서'라는 이름의 비정규 편집 노동자, 번역 노동자, 저술 노동자, 디자이너들, 그리고 나아가 '사장'이라고 하기에도 민망한 영세 자본으로 고군분투하며 각개약진하고 있는 '독립 출판인'들까지를 폭넓게 포괄하는 연대의 힘만이, 출판산업의 구조적 위기에 맞서 실질적인 대안을 제시하고 그것을 천천히 조금씩이라도 관철시켜 나아갈 수 있는 유일무이한 실체일 것이다. 여전히 현실감 없이 공허하게 들리는 지겹도록 식상한 당위론으로 들릴지도 모른다. 그러나 언뜻 허황해 보이는 이 소망이 현실화되지 않는 한, 그 누구도 우리 앞에 가로놓인 숱한 문제들을 대신 해결해주지 않을 것이며, 위에서 꼽아 본 '소박한' 소망들조차 한낱 백일몽에 머물게 할 것이다.

2005년 새해 아침, 이제 연대를 향한 소망을 함께 품어보지 않으려는가.

'출판가 쟁점' 연재 가운데 한 편이지만, 특정한 주제로 묶기 어려운 총론적인 내용이라 연재를 마친 뒤에 쓴 다른 글들과 함께 여기에 묶었다. 책 말미에 에필로그로 붙인 「함께 새벽을 열어갈 '사람'을 부르며」에 담긴 2012년을 여는 소회와 나란히 읽어주시기를 권한다. 7년의 시간이 참으로 속절없이 느껴진다.

〈기획회의〉 2005.1.5.

말 한마디가 천 냥 빚을 갚는다 2005

'출판가 쟁점' 연재를 마무리짓기로 하고 마지막 글을 멋들어지게 장식할 주제가 없을까를 고심하고 있던 차에, 무척 기분이 좋아지는 전화를 한 통 받았다. "저는 ××사의 경리 책임자 ○○○입니다. 담당 편집자에게 원고료 문제를 말씀하셨다고 해서 전화드렸습니다. 사실 저희 회사 자금 사정이 좋지 않아서 몇 달 전부터 원고료 지급이 밀리고 있는데, 조금씩이나마 순서대로 지급이 되고 있습니다. 현재 △월분까지 지급이 되고 있으므로 죄송하지만 조금만 더 기다려주시면 고맙겠습니다. 자금 사정을 호전시키기 위해 저희도 최선을 다하고 있습니다. 사정이 좋아지는 대로 밀린 원고료부터 최우선하여 지급할 계획입니다. 죄송합니다." 넉 달 전에 쓴 원고료를 못 받고 있는 상황에서, '여섯 달 이상 밀리신 분들도 있으니 좀 더 기다리라'는 뻔뻔한(?) 내용의 전화를 받고 기분이 좋아졌다니, 내 머리가 좀 어떻게 된 것이나 아닌지도 모르겠다.

하지만 이 동네에서 10년 넘게 일하면서 받아야 할 품삯을 일언반구 해명 한마디 없이 떼어본 적도 많고, 정당한 권리를 주장하면서도 '거지'처럼 구걸하는 듯한 모욕을 경험해야 했던 적도 헤아릴 수 없이 많고, 또 정반대로 편집자로서 필자에게 스스로조차 미덥지 못한 궁색한 변명을 하느라 진땀을 흘려야 했던 적도 꽤 있지만, 이렇게 깔끔하게 또 정직하게 문제를 대면하고 처리하는 경우는 거의 마주친 적이 없다. 물론 사정이 좋아진다는 것이야 그들의 주관적인 '희망사항'일 뿐 혹시라도 최악의 경우 아주 떼일 수도 있다는 불안감이 없는 것도 아니지만, 적어도 집행에 관여할 권한이 미미할 것이 뻔한 편집자가 자신이 책임질 수도 없는 내용을 놓고 쩔쩔매는 목소리로 어쩔 줄 몰라 하는 게 답답해서 결국 언성이 높아지고 얼굴을 붉히게 되는 흔한 사례에서보다 훨씬 더 신뢰가 가는 게 사실이다. 이 정도의 기본적인 '마인드'와 일 처리의 '시스템'을 갖춘 회사라면 그렇게 쉽게 망하지는 않겠다 싶은 생각도 든다. 어차피 언성을 높이고 악다구니를 친다고 해서 없는 돈이 하늘에서 떨어질 것도 아니고 설령 '아주 성질 더러운 놈'으로 찍혀 '무서워서가 아니라 더러워서 피한다'는 기분으로 처리를 해준다 해도 결국 나와 같은 처지에 있을 다른 동료들을 '새치기'하는 꼴밖에 안 될 터이기에, 나는 속이라도 편하게 '저금'을 해놓은 셈 치기로 했다.

　다들 어려운 시기에 자금 사정이 안 좋을 수도 있다는 것은 굳이 구구한 변명을 늘어놓지 않아도 안다. 이 지면에 쓴 「벼룩의 간을 내 먹을 사람들」(제5장)에서도 지적했듯이 이 동네에서 돈 문제 때문에 분란이 일어나는 경우는 대개 단지 지급하기로 약속한 날짜를 못 지켰다는 사실 자체 때문이라기보다는, 그 문제를 처리하는 방식이 투명하지 못하고 비겁해서이다. 같은 말도 '아' 다르고 '어' 다른 법이거니와, "당장은 대책이 없다"는 뻔한 내용조차도 듣는 사람에게 "배 째라"로 들리게 할 수도 있고 "대책을 만드느라 애쓰고 있고, 대책이 마련되는 대로 확실히 처리해주겠구나"로 들리게 할 수도 있다. 경영자나 자금관리 책임자가 상황을 정확히 설명하고 정중하게 양해를 구하지 않고 담당 편집자에게 '적당히 무마하라'는 식으로 떠넘겨버리곤 하는 비겁한 태도가 언제나 사태를 악화시키는 것이다. 편집자 선에서 책임 있는 약속이 이루어질 리가 없으니 책임자와 직접 이야기하겠다는 상황에 치닫기라도 하면, 편집자는 당장 "그런 문제 하나 제대로 처리를 못하는 무능한 사람"이라는 질책을 받을 터이니 오히려 미봉에 급급하여 불가피하게 지키지도 못할 약속을 남발할 수밖에 없는 딱한 처지에 놓이게 되는 것이다. 너무나 당연하게도, 자금의 집행이 늦어지는 것은 편집자가 아니라 경영자가 책임질 일이며, 혹 사람이 하는 일이다 보니 책임을 다하지 못했더라도(아니 오히려 그럴 때일수록) 정직한 자세로 자신의 책임을 회피하지 않을 때라야 신뢰가 유지되는 것이다. 이토록 당연한 일에 '기분이 좋아질' 만큼이나 이 동네가 엉망이었다는 사실이 차라리 부끄러울 지경이다.

지난 해 1월 처음 이 지면에 글을 쓰기 시작할 때 스스로 다짐했던 것은 딱 한 가지, '밥그릇에 정직해지자'는 것이었다. 자평을 하자면 그 약속은, 적어도 내가 글감을 고르고 논지를 전개하는 태도에서만큼은 어느 정도 지켜진 듯하지만, 그것을 통해서 이루고자 했던 바 '생산적인 토론'으로 나아가는 실마리를 마련한다는 측면에서는 그다지 가시적인 결과를 내지 못한 듯하다. 나름대로는 꽤 의미 있는 문제 제기라는 생각에 각오를 단단히 하기도 했지만, 번번이 마치 메아리도 없는 허공에 대고 혼자 악을 써대는 것처럼 허망하게 느껴질 때가 많았다. 하나의 문제 제기를 바탕으로 더 나아간 토론의 실마리가 생겨난다면 무궁무진한 이야깃거리가 넘치리라고 기대했지만, 늘 그때그때 표현만 조금씩 바뀌고 구체적인 사례만 달라졌을 뿐이지 결국 뻔한 원론 수준의 똑같은 얘기를 입 아프게 되풀이하는 데서 한 치도 더 나아가지 못했다. 그것은 글을 쓰는 사람에게도 피곤한 일이고 읽는 사람에게도 지루한 일일 터이다. 그것이 '출판산업 공공화'를 향해 아직 해야 할 말이 많이 남아 있음에도 불구하고, 잡다하게 변죽만 울리다 만 듯한 상태에서 일단 연재를 접기로 한 까닭이다.

그러나 내가 이 지면에서 제기했던 문제들, 가령 가장 효과적이고 합리적인 인력 양성 방안이라든가, 더는 미룰 수 없는 과제인 유통 과정 투명화를 위한 구체적 대안, 또는 더 나아가서는 출판 노동자들이나 독립 출판인들이 연대하기 위한 초석을 놓을 수 있는 전망, 그 밖에 일일이 다 열거할 수 없는 출판계의 현안들에 대해 진일보한 차원에서 구체적인 논의가 이루어지는 맥락이 생산적으로 형성된다면, 언제라도 머리를 맞대고 함께 좀더 현실적으로 정교하게 다듬어진 '현장의 목소리'를 만들어내는 모색에 동참하겠다는 의지만큼은 여전히 충만하다.

또한 그러한 이유로 간혹 이 지면이 '메아리 없는 외침'만은 아니라는 어렴풋한 보람을 느끼게 해주었던 몇몇 독자들께 그 분들이야말로 30회까지 연재를 이어올 수 있었던 유일한 힘이었다는 감사의 말씀을 드리지 않을 수 없다. 어설프게 제기한 '인턴제' 논의〔제6장〕에 이의를 제기하여 더 발전된 논의로 나아가는 실마리를 던져주신 북에디터의 '야옹이'님, 「번역 출판의 원숭이들」(제5장)에 공감을 표하는 편지를 보내 주신 어느 편집자, 특히 「당의정의 효능을 묻는다」(제4장)를 읽고 "독자인 저를 보니 '안온한 일상이 조금이라도 흔들린 흔적'이 없고, 편집자인 저를 보니 '알맹이가 없는 일용할 유행상품'만 만든 것 같아 가슴 한쪽이 뜨끔하더군요."라는 내용의 편지를 통해 든든한 우군을 만난 듯한 느낌에 들뜨게 했던 또 다른 편집자, 그리고 따로 피드백은 없었지만 말없는 응원을 보냈을 수많은 동료들께 깊은 감사를 드리며, 지금 이 순간에도 더 좋은 책을 만들기 위해, 또 더 나은 작업 환경을 만들기 위해 애쓰고 있는 모든 분들께 연대의 애정을 듬뿍 실어 격려의 갈채를 보내드린다.

'출판가 쟁점' 연재의 마지막 글로 앞글과 마찬가지 이유로 여기에 묶었다.
〈기획회의〉 2005.3.20.

엔터테인먼트가 된 책,
'연예인'이 된 저자

2011

저자는 과연 '갑'인가

흔히 계약 관계에서 주도권을 쥐고 있는 쪽을 '갑'이라고 한다. 계약을 문서로 작성하는 과정에서 계약 당사자를 '갑' '을' 등으로 지칭하는 데서 유래된 표현일 게다. 국어사전의 뜻풀이에 기대자면, 본래는 '두 개 이상의 사물이 있을 때 그중 하나의 이름을 대신하여 이르는 말'이었겠으나 실제로는 '차례나 등급을 매길 때 첫째를 이르는 말'의 의미가 덧씌워져 있다. 요컨대 "어느 쪽이 '갑'이냐?"는 질문은 "어느 쪽이 계약에서 주도권을 가지느냐"는 뜻이다.

저자와 출판사의 관계에서는 당연히 저자가 '갑'이다. 저작물 자체가 가진 본원적 특성을 고려하자면 자명한 일이다. 책을 포함한 모든 저작물은 경제적 관점에서만 말하자면 철저하게 '공급자 주도'의 상품이다. 물론 어디까지나 이론적으로 그렇다는 것이다.

몇 해 전 저작권 강의를 하면서 이 점을 당연히 전제하고 이야기를 풀어나가다가 뜻하지 않은 질문을 받은 적이 있다. "그런데 저작자가 '갑'인가요? 한 번도 그렇게 계약서를 써본 적이 없어서요. 저희는 당연히 저작자가 '을'이라고 생각하고 있었는데요." 그는 학습서를 출판하는 어느 공기업 출판팀의 중견 편집자였다. 그는 상당히 신선한 '문화적 충격'을 받은 모양이었지만, 내 충격도 적지는 않았다. 곰곰 되짚어보니, 일반 단행본이 아닌 학습서 시장의 특성에 비추어도, 또는 막강한 현실적 영향력을 거의 독점적으로 가지고 있는 그 공기업의 위상을 고려해도, 씁쓸하기는 할망정 불가능한 발상으로 여겨지지는 않았다. 결국 누가 '갑'이냐는 건, '이론'의 문제가 아니라 철저하게 현실에서의 '힘의 관계'의 문제였다. 여기까지 생각이 미치자, 과연 '관행적으로' 계약서 문면에 '갑'이라고 지칭되는 저자들이 모두 실제로도 명실상부하게 '갑'일까 하는 의문이 뒤통수를 때렸다. 어쩌면 업계의 오래된 관행에 길들여진 눈으로만 보자면 황당하기 그지없는 그 회사의 계약서가 차라리 정직한 것은 아닐까. 저자를 "선생님"으로 깍듯이 존대하며 계약서에도 '갑'으로 표기하는 관행이란 그저 일종의 자기기만은 아닐까.

사실 출판 현장에서 일할 당시에 이런 일종의 '인지부조화'를 전혀 경험하지 않았던 것도 아니다. 가령 번역물의 경우, 현실적으로 번역자가 출판사의 '하청'임에 분명하고 서로가 그 사실을 너무나 잘 알고 있으면서도, 시치미 뚝 떼고 번역자를 어김없이 '갑'으로 표기한 계약서를 내밀곤 했으니까. 고약한 상상력을 더 비약하자면, 가령 '소녀시대'의 구성원들과 'SM엔터테인먼트' 사이의 계약서에는 과연 어느 쪽이 '갑'으로 표기되어 있을까 하는 의문으로까지 치닫는다. 별 쓸데없는 호사취미라고 오해하실지 몰라 부언하자면 내가 궁금한 건 '계약서' 자체가 아니다.

예컨대 얼마 전 나는 출판사와 어느 대형서점 사이의 '도서공급 계약서' 문안을 훑어본 일이 있다. 중요한 계약 사항마다 거의 예외 없이 구체적인 계약 내용을 명시하지 않고 "따로 협의한다"는 식으로 처리한 것도 우스웠지만(도대체 이런 '하나마나한' 계약이 어디 있는가. 집을 팔면서 거래 대금은 얼마를 언제 받을지, 집은 언제 넘겨줄지 등등은 모두 공란으로 비워둔 채 추후에 협의한다는 계약서를 쓰는 꼴 아닌가.) 그보다 더 황당했던 것은 분명 서점에서 주도하고 있는 계약임이 현실적으로 명백하고 또한 '출판권'을 가진 저작재산권자의 고유한 권리조차 전혀 보장되지 않는 허술한 계약서임에도 불구하고 출판사를 '갑'으로 표기하고 서점을 '을'로 표기하고 있더라는 점이다. 세상에 이런 '눈 가리고 아웅'이 어디 있단 말인가. 그렇다면 저자와 출판사 사이에서도, 어쩌면 저자를 명목상 '갑'으로 표기하는 계약서가 혹여 전혀 그렇지 못한 현실을 우스꽝스럽게 은폐하고 있는 것은 아닌지도 충분히 의문거리가 될 수 있다.

'스타 시스템'의 성립

비슷한 예는 얼마든지 있다. 가령 출판계에서 관행적으로 쓰이는 '원고청탁'이라는 용어를 되짚어보자. 고등학교 시절 생전 처음 보는 '원고청탁서'라는 걸 받아들고(어느 대기업의 사보였다) 왠지 모르게 뿌듯했던 기억은 지금도 선연하지만, 글 쓰는 일이 밥벌이가 되면서부터 어느샌가 이 표현만 보면 번번이 '손발이 오그라드는' 이물감이 느껴지곤 했다. 에누리 없는 '일용 저술 노동자'의 처지에서, '청탁'은 할 수만 있다면 정작 내 쪽에서 하고 싶은 일이라고나 할까. 나는 지금도 궁금하다. 내게 글을 '주문'했던 편집자들은 정말로 그것을 '청탁'이라고 생각했을까. '원고 발주서'가 너무 제조업스럽다면, 가령 '집필 의뢰서' 정도가 좀더 정직한 표현은 아니었을까. (국어사전을 찾아보니 사전적인 의미에서는 '청탁'이나 '의뢰'나 그게 그거지만, 아마도 대다수는 같은 뉘앙스로 받아들이지 않을 게다. 물론 여전히 나는 사소한 '말꼬투리'로 시비하자는 게 아니다.)

지금 시점에서 돌이켜보면 그야말로 '호랑이 담배 피우던' 아득한 전설 시대이긴 하지만, 정말로 대다수의 저자들이 '갑'이던, 말하자면 '원고'라면 으레 '청탁'해야 하는 것이던 시절이 분명히 있긴 있었다. 적어도 상업출판물로서의 최소한의 완결성을 가진 저작물을 생산해낼 수 있는 현실적 능력이 소수에게 독점되어 있었기 때문이다. 대다수의 저자들은 언론계나 학계와 같은 거칠게 말해 가장 넓은 의미에서의 '지식인 사회'를 배경으로 탄생했고 활동했다. 글을 쓴다는 것은, 적어도 상업출판물의 저자가 된다는 것은, 어떤 의미에서건 일정한 '지식인 사회'의 일원이 된다는 것을 의미했고, 그 사회적 진입 장벽은 터무니없이 높았다. 그러한 까닭으로 저작물의 질을 재는 기준도 그들이 속해 있는 커뮤니티에서의 평판이 가장 우선시되었으며, 예외적인 케이스가 아주 없지는 않았지만 그것이 대중적 명망이나 시장에서의 영향력에도 대체로 반영되었다. 출판은 독자적인 재생산 기반을 가진 산업이라기보다는 그저 '선생님'들의 '말씀'을 대중에게 받아 옮기는 채널로서의 성격이 강했다.

앞서 '소녀시대'의 예를 든 것은 공연히 눈길이나 끌어보자는 실없는 꼼수가 아니다. 연예산업에서 '매니저'라는 직업이 별반 하는 일 없는 '건달'쯤으로 여겨지며 연예인의 잔심부름이나 하는 '가방모찌'로 불리던 그야말로 전설 같은 시절도 분명히 있었다는 것을 떠올려보자. 더구나 내가 다른 자리에서 누차 강조해왔듯이 '책'이라는 상품의 수용 양상이 다른 문화상품과 언제든 대체될 수 있는 소비재의 성격으로 변모해왔다는 정황을 염두에 두자면, 출판산업의 구조를 '엔터테인먼트산업'의 맥락에서 비교해 살펴볼 필요가 있다. 요컨대 문제의 본질은 '자본'이다. 좀더 정밀하게 말하자면 자본의 이익을 극대화하기 위한 '스타 시스템'이다.

물론 연예산업과 출판산업을 평면적으로 단순비교하는 것은 무리가 있다. 무엇보다도 여전히 본질적으로는 '지식산업'으로서의 기저가 잠재해 있는 출판산업에서 연예산업과 구조적으로 하등 다를 바 없는 '스타 시스템'이 작동하게 된 데에는, 사회적으로 틀림없이 '진보'라고 평가할 수밖에 없는 몇 가지 조건의 변화가 배경으로 맞물려 있기 때문이다.

우선 교육 수준이 높아지면서 '지식인 사회'의 외연이 적어도 잠재적으로는 넓어졌다. 그것은 실재하는 '지식인 사회'의 독점적 영향력이 약화되었음을 뜻한다. 여기에 개인용 컴퓨터의 보급을 통해 원고 작성 자체의 물리적 부담이 현격하게 감소되는 한편으로, 흔히 'PC통신'으로 불리던 텔넷으로부터 인터넷에 이르기까지 양방향 매체가 급속도로 보급되면서, 저술 활동에 대한 사회적 진입장벽이 무너져 내렸다. 거시적으로는 폭압적인 군사독재 체제가 와해되며 사회 전반에서 '표현의 자유'의 신장이 이루어졌다. 출판산업도 이러한 변화의 물결에 적극적으로 조응하여 저자를 '발굴'하기 시작했고, 다양한 독자들의 요구에 따라 시장도 분화되면서 저작물의 질을 재는 잣대도 다양해졌다.

만일 이러한 변화 속에서 '지식인 사회'가 더욱 다양한 커뮤니티로 분화되면서 내용적으로 풍성해지는 방향으로 실질적인 외연이 확장되었다면, 출판산업이 성장하는 가운데에서도 출판사는 여전히 저자에 대해 '을'일 수밖에 없었을 것이다. 그것이 저작물의 본질이기 때문이다. 그러나 유감스럽게도 현실은 그렇지 못했다. 소수의 편협한 기준일망정 잠재적으로 상품화 가능성을 가늠하게 해주던 잣대가 무력화되었을 때, 그것은 그 어떤 저작물도 시장 경쟁의 결과를 통해 가치를 인정받을 수 있는 기회가 확대되었음을 뜻하는 동시에 그 경쟁에서 실패할 위험성도 그만큼 커졌음을 뜻한다. 다른 한편 소비자본주의의 가공할 확산은 '책'이라는 상품의 수용 양상에서 '문화상품의 소비를 통한 구별 짓기의 욕망'이 '지적 체험'이라는 책의 전통적인(혹은 본원적인) 사용가치를 압도하도록 소비자들을 이끌어갔다.

이러한 조건 속에서 실패 위험을 줄이려는 자본의 요구와 자신이 취향껏 고른 문화상품이 실은 누구도 알아주지 않는 '듣보잡'이 아닌지 경계하는 소비자의 불안이 타협하면서 필연적으로 나타날 수밖에 없는 것이 '스타 시스템'이다. 시장에서 검증된 '브랜드'는 자본에게 상대적으로 안전한 투자를 가능하게 해주는 한편으로 소비자에게도 안전한 구매를 상대적으로 보증해주는 징표다. 이 점을 가장 극명하게 보여주는 것이 바로 연예산업이다. 연예산업은 태생적으로 이러한 공생 관계에 기반하거니와, 산업 규모가 성장할수록 더욱 극단적인 양상으로 치달아왔다.

진입장벽은 낮아졌나

연예산업에서 잊어버릴 만하면 한 번씩 '노예계약' 논란이 터져 나오는 것에 비하면, 출판산업의 '스타'급 저자들은 출판사에 대해 충분하고도 남는(어쩌면 전통적으로 누려왔던 이상의) '우위'를 여전히 확보하고 있는 것처럼 보일지도 모른다. 그러나 문제의 본질은 그게 아니다. 화려한 조명을 받는 '스타'의 뒤편에서 야멸찬 푸대접을 감수하는 무수한 '무명'들의 존재가 이 시스템이 멈추지 않고 작동하게 하는 핵심적인 토대라는 준엄한 사실이다.

'길거리 캐스팅'이라는 말이 더이상 낯설지 않듯, '스타'를 꿈꾸는 연예인 지망생들에게 연예인이 될 수 있는 기회는 예전에 비해 훨씬 확대되었다. 그러나 더 많은 사람에게 더 많은 기회가 주어지는 만큼 그들이 실제로 '스타'는 고사하고 무대에라도 설 수 있는 실질적인 가능성은 활용가능한 자원이 한정되어 있던 시절에 비해 훨씬 줄었다. 출판산업에서도 이 법칙은 고스란히 적용된다. 기회라는 측면에서만 보면 이제 '진입장벽'은 거의 없다. 누구나 원한다면 출판물의 저자가 될 수 있고 심지어 출판사들이 계약서를 들고 줄을 서는 대중적인 저자를 꿈꾸며 최저생계비에도 못 미치는 저작료에 기대 절치부심할 수도 있다. 하지만 그 가운데 몇 만 부짜리 '대박'까지도 아니고 초쇄라도 소화시키며 다음 저서를 준비할 수 있는 저자조차도 얼마 안 될 것이다. 시장 위험이 높아진 만큼 실질적인 진입장벽도 훨씬 더 높아진 것이다.

이 문화적 황폐함에서 벗어나려면, 적어도 저술 의지가 있는 잠재적 저자가 안정적으로 저술에 매진할 수 있는 환경을 확보하려면, 시장 바깥에서 저작물의 질에 대한 평판이 형성될 수 있는 다양한 공공 커뮤니케이션의 채널이 마련되어야 한다. 그것은 책을 매개로 하는 '독서 커뮤니티'일 수도 있고, 특정 저자의 '팬덤'에 기반한 '마니아 블록'이어도 좋을 것이다. 물론 이것은 협소한 울타리 안에서 독점적 지위를 누리던 커뮤니티의 부활을 기대하는 퇴행적인 주장이 결코 아니다. 경제적인 측면에서만이 아니라 문화적인 측면에서라면 더더욱, 독점은 절대악이다. 과거의 '지식 권력'에 의한 독점이든, 작금의 '시장 권력'에 기반한 자본의 독점이든. 헌법이 보장하는 '출판의 자유'는 예컨대 출판사 설립의 자유나 출판을 통한 영리행위의 자유 따위로 환원될 수 있는 개념이 아니다. '출판의 자유'가 모든 시민의 기본권이라는 것은 시민의 자유로운 저술 활동에 어떠한 진입장벽도 있어서는 안 된다는 의미이며, 엔터테인먼트 산업과 한통속일 수만은 없는 출판산업은 이러한 이상을 현실에서 구현해야 할 막중한 사회적 책무가 있다.

〈기획회의〉 2011.7.20.

문학상, '영광'인가 '족쇄'인가 2011

십여 년 전의 일이다. 안면이 있던 소설가 한 분이 내가 편집장으로 일하던 출판사에 찾아와 신작 소설의 출간 여부를 검토해줄 수 있느냐고 물었다. 몇 해 전 어느 신인문학상을 수상하며 화려하게 등단했던 분이 무명의 신생 출판사를 찾아주었으니 고맙기는 하지만 한편으론 의아스러운 일이었다. 혹시 작품의 수준에 문제가 있나 해서 찬찬히 읽어보았지만, 작가의 역량이 돋보이는 수작이었다.

물론 그럴 만한 사정이 있었다. 시상을 주관하는 출판사에서 장편 3권을 출간해야 한다는 조건이 붙어 있었다는 것이다. 상을 받는 입장에서야 일단 수상의 기쁨이 크기에 이런저런 조건을 따질 계제도 아니었거니와, 오히려 수상작 외에도 아직 쓰지도 않은 작품 2편의 출간이 보장된 셈이니 마다할 이유가 없었다고 한다. 사실 모양새가 좀 사납기는 해도 그 조건 자체가 문제는 아니다. 선의로 보자면, 허울 좋은 시상만 해놓고 나 몰라라 방치하는 것보다야 일정 기간 뒷받침을 해주겠다는 것이 백번 나은 일일지도 모른다.

문제는 그 다음이다. 그 '옵션'만 믿고 신작을 완성해서 출판사에

들고 갔는데, 몇 달째 '검토중'이라는 무책임한 대답뿐이더란다. 차라리 출간이 곤란하다면 그렇다고 명료하게 입장을 정리해주면 다른 경로로 발표할 방법을 찾아보기라도 하겠는데, 가타부타 한마디 없이 그냥 '깔고 앉아 있'으니 '전업 작가'에게 이보다 더 견디기 어려운 일은 없다는 것이 그분의 하소연이었다. 참다 못 해 몇몇 출판사에 출간 여부를 타진해보기는 했는데, 더 황당한 일이 기다리고 있더란다. 출판사 입장에선 혹시라도 '이중 계약' 문제가 발생할까봐 해당 출판사의 명확한 입장을 확인해보게 마련이다. 그런데 "우리 작가니까 손대지 말라"며 "출간을 강행하면 시끄러울 것"이라는 경고를 받고는, 법적으로 전혀 문제가 될 것 없다는('3권'을 출간해야 한다는 것이 '연속으로 3권'을 뜻하는 건 아니니까) 점을 알면서도 공연한 분쟁과 잡음을 꺼려 다들 출간을 포기하더라는 것이다. 그러니까 그분이 내게 물었던 것은 단순히 '작품을 출간해줄 수 있느냐'가 아니라 '혹시라도 그런 분쟁과 그로 인한 잡음이 일어나도 감당할 수 있겠느냐'였던 것이다. 그리 끔찍이도 아끼는 '우리 작가'라면 왜 작가가 소설 쓰다 말고 직접 '영업'에 나서는 지경으로까지 몰아간 건지는 알다가도 모를 일이다.

그저 까마득한 '구석기 시대'일이려니, 한동안 까맣게 잊고 살았다. 그런데 몇 해 전, 어느 지인으로부터 들은 얘기는 그보다 더 참담했다. 꽤나 큰 상금이 걸려 있던 어느 문학상의 수상 작가가 심각한 고민에 빠져 있더라는 얘기였다. 그 문학상에도 어김없이 수상에 따른 조건이 붙어 있었는데, 출판권은 물론 2차 저작권까지 모두 시상기관에서 보유한다는 것이다. 전해 들은 얘기라 확실치는 않지만, 일정 기간의 제한이 있는 게 아니라 아예 사실상 저작재산권을

'양도'하는 내용이었던 것 같다. 설령 기간이 정해져 있었다 해도 받아들이는 입장에서 사실상 '양도'라고 여길 수밖에 없을 만큼 장기간이었던 것만은 분명하다. 그런 조건이 부당하다고 공개적으로 문제 제기를 하고 싶긴 한데, 적잖은 상금은 상금대로 받고 유명세도 누릴 만큼 누린 처지에서 '생각해보니 심히 부당하더라'는 얘기를 꺼내기가 쉽지 않더라는 게 그 작가의 고민이었다. 공연히 '푸념' 한번 잘못했다가 출판계나 문단에서는 '트러블 메이커'로, 독자들에게는 '돈 밝히는 작가'로 '찍힐' 수도 있는 일이었다. 정당한 권리 주장을 하고서도 그런 평판이 늘 뒤따라다니곤 하는 작가는 '원로'급의 반열에 오른 이들 가운데도 부지기수인데, 이제 막 이름을 알리기 시작한 처지에서 감수하기에는 버거우니 '더러워도 참긴' 해야겠더라는 것이다. 유명한 문학상의 타이틀이, 적잖은 상금과 그에 따라붙은 굴욕적인 조건이, 장래가 촉망되는 역량을 보여준 한 작가의 영혼에 깊은 상처를 남긴 것이다.

공정하게 말하자면, 이런 사례들을 싸잡아 개탄하기보다는 좀더 섬세하게 성격을 구별해주는 편이 현실적이다. 가령 다른 업계에도 숱한 공모전들이 있고, 이 경우 '수상'이란 '채택'을 의미한다고 해서 누구도 그 자체에 시비를 걸지는 않는다. 오히려 기껏 시상을 해놓고 엉뚱한 작품을 채택하는 파행(!)이 빚어지면 잡음이 생긴다. 따라서 '수상작은 어떻게 활용한다'는 공모의 목적을 분명히 밝히고 작품을 제출받는다면, '쓰지도 않은 작품'에까지 권리를 주장함으로써 사실상 '노예 계약'이나 다름없는 '인신 계약'을 강요하지 않는 이상 그 자체로 그다지 문제될 것은 없다.

즉 첫 사례에서 그 조건이 정말로 '신인 작가'의 지속적인 또는 추가적인 작품 활동을 지지하려는 '선의'의 발로라면 수상 작품에 대한 상금과는 별도로 일종의 '창작지원금' 지급을 약속하는 내용이었어야 한다는 것이며, 두번째 사례라면 공모를 실시하면서 저작재산권에 관한 조건을 명시했다면 공모에 응하는 행위로써 이미 '만일 수상하게 된다면 그 조건을 따르겠다'는 의사를 표시한 것으로 보아도 큰 무리는 없다는 얘기다. 거시적인 틀에서 문학이 '상업화'되는 양상을 비판할 수는 있을지언정, 그 자체를 놓고 도의적으로 비난할 일은 아니라는 것이다. 또는 현실적인 '권력 관계'에서 절대적 열세에 놓인 무명/신인 작가에게 불공정한 조건은 거절할 수 있는 선택권이 있다고 해서 과연 그런 선택이 현실적으로 가능한 일인지를 묻는 차원에서라면 얼마든지 문제를 제기할 수 있겠지만, 냉정하게 말해 예술가라고 해서 '자본주의적 시장 질서'에서 자유로운 별천지에 사는 건 아닌 만큼, 그런 '폭력적인 구조'를 지양하려는 사회적 노력과는 별개로 이 사회에서 사는 다른 모든 노동자들이 그러하듯이 '기망'이나 '협박'이 개입되지 않은 선택의 결과는 스스로 감당할 수밖에 없다.

그러나 특히 시나 단편소설의 경우 이미 발표된 작품을 대상으로 시상을 하는 경우라면, 달리 생각해야 한다. 쉽게 말해 '이미 발표된 (즉, 책으로 출간된) 장편소설'을 대상으로 하는 상이 있다면, 그건 두말할 나위 없이 '순수하게' 문학적 성과에 대한 아무 조건도 대가도 없는 '사회적 경의'의 표현일 것이다. 사실 언필칭 '상'이라면 그래야만 한다. 그래서인지 장편소설에서는 미발표 신작을 대상으로 하는 공모는 적지 않아도, 기출간작을 대상으로 하는 '진짜' 상은 드물다. 그렇다면 과연 단편소설을 대상으로 하는 숱한 문학상들은 '진짜' 상일까.

문학을 애호하는 독자라면 누구나 경험했을 법한 상황을 예시해 보자. 평소에 주목하던 작가가 모처럼 단편집을 냈다고 해서 반가운 마음에 훑어보다 고개를 갸웃거린다. 정작 그 작가의 '대표작'이라고 할 만한 작품이 수록되어 있지 않은 것이다. 물론 그 작품이 그의 '대표작'으로 꼽히는 이유는 이름 있는 '문학상'을 받기까지 했기 때문이다. '이 작가, 참 겸손하구나'? 그럴 리가 있겠는가. 수상에 조건으로 따라붙은 일정 기간이 지나 훨씬 나중에 쓴 작품들과 함께 '지각 수록'되는 경우라도, 작가에게는 큰 '영광'을 안겨주었을 그 '대표작'의 제목을 그 작품집의 표제로 사용할 수도 없는 경우가 많다. 이것이 앞의 경우와 다른 것은 작가가 '상을 받겠다'고 작품을 제출한 적이 없다는 것이다. 그런데도 수상에 조건을 붙이는 건, 고속도로 휴게소에서 흔히 볼 수 있던 '경품 빙자 판매'와 다를 바가 없는 행태다.

물론 '수상 거부'라는 극단적인 선택의 여지가 아주 없지는 않겠지만, 그런 '망신스런' 사태를 예방하기 위해 '수상 의사'를 확인하는 '비공식적'인 절차를 거친다는 것쯤은 알 만한 사람은 다 안다. 짓궂은 상상력을 발휘하자면, 설령 혹시라도 누군가가 수상자로 '내정'된 상태에서 무슨 이유에서든 수상을 거절하는 바람에 다른 작품이 수상하게 되는 경우가 있다 해도, 일반 독자들은 그런 사정을 전혀 모른 채 최종 확정된 수상작이 '공정한 심사를 거쳐 선정된 최고의 작품'이라고 여길 것이다.

문단이나 출판계에 자성을 촉구하는 건 공허하다. '이권'을 스스로 포기하는 사람은 없기 때문이다. 그러니 독자들이 현명해지는 수밖에 없다. 책을 팔려는 '장삿속'에서 벌이는 '마케팅 이벤트'에 불과한 문학상 타이틀에 현혹되지 않는 대신, 그런 요란한 이벤트를 하지 않아 상대적으로 덜 알려진 '진짜' 문학상에 더 큰 신뢰를 보내면 되는 것이다. 상의 권위는 그렇게 만들어지는 것이 옳다.

〈기획회의〉 2011.11.20.

스마트 교육의 허와 실

2011

2011년 추석 연휴 기간 동안 '잠정'이라는 말이 주요 포털 사이트의 검색어 순위 1위를 차지했다고 한다. 무슨 영문인가 알아보니 어느 인기 연예인의 '잠정 은퇴'를 알리는 소식에 '잠정'이라는 말의 뜻을 가늠하기 어려웠던 사람들이 몰려 정작 그 연예인의 이름보다 또는 '은퇴'라는 사건의 실체적 내용을 기술한 말보다 더 주목을 끄는 기현상이 벌어졌다는 것이다.

인터넷 검색 사이트를 이용해서라도, 또는 연예인의 동정에 대한 관심을 매개로라도, '잠정'이라는 말의 뜻을 모르던 사람들이 알게 되었다면 그건 다행스러운 일이다. 그러나 그 모든 사람들이 글을 배운 이래 수많은 문서들을 접하면서 '잠정'이라는 말을 한 번도 마주친 적이 없었다고 보기는 어렵다. 대개는 그때마다 일부러 사전을 찾아 정확한 뜻을 확인해보지는 않았겠지만, 앞뒤 문맥을 살펴 어렴풋하게라도 뜻을 짐작했을 테고 그런 일이 되풀이되면서 점차 의미를 좀더 명료하게 파악해가는 게 보통이다.

따라서 사용 범위가 제한된 전문용어가 아니라면, 그것은 더는 많은 사람들이 글을 이런 방식으로 읽지 않게 되었다는 것을 뜻할 수밖에 없다. 다시 말해 글을 읽다가 낯선 단어가 나와도 앞뒤 문맥을 살펴 대략의 뜻이라도 짐작하려 하지 않거나, 사전을 따로 찾아야 할 만큼 뜻을 짐작하기 어려운 단어를 되풀이 마주친다 해도 이런 사정이 크게 달라지지는 않는다는 것이다. 그것은 가령 적어도 인기 연예인의 은퇴라는 '충격적인' 소식을 접하기 전까지는, 그 어떤 문맥에서조차도 '잠정'이라는 낯선 말의 뜻을 전혀 궁금해하지 않았으며 나아가 그래도 아무런 불편이 없었기 때문일 것이다.

이와 유사한 사례는 근래 들어 주변에서 흔히 마주칠 수 있다. 그럴 때마다 식자 든 기성세대들은 '요즘 젊은 것들'의 무식을 개탄하곤 하지만, 그런 개탄을 일삼는 어느 누구도 '사전'을 달달 외워가며 열심히 공부해서 수많은 단어의 뜻을 깨우친 건 아닌 만큼, 더 많은 공부를 더 열심히 시킨다고 해서 이 문제가 해결될 성싶지는 않다. 무식하다고 나무라기는 쉽지만 어떻게 하면 무식하지 않을 수 있는지 뾰족한 답을 내놓기는 어렵다는 것이다.

사실 이러한 상황의 원인은 아주 단순하다. 기초 독서량이 터무니없이 부족한 데다가 그나마 읽는 책들조차도 '한 구절 한 구절의 의미를 꼼꼼하게 새겨 읽을 것'을 어느 누구도 요구하지 않기 때문이다. 게다가 독서교육을 강화한다고 내놓는 정책들마저 오히려 이런 악순환을 심화시키기까지 한다. '책을 어떻게 읽느냐'보다는 '어떤 책들을 얼마나 많이 읽느냐'라는 계량적 지표를 통해 독서교육의 성과를 평가하려는 발상을 포기하지 못하는 탓이다.

2011년 6월 29일 교육과학기술부가 발표한 '스마트 교육 추진 전략'은 이미 광범위하게 드러나고 있는 기초 독서의 부실과 이로 인한 독해력과 표현력의 황폐화를 더욱 부추길 것이 분명한 내용들을 담고 있어 매우 우려스럽다. 2015년까지 서책형 교과서를 모두 디지털 교과서로 전환하고 정규교과의 온라인 수업을 활성화하겠다는 내용을 핵심으로 하는 이 정책이 가시화된다면, 학생들이 '무거운 책가방'에서 해방되거나 '교과서와 참고서를 따로 구입해야 하는' 경제적 부담이 완화될지는 모르겠지만 모든 학습의 기본이 되는 '언어를 다루는 능력'은 특별히 따로 비용을 들여 사교육으로 보완하지 않는 한 급격히 저하될 것이다.

이러한 전망은, 이 정책이 목표하는 '맞춤형 학습'이나 '자기주도적 학습'의 확대와도 정반대의 방향을 가리키고 있다. 책을 단지 정보 전달의 수단으로만 본다면, 시대에 뒤떨어진 가장 비효율적인 매체로 여겨질지도 모른다. 정보통신 기술의 발달이 책보다 훨씬 효율적이고 더욱 감각적인 정보 전달 수단을 창출해왔던 것도 틀림없는 사실이다. 그러나 책만큼 '수용자중심적'인, 다시 말해 '자기주도적'인 매체는 없다. 책의 지면이 모니터 화면의 프레임보다 공간적으로 훨씬 개방적이라는 점은 '책 넘김'보다 '화면의 이동'이 좀더 의식적인 행위라는 점에서 잘 드러나며, 시간의 흐름을 전제하는 동영상의 경우라면 '책 읽는 속도'는 전적으로 수용자(독자)에 의해 자유롭게 결정된다는 점에서 책이 동영상보다 훨씬 자유롭다는 것을 쉽게 알 수 있다.

게다가 가령 '생각하는 방법'을 가르쳐주는 것은 '생각하는 방법'에 대한 정보가 아니다. 그것은 (흔히 책의 쓸모를 의심할 때 동원되곤 하는 비유가 말하는 바 그대로) '고기 잡는 방법'에 대한 책을 읽는다고 해서 '고기 잡는 방법'에 숙달되지 않는 것과 똑같은 이치이다. 만일

단지 '고기 잡는 방법'에 대한 정보가 필요하다면, 책을 찾아 읽는 것보다는 인터넷에서 검색을 해보는 것이 훨씬 효과적일지 모른다. 그러나 '고기 잡는 방법'에 숙달되고자 한다면 그 이전에 '실제로 고기를 잡아보는 체험'이 필요할 것이다. 이 자명한 이치를 '생각하는 방법'에 적용해보자. 언필칭 '스마트'(똑똑한)라면 인터넷 검색 능력 따위가 탁월하다는 뜻이 아니라 그 광활한 '정보의 바다'에서 가장 적절한 정보를 추출해내는 능력이 뛰어나다는 뜻이며, 이것은 결국 '생각하는 방법'에 얼마나 능숙한가에 달려 있을 테니까 말이다.

단지 '생각하는 방법'에 대한 정보를 전달하는 것이라면 책보다 인터넷이 더 효과적일 수 있지만, 그것만으로 '생각하는 방법'에 숙달되게 할 수는 없다. '실제로 생각해보는 체험'이 필요한 것이다. 그러나 불행히도 '고기를 잡는' 행위는 눈에 보이고 몸으로 확인할 수 있는 일이지만, '생각'은 그 자체로는 눈에 보이지도 않고 몸으로 느낄 수도 없으며 '실제로 생각을 해보고 있는지'를 확인할 방법도 실은 없다. 그러니 '생각하는 방법'을 가르칠 방법도 실은 없는 셈이다. 그런데도 인류는 '생각하는 방법'을 배워왔고 또 발전시켜 왔다. 그것이 가능했던 것은, 눈에 보이지도 않고 몸으로 확인할 수도 없는 '생각'을 언어(음성언어와 문자언어)라는 물리적 실재로 치환할 수 있었기 때문이다. 이때 책이라는 도구는 '실제로 생각해보는 체험'을 매개하는 데 그 어느 첨단매체와도 비교할 수 없는 가장 효과적인 수단이 된다.

전체적인 의미가 한눈에 들어오지 않는 긴 문장을 여러 번 되풀이해 세심하게 '소리내어' 읽거나 공들여 '손으로' 베껴 쓰는 일은, 정보 전달의 효율이라는 측면에서는 엄청난 낭비임에 분명하고 학습자 입장에서도 지겹기만 한 낡은 관습으로 여겨질지 모르지만, 실은 언뜻 무의미해 보이는 그 반복적인 행위들이 우리 머릿속에 '생각하는 방법'을 튼튼하게 구조화한다. 어휘의 선택이나 문장 안에서 어휘들이 맺고 있는 관계야말로 그 글을 쓴 사람이 '생각하는 방법'을 고스란히 나타낸다. '교과서'란 적어도 '생각하는 방법'을 본받을 만한 글들을 모아, 그것을 여러 번 '소리내어' 읽기도 하고 '손으로' 베껴 써보기도 하면서 다른 무엇에 앞서 '생각하는 방법'을 익히는 수단으로서 기능해야 하는 것이다. 서책형 교과서가 다양한 멀티미디어를 활용한 디지털 교과서로 대체되었을 때, 더 많은 정보를 더 효과적으로 전달할 수 있을지는 몰라도 그 이전에 과연 이런 가장 기본적인 기능을 제대로 할 수 있을지는 매우 의심스럽다.

그 결과가 얼마나 참혹할지는 지금도 이미 눈앞에 펼쳐지고 있다. 독서 시장이 날로 위축되어 온 것은 어제오늘 일이 아니다. 본래적인 의미의 '독자'는 하루가 다르게 줄어드는 대신, '책의 형태를 띤 유행상품'의 '소비자'들이 불안하기 짝이 없는 출판 시장의 규모를 간신히 유지해주고 있는 형편이다. 물론 그 가장 큰 원인은, 대학 입시에 볼모 잡힌 채 지적·정서적 자극에 가장 예민한 시기를 오로지 '시험을 치르기 위한 지식'을 누가 더 많이 채워넣는가에만 매달리도록 하는 교육 때문이다. '책을 읽는 방법'도 '생각하는 방법'도 제대로 익힌 적이 없이 온통 '효율적인 정보 습득'만을 강요당했으니 '독자'가 만들어질 리가 없는 것이다.

가뜩이나 이런 상황에서 그 '효율성'을 더욱 첨단적으로 진전시키겠다는 '스마트 교육'은 붕괴 직전에 놓인 출판산업을 더욱 빠른 속도로 무너뜨릴 뿐이다. 일부 발 빠르게 시류에 영합하는 이들은, 시스템이나 콘텐츠 개발에 뛰어들어 '위기를 기회로 만드는' 묘기를 선보일지도 모르겠지만, 지금껏 책만 만들었던 출판산업보다는 멀티미디어 사업 경험을 축적한 정보통신산업 쪽에 훨씬 유리할 것이고 자본의 규모 면에서도 비교가 필요 없을 정도이니 그런 '묘기'가 결코 쉽게 성공하지는 못할 것이다.

〈출판문화〉 2011.10.

편집 노동자의
인권과 생산성이 양립하려면 2012

어느 출판사가 신입 편집자를 채용하면서 합격 통보 하루 만에 채용 취소를 통보한 일로 출판계 안팎에 논란이 일었다. 그러나 이 글이 새삼스럽게 이 사건의 시시비비를 가려 왈가왈부하기 위한 것은 아니다. 이미 당사자 사이에 원만하게 합의가 이루어져 공개적인 사과로 일단락된 문제를 재론하는 것은, 뜻하지 않은 일로 마음고생을 치른 당사자들에 대한 예의가 아닐 터이다. 다만, 이번 사례가 출판산업의 구조에 엄중하게 제기하고 있는 질문들에 진지한 고민의 계기를 마련해보자는 것이 이 글의 취지이다.

가령 하루 만에 뒤집힐 수도 있는 어설픈 판단으로 채용을 결정한 것이 경솔하고 미숙했다고 지적하는 건 그 자체로 옳다. 순수하게 논리적으로는 '불합격 사유'가 정당한지도 당연히 문제가 되겠지만, 현실적으로 설령 그 사유가 명백하게 부당하다 할지라도 그것을 (미숙하게도 혹은 뻔뻔하게도) 명시적으로 제시하지 않는 한 사회적인 문제가 제기될 가능성은 거의 없을 테니까. 아마도 많은 출판사에서 '그러니까 애초에 잘 살펴보지 그랬어'라거나 '이런 망신 안

당하려면 좀더 잘 살펴보고 신중하게 결정해야'쯤의 생각으로 이어졌을 것이다. 그런데 여기서 그냥 끝나버린다면, 매우 역설적이게도 더욱 광범위하고 정교한 '사찰'(?)을 부추기는 셈이 된다.

사실 고작 두어 장의 자기소개서와 몇 십 분의 면접만으로 편집자의 자질과 능력을 가늠하는 건 결코 쉬운 일이 아니다. 하지만 '어차피 주관적인 판단의 영역'이라는 그럴듯한 방패막이를 세워놓고는, 누구라도 충분히 수긍할 수 있는 투명하면서도 정교한 평가 기준을 마련하려는 노력이 미흡한 것이 현재 한국 출판산업의 맨얼굴이다. 문제의 본질은, 예컨대 '트위터가 공개적 활동인가 사생활인가'가 아니라, 왜 (우연히든 일부러든) 트위터만 들여다봤어도 알 수 있는 것을 전형 과정에서 알아차리지 못했는가이며, 그렇다면 트위터를 본 뒤의 판단은 도대체 어떻게 신뢰할 수 있는가이다. 요컨대 막연한 '감'은 결코 '주관적 판단'이 아니다. 편집자의 노동력이란 전인격적이며 종합적이고 총체적이라는 특수성을 충분히 인정하더라도, 그렇기 때문에라도 더더욱 그 특수성에 걸맞는 다양한 평가 도구와 전형 기법을 개발하고 공유해야만 한다는 과제가 남겨지는 것이다.

그보다 더 근본적인 문제도 있다. 이번 사례에서 가장 큰 비난이 쏟아진 부분이기도 하거니와, 과연 한 개인의 고유한 '성격'이 '해고 사유'가 될 수 있는가라는 매우 예민한 질문이다. 물론 건강한 인권 의식을 가지고 있는 사람이라면 '당연히 그렇지 않다' 또는 '그래서는 안 된다'라고 단순명료하게 대답할 수 있다. 그러나 편집자가 도대체 어떤 일을 하는 사람인지 조금이라도 고민해본 사람이라면 '하지만 그럴 수밖에 없다'고 하소연(?)할 수밖에 없다. 이 딜레마를 직시하지 않고서는 이번 사례와 유사한 일은 언제든 어느 출판사에서든 재연될 수밖에 없으며, 실은 지금 이 순간에도 어디선가 일어나고 있을 것이다. 미리 말하자면, 이것은 결코 '이상'과 '현실'의 문제도 아니고, 현실적으로 노사 대립으로 나타날 때조차도 '자본'과 '노동'의 문제로 환원될 수 있는 문제도 아니다.

가령 어느 작가(또는 화가나 조각가라도 좋다)가 혼자 힘으로는 감당할 수 없는 방대한 작업량이 예상되는 대작을 구상하면서, 그 구상을 함께 구체화할 다른 작가와 '공동 창작'을 시도한다고 하자. 당연히 그동안의 작품 경향 등을 참고해서 신중하게 제안을 하겠지만, 아무리 세심하게 살펴도 놓치는 문제가 있을 수도 있고 또는 이전에는 전혀 드러나지 않았던 문제가 함께 작업하는 과정에서 새롭게 불거질 수도 있다. 이때 그 문제가 가시적으로 드러나는 기량의 문제가 아니라면, 쉽게 말해 생각했던 만큼 글솜씨가 신통치 못하더라든가 하는 문제가 아니라면, '공동 작업'을 거절해서는 안 되고 그럴 경우 그것을 '부당 해고'라고 볼 수 있는가. 일반적인 노동권의 관점에서 접근하자면, 당연히 그렇게 볼 수 있고 그렇게 봐야만 한다. 적어도 먼저 자신의 구상을 제안한 작가가 작업 방향에 주도적인 결정권을 가지고 있다면, 숱한 '특수고용'에서 드러나듯 '고용계약'의 형식을 취하지 않았다 하더라도 '일정한 노동력을 제공하고 보수를 받는' 고용관계라는 본질을 부인할 수는 없을 터이다.

그런데 여기에는 두 가지 문제가 있다. 만일 글을 쓰는 일이 가시적인 결과로 드러나는 기량의 문제로 환원될 수 있다면 작가란 그저 '글 쓰는 기술자'에 불과할 것이다. 게다가 설령 그럴 수 있다 해도 '글 솜씨가 훌륭하다'거나 '글 솜씨가 신통치 못하다'는 것은 또 무

슨 재주로 가릴 것인가. 결국 '공동 창작'이란 각자가 가진 '고유성'
이 하나의 작품 안에서 얼마나 조화롭게 발현되는가에 따라 완성도
가 달라질 테고 나아가 완성도의 기준도 각자가 가진 고유성에 따라
달라질 수밖에 없다면, 결국 남는 문제는 서로가 가진 고유성이 전
인격적인 신뢰 속에서 용인할 수 있는 범위에 있는가뿐이다. 상대
방의 퍼스낼리티에 대한 전인격적인 신뢰가 없다면 '공동 창작'은
애당초 불가능하다.

　편집자는 작가가 아니지 않냐고 반문할지도 모르겠다. 게다가 편
집자는 자기가 맡은 책에 대해 책임질 뿐, 같은 회사의 동료와 '같은
책'을 함께 만드는 건 아니지 않냐고 이 비유의 부적절함을 지적할
지도 모르겠다. 물론 편집자는 작가가 아니지만, 오히려 그래서 문
제가 더 심각하다. 작가는 작품으로 말할 수 있지만, 편집자는 책으
로 말할 수 없다. '잘 쓴 글'에는 작가의 고민 과정이 고스란히 드러
나지만 '잘 만든 책'에서는 편집자의 고민 과정이 드러나지 않는다.
그래서 '잘 쓴 글' 하나만 보고도 그 작가가 쓰게 될 글이 얼마나 완
성도를 가질지 잠재성을 가늠하는 것이 어느 정도는 가능하지만,
'잘 만든 책'을 포트폴리오로 내세우는 편집자가 다른 책도 그렇게
잘 만들어낼 수 있을지는 며느리도 모르는 일이다. 그리고 바로 그
런 이유에서 출판사를 '공동 창작'에 비유할 수 있게 된다.

　달리 말해, 편집자는 예술가가 아니라 굳이 말하자면 '상품 개발
자'이고, 작품의 '완성도'가 아니라 상품의 '생산성'으로 평가받는
다. 문제는 편집자의 생산성을 계량할 방법이 없다는 것이다. 가령
어느 벽돌공이 하루에 벽돌 300장을 찍을 수 있는 노동력을 가지고
있다면, 그 일을 무리 없이 해내는 한 그의 성격이나 사생활을 문제

삼을 이유는 전혀 없다. 이와 달리 편집자의 '생산성'은 오로지 '판매 실적'에 의해서만 가시화된다. 벽돌이 안 팔려 창고에 쌓여 있는 건 벽돌공의 책임이 아니지만, 애써 만든 책이 안 팔리고 있을 때 편집자가 그 책임을 피할 수는 없다. 그런데 점쟁이가 아닌 이상 책을 만들기 전에 얼마나 팔릴지 정확히 예측하는 건 불가능한 일이기 때문에, 그 위험을 분산하지 않는다면 출판은 '도박'이나 다름없게 된다. 그런 의미에서 출판사는 기능적으로 (자본이 노동력을 고용하는) '기업'이라기보다는 (근본적으로 독립적인 고유성에 기반한 개인이 위험을 나누기 위한) '동업자조합'에 더 가깝다. 이때 어떤 사람에게 구성원으로서의 자격을 부여할 수 있는가는, 순전히 그가 가진 잠재적 위험도(생산성의 이면)가 다른 구성원들이 용인할 만한 수준인가에 달려 있을 수밖에 없다. 그리고 이렇게 되는 순간 '인권 침해'의 가능성이 언제든 현실로 나타날 수 있는 것이다.

이것은 심각한 딜레마다. 가령 이번 사례의 해결 과정에서 제시된 '노동조합'이라는 해법은, 그 자체로 매우 훌륭하고 현 단계에서 상정할 수 있는 가장 전향적인 대안일 수 있다. 그러나 그렇다 해도 본질적으로 달라지는 것은 없다. '사업자'가 '노동자'의 성격을 트집 잡는 게 '인권 침해'라면, 똑같은 문제를 '노동조합'이 제기한다고 해서 '인권 침해'가 아니게 되는가. 설령 아주 이상적으로 '노동조합'이 인사권을 전적으로 행사하는 상황이라도, '함께 일할 수 없는 사람'은 그저 '함께 일할 수 없는 사람'일 따름이고 아마도 과연 그러한가를 다투기라도 할 양이면 그 과정에서 숱한 '인권 침해'가 벌어지는 지옥을 피할 수 없다. 노동조합이 다수 조합원의 이해를 대변해야 한다면, 심지어 비인간적인 직장 내의 '왕따'조차도 얼마든지 정당화될 수 있다.

나는 모든 사람이 그 누구로부터도 자신의 머릿속을 검열당하지 않기를 바라며, 자신의 고유한 성격이나 생활 방식을 이유로 고용 상의 불이익을 당하지 않기를 바란다. 이건 민주 사회의 시민으로 서 상식이다. 그러나 다른 한편으로 편집 노동의 생산성이 그의 고 유한 성격이나 생활 방식을 포함한 총체적인 인격에서 비롯된다는 준엄한 사실을 부인할 도리도 없다. 지금껏 이 딜레마가 심도 있게 논의되지 못한 것은, 생산성 확보를 위해 인권이 희생되어도 어쩔 수 없다는 안이함과 편집 노동의 특수한 성격에 대한 모든 고민을 '교묘한 물타기'로 치부하며 현실성 없는 구호만을 되뇌는 관성이 절묘하게 '(적대적으로) 공생'하는 관계를 유지하고 있기 때문이다.

그렇다면 대안은 있는가. 물론 좀더 깊은 논의가 진전돼야 하겠 지만, 우선 시장 위험을 개별 출판사가 아닌 사회의 공공 영역이 감 당할 수 있는 제도적 대안을 만들기 위해 머리를 맞대야 한다. 위험 이 완화된 조건에서라면, 구성원에게 용인할 수 있는 신뢰의 수준 이 한결 너그러워질 것이고 '인권 침해'의 소지가 그만큼 줄어들 것 이기 때문이다.

더 근본적인 방안도 있다. '공동 창작'의 비유를 다시 끌어들이자 면 '공동 창작'에 참여하는 길 말고는 작품 활동이 현실적으로 불가 능한, 즉 출판사에 취업하는 것 말고는 편집자로서 책을 만들 기회 를 얻을 수 없는 구조를 타파하는 것이다. 오로지 자신이 만든 책으 로만 말할 뿐 자신의 고유한 성격이나 생활 방식을 어느 누구에게도 검열당하는 것을 거절하겠다는 편집자는, 굳이 출판사 조직을 통해 다른 편집자들과 위험을 나누는 대신 자신이 만든 책의 성과와 위험을 스스로 감당하면 될 일이다. 실제로 고유성에 기반한 노동을 하는 숱한 직업 가운데 기업에 고용되는 형태를 취하는 것은 편집자가 거의 유일하다. 역시 더 정교한 고민이 필요하겠지만, 독립 편집자의 출판 활동을 공공적으로 지원할 수만 있다면 그래서 자신의 생산성에 대해 '고용주'가 아닌 '공공 지원 체계'에 오로지 결과물로서만 책임질 수 있도록 한다면, 얼마든지 가능한 일이다. 그렇게 되면 ('기업'에 고용되는 것이 아니라) 신뢰할 수 있는 편집자와 '동업조합'을 구성하는 데 자발적으로 참여하든, 고집스럽게 독립적으로 활동하든, 그건 전적으로 개인의 선택이 될 것이고, 자본이 굳이 출판산업에서 이익을 얻고 싶다면 출판사를 설립해 편집자를 '고용'할 것이 아니라 편집자들의 '조합'이나 독립 편집자에게 투자를 하고 배당을 요구하면 될 것이다.

성급한 결론일지는 모르지만, 아무리 더 많은 방안을 떠올려봐도 '출판산업의 공공화'라는 대전제에서 벗어날 수 있을 성싶지는 않다. 물론 이것은 해답이 아니라 질문이다. 더 많은 출판노동자들이 내가 이 글에서 던진 질문에 진지하게 응답하고 나오기를 바라는 마음 간절하다.

〈기획회의〉 2012.5.5.

〈출판저널〉은
'국내 유일의 출판정론지'인가

2011

〈기획회의〉301호 '발행인의 말'에서 〈출판저널〉을 가리켜 "국내 유일의 출판정론지"라고 언급한 것을 보고 기겁을 했다. 그 글에서도 친절하게 따옴표를 붙였듯, 이것은 〈출판저널〉이 스스로를 지칭한 표현이라는 사실을 알고는 고소를 머금었다. "그래, 한때는 그랬던 적이 있었지." 이제는 많은 사람들의 기억조차 어슴푸레해진 까마득한 옛일이지만, 나는 똑똑히 기억하고 있다. 온 나라가 월드컵 열기에 휩쓸리던 지난 2002년 6월 내가 알던 '국내 유일의 출판정론지' 〈출판저널〉은 (서울시 주민투표 이후 유행어가 된 말투를 빌자면) '사실상' 폐간되었고, 그 분명한 사실을 기억하고 기록으로 남겨두기 위한 기념문집 『차라리 깃발을 내려라』(지호)가 출간되기도 했다.

그 뒤 출판문화협회가 〈출판저널〉의 제호를 도둑질했을 뿐인 '짝퉁'을 찍어내다가 포기해버렸을 때 나는 십년 묵은 체증이 내려가는 듯 후련했다. "드디어 깃발을 내리는군." 그런데 '짝퉁'에 불과한 그 제호에 무슨 귀신이라도 씌었는지 명줄이 쉽게 끊어지지는 않았다. 문득 궁금해졌다. 그렇다면 혹시나 내가 알던 '국내 유일의 출판정론지'가 부활하기라도 하는 걸까. 그러나 그 궁금증은 얼마 가지 못했다. 역시나 "한 번 짝퉁은 영원한 짝퉁!"일 따름이었다. 폭언인가. 그렇지 않다. 내가 알던 '국내 유일의 출판정론지'의 기억을 더 들어보자.

"어떤 이들은 〈출판저널〉에서 일간지들의 북 섹션과 차별화되는 특별한 정보를 얻을 수 없었다고 폄하하곤 하지만, 이것은 대학가의 인문사회과학 서점이 시내 대형 서점에도 버젓이 한 구석을 차지하고 들어선 인문사회과학 코너와 무엇이 다르냐고 묻는 것만큼이나 어리석은 문제 제기이다. 거기에는 단지 손에 잡히는 정보 가치 이상의 무엇이 있다. 그것을 거창하게 한 시대를 호흡하는 시대정신의 숨결이라 해도 좋고, 영리를 목적으로 하지 않는(적어도 영리만을 목적으로 하지는 않는) 우직한 시선의 질감이라 해도 좋다."(내 글, 「모든 사라져가는 것들을 위하여」, 『차라리 깃발을 내려라』)

나만이 아니다. 이 기념문집에서 〈출판저널〉을 함께 기억하려 했던 이들 대부분이 〈출판저널〉(당시에 썼던 내 초고를 찾아보니 그냥 〈저널〉이라고 표기되어 있었다. 분명히 그랬다. 당시 이 바닥 사람들에겐 〈저널〉이라고만 해도 그건 〈출판저널〉이라는 뜻이었다.)의 성격을 '서평지'라고 못박아 말하고 있다. 하지만 현재의 〈출판저널〉(이라 부르기도 싫지만)에는 서평다운 서평을 찾아보기 어렵다. '신간 정보'가 있을 뿐(그나마 정기구독을 하는 출판사의 책들을 위한 지면이란다. 기사와 광고를 바꾸다가 '사이비언론' 시비에 휘말리곤 하는 3류 매체들이 하는 짓과 무엇이 다른지 잘 모르겠다.)이고, 얄팍한 소재주의로 가십성 호기심이나 자극할 법한 내용(예컨대 제목이 '…란 무엇인가'로 붙은 책들, 제목에 숫자가 사용된 책들 등등)에 버젓이 '블로거 독서'라는 타이틀이 붙어 있는 게 고작이다. 요즘은 책이 아니라 책 제목을 읽는 것을 '독서'라고 하나보다. 가물에 콩나듯 '서평'의 형식을 갖춘 글이 아주 없는 것은 아니지만, 언감생심 '시대정신의 숨결'이나 '우직한 시선의 질감'을 확인하기엔 빈약하기 이를 데 없다.

아무래도 '정론'이라는 말이 객지 나와서 무척 고생한다는 생각이 들어 국어사전을 뒤졌더니 "정당하고 이치에 합당한 의견이나 주장"이라 풀이되어 있다. '서평'이란 당연히 비평의 시선이 전제되는 글이고 보면 '서평지'를 '정론지'로 여기는 것은 당연한 일이겠지만, 원조 〈출판저널〉이 '정론지'였던 것은 단지 무게 있는 서평 때문만이 아니었다. 출판계의 이슈에 발빠르게 대응해 여론을 형성하는 기능을 적잖이 담당했기에 우리는 그 잡지를 그저 〈저널〉이라고 부르곤 했을 것이다. 그리고 보면 〈출판저널〉의 지면에 거의 유일하게 실렸던 내 글도 '공공도서관의 인프라 확보'를 주장하는 내용이었던 것 같다.

그런데 짝퉁 〈출판저널〉에는 도무지 '의견'이나 '주장'을 찾아볼 수도 없다. 아니 그 이전에 아예 '이슈' 자체가 실종되어 있다. 출판계에 종사하는 아무나 붙들고 물어보라. 지난 1년 사이에 출판계의 최대 현안이 무엇이었는지. 모르긴 해도 십중팔구는 '대형 오픈마켓이 촉발한 과당 할인경쟁'이라고 입을 모을 것이다. 출판산업의 근간을 뒤흔드는 사태가 벌어지고 있는데도 명색 '저널'을 자처하는 이 매체의 지면은 참 한가롭다. 그나마 기껏 비중 있게 다루었다는 이슈 비스무레한 게, 혹시 출판정치꾼들에게라면 화끈할지 몰라도 현장 출판인들에게는 딴 나라 얘기에 지나지 않는 '대한출판문화협회 70년 위상' 타령이 고작이다. 현실을 몰라도 이렇게 모른다. 세상에 이런 '정론지'도 있나.

더 가관인 건, 제목의 글자 수니 페이지수니 정가니 하는 책의 본질과 전혀 상관없는 수치로 순위매기기를 하면서 배짱 좋게도 '이슈&트랜드'라는 타이틀('이슈'는 그렇다 치고 '트랜드'도 무척 고생한다)을 떡하니 붙여놓고 있다는 것이다. 잡지란 본디 잡스러워야 제맛인즉 '정론지'라고 해서 꼭 진지한 내용만 담아야 하는 건 아니지만, '가십'과 '이슈'도 구별하지 못하는 건 참 딱한 일이다. 아니 제목 읽기를 '독서'라고 여기는 걸로 봐선 정말로 '가십'을 '이슈'라고 생각하고 있는 건지도 모르겠다. 그러고 보면 하고많은 업계 현안 다 모르쇠하면서도 유독 출판문화협회에 새삼 주목한 것도 우연이 아닌 게다. 이럴 바에야 아예 '선데이 출판'이나 '출판 야담과 실화'쯤으로 제호를 바꾸는 게 정직한 일이지 싶다.

사실 제대로 된 '정론지'라면 '외고'가 어느 정도의 비중을 확보해야 한다. 그래야 다양한 '의견'과 '주장'들 사이의 균형을 통해 그 매체의 시선을 드러낼 수 있기 때문이다. 그러나 이 잡지에는 외고도 별로 없다.

이 잡지에서 가장 비중을 많이 차지하는 지면은 '사람'이다. 일견 참신한 발상이다. 백걸음을 양보해 '리뷰'나 '이슈'가 빈약하더라도, '사람'을 통해서라도 '시대정신의 숨결'이나 '우직한 시선의 질감'을 충분히 담아내고 있다면, 간접적으로나마 '의견'과 '주장'을 펼치는 '정론지'의 역할은 하는 셈이라고 평가할 수도 있을 게다. 원조〈출판저널〉이 권위를 가지던 시대와는 분명 여러가지 환경이 달라졌으니 그쯤은 시대의 변화에 따른 자연스러운 적응이라고 이해하지 못할 것도 없다. 그런데 인터뷰 대상 인물 선정에서도 대상 인물에 접근하는 시선에서도 도무지 어떤 일관된 흐름이 보이지 않는다. 아무리 잡지란 본디 잡스러워야 한다 해도, 중구난방의 백화점식 나열에서 어떤 '정론'이 생겨나는가. 아니 이런 식으로 말하는 건 백화점에 대한 모욕이다. 백화점에도 나름대로의 색깔과 콘셉트는 있게 마련이고 정말 이렇게 마구잡이로 장사했다간 망하기 십상이니 말이다.

이런 실속 없는 눈요깃거리들을 걷어내고 냉정하게 알맹이만 간추리자면, 유용한 내용이 아주 없는 건 아니다. 가령 해외출판동향을 부지런히 소개한다거나 출판과 관련된 업계 안팎의 뉴스들을 챙기는 건 다른 매체에서 접하기 어려운 이 잡지만의 미덕이다. 흘러넘치는 정보의 홍수 속에서 어떤 소재를 얼마만큼의 비중으로 지면에 반영할지에는 당연히 편집자의 시선이 개입할 수밖에 없다 할지라도, 본질적으로 이런 정보들은 '의견'이나 '주장'을 그리 강하게 전제할 필요가 없는 가치중립적인 특성을 가진다. 그렇다. 이 잡지는 '정론지'가 아니라 '정보지'인 것이다. 그래야 인터뷰가 중구난방인 것도 비로소 이해할 수 있다.

아닌 게 아니라, "일본에는 출판전문지가 없다. 종합 미디어잡지에서 출판을 다루고 있지만 출판만을 다루는 전문잡지는 몇 년 전에 휴간을 선언한 〈편집회의〉 이후에 다시 등장하지 않고 있다."는 한기호 소장의 글(〈기획회의〉 300호 '기념사')에, 엉뚱하게도 신간발행 정보에다 약간의 출판소식을 전하는 소식지에 불과한 〈출판뉴스〉와 〈출판월보〉 등의 예를 들어 반박하기도 했다니, 확실히 〈출판저널〉의 발행인은 '정보지'를 '출판전문지'라고 굳게 믿고 있는 듯하다.

그리고 그런 오도된 믿음에는 근거가 아주 없지도 않다. 그건 '국내 유일의 출판정론지'였던 원조 〈출판저널〉의 전통과는 아무런 상관이 없는, 대한출판문화협회에서 그 제호를 도용(혹자는 합법적인 '발행처 이관'이라고 반론할지 모르겠으나, 그건 '성공한 쿠데타는 처벌할 수 없다'거나 '한일합방은 국제법상 유효한 조약'이라는 도착된 논리와 하등 다를 바 없는 치졸한 억지다. 고용승계는커녕 에디터십의 연속성조차 전혀 보장되지 않은 형식적인 발행처 이관은 분명 '제호 강탈'이었다.)한 짝퉁 〈출판저널〉의 성격이었다. 실은 바로 그 목적을 위해 '국내 유일의 출판정론지'의 에디터십을 일궈온 기자들을 '잠정 휴간'이라는 꼼수를 써가며 거리로 내몬 것이다. 다시 말해 현재의 〈출판저널〉은 자신의 뿌리를 전통과 권위로 기억되는 원조 〈출판저널〉이 아닌 짝퉁 〈출판저널〉에 두고 있는 것이다.

'정보지'도 잡지다. 그러니 떳떳하게 그 성격을 표방하고 계속 지금과 같은 잡지를 낸다면 누구도 왈가왈부할 까닭이 없을 것이다. 대한민국에는 언론과 출판의 자유가 있으니 말이다. 다만 '국내 유일의 출판정론지'라는 낯간지러운 분칠은 그만두는 게 좋겠다. 지금의 〈출판저널〉은 '정론지'가 아니라 '정보지'일뿐더러, '출판정보지'는 이미 적어도 십여 종이 발간되고 있으니 '국내 유일'도 아니다. 그리고 그 사실 앞에 떳떳해진다면 더는 굳이 〈출판저널〉이라는 제호로 어설픈 눈속임을 할 필요가 전혀 없다는 뜻이기도 하다. 다시 강조하거니와 '국내 유일의 출판정론지'였던 〈출판저널〉은 지난 2002년 6월 이미 폐간했다. 그럼에도 그 정체성을 되살릴 의사도 능력도 없는 채로 그 제호를 고집하는 것은 변태적인 네크로필리아일 뿐이다. 이제 그만 〈출판저널〉이라는 이름을 '국내 유일의 출판정론지'로만 오롯이 기억되도록 역사의 무덤 속으로 고이 보내주고, '정보지'에 걸맞는 산뜻한 제호로 새출발하기를 진심으로 바란다. 누군가의 표현을 흉내 내자면, 잡지가 무슨 족발이나 참기름도 아닌데 새삼스레 '원조' 논쟁을 제기해야 하는 내 처지도 무척이나 괴롭고 곤혹스럽다.

〔이 글은 『만장일치는 무효다』에 실린 세 편의 글, 「모든 사라져 가는 것들을 위하여」, 「그들만의 잔치, 그 이면」, 「〈출판저널〉, 성공한 쿠데타, 혹은 냄비 여론에 관하여」의 연장선에 있다.〕

〈기획회의〉 2011.9.5.

출판산업, '주체성'이 아니라 '다양성'이 문제이다

2005

2004년은, 지난 1999년 출판업이 해외 자본에 완전 개방된 지 꼭 5년 만에 해외 자본의 본격적인 국내 출판 시장 진입이 가시화된 해로 기록될 만하다. 아직은 독자적으로 나서는 단계에까지는 이르지 않고 국내의 유력 출판사와 합작을 하는 신중한 형태를 취하고는 있지만, 시장 상황의 변화에 따라서는 전면화로 이어질 수 있다는 가능성을 부인하는 사람은 없는 듯하다.

이런 상황을 바라보는 태도는 크게 두 가지로 요약될 수 있다. 출판산업 선진화의 계기가 될 것이라는 긍정적 전망과 국내 출판 시장의 붕괴와 외국 자본에의 종속을 우려하는 부정적 전망이다. 어느 쪽이든 해외 자본의 국내 유입을 기정사실로 받아들이고 있는 것만은 분명하다.

〔해외 자본의 국내 출판산업 유입은, 2004년 당시의 기대 또는 우려가 무색하게도, 적어도 현재 시점에서는 일단 실패했다고 보아야 할 성싶다. 그와는 별개로 내가 이 글을 통해 펼쳤던 논지처럼, 국내 자본에 기반한 대형 출판사들의 시장 독점이 심화되었다.〕

낙후된 국내 출판산업의 환경에서 해외의 대규모 자본이 투자되는 것이 긍정적 일면을 가지고 있음을 부인하기는 어려울 듯하다. 우선은 한국 출판산업이 발전하는 데 최대의 걸림돌로 지목되어 왔던 유통 구조의 합리화가 상당히 진전되리라는 전망만으로도 기대를 갖기에 충분하다. 또한 투자되는 자본의 덩치가 커지는 만큼 열악한 작업 환경 속에서 신음하던 출판 콘텐츠의 생산자들에게 돌아갈 몫의 총량이 획기적으로 확대될 것이며 저작 의욕이 고취될 수 있으리라는 전망도 무리는 아니다.

출판산업의 문화산업으로서의 특성을 충분히 고려한다 하더라도, 가령 이 시대 문화산업의 총아라 할 수 있는 영화산업이 지난 10년 안팎의 기간 동안 어떤 변화의 과정을 겪어왔는지만 보아도 짐작할 수 있는 일이다. 적어도 출판이 문화산업이라는 이유로 해외 자본의 유입이 '문화 종속'으로 이어질 것이라는 식의 발상이 현실적 근거가 희박한, 막연한 정서적 거부감에 지나지 않는 것만은 분명하다. 특히나 출판 저작물의 특성상, 일반 단행본에서 번역의 손길조차 거치지 않은 외국어 저작물이 국내 시장을 공략한다는 것이 거의 불가능한 만큼 투자되는 자본의 국적을 불문하고 출판산업의 생산물은 한국어로 이루어진 문화로 고스란히 축적될 터인데, 심지어 남의 주머니를 빌어 우리 문화를 살찌우는 것이 왜 '문화 종속'인지 선뜻 납득하기 어렵다. 물론 그들이 자선사업가도 아니고 세상에 공짜는 없으니만큼, 그 대가로 상당한 경제적 반대급부가 투자 이윤의 형태로 국외 유출되는 것은 불가피하겠지만, 근본적으로 돈으로 셈할 수 없는 문화적 생산물의 축적이라는 가치를 위한 어쩔 수 없는 비용쯤으로 여긴다면 크게 문제될 것도 없다.

그렇다고 해서 마냥 환영하기만 할 일인가. 그렇지는 않다. 문제는 국내 자본으로서는 감당하기 벅찬 대규모 투자의 실현으로 양적인 면에서 확대될 것만은 분명한 출판 저작물의 문화적 가치가 과연 질적으로도 의미를 가질 것인가 하는 데 있다. 주지하다시피 어떤 문화산업에 투자되는 자본이라 해도, 자본의 유일한 목표이자 존재 근거는 이윤의 창출이다. 자본은 '돈으로 셈할 수 없는' 문화적 가치에는 기실 아무런 관심도 없다. 적어도 문화적 가치를 위해 경제적 가치의 일부를 포기하거나 유보할 수 있다면 그것은 이미 '자본'이 아니다. 자본은 오로지 이윤, 더 많은 이윤을 위해서만 움직이며, 그 결과로 나타나는 문화적 가치란 그저 부수적인 효과일 따름이다.

이는 유사 이래 최고의 절정기를 구가하고 있다는 이즈음의 한국 영화산업에서도 어렵지 않게 확인되는 바이기도 하다. 쉽게 말해 영화산업의 규모가 양적인 면에서 비약적으로 성장했으며 그 결과 제작 환경이 개선되고 다시 질 높은 콘텐츠의 생산으로 이어지고 있다는 식의 일반적 평가에서, '질 높은 콘텐츠'란 명백하게 단지 '더 많은 이윤을 가져다줄 콘텐츠'를 의미할 뿐이다. 하다못해 눈에 보이지 않는 간접적 시너지라는 형태로라도 경제적 기대 효과가 작은 콘텐츠는 결코 '질 높은 콘텐츠'의 범주에 포함되지 않는다. 요컨대 출판산업에 대한 자본의 개입은, 출판물의 가치를 평가하는 척도를 자본에 얼마나 많은 직접적·잠재적 이윤을 가져다줄 것인가로 획일화한다. 이것은 문화의 '발전'이 아니라 '황폐화'에 다름 아니다.

물론 이때 문제가 되는 것은 '자본' 그 자체이지, '해외 자본'이 아니다. 따라서 국내 출판 자본의 형성이 미약한 상황에서 해외 자본의 대규모 유입이 영세한 중소 출판사들의 몰락을 가속화시킬 것이라는 광범위한 우려는 정면에서 수정되어야 한다. 그 우려가 현실성이 없어서가 아니라(실제로 매우 현실성이 높은 관측이라는 데는 아무런 이의가 없다), 전제가 잘못되어 있기 때문이다. 다시 말해 국내 출판 자본이 튼튼한 뿌리를 가지고 있다고 해도 그 결과는 전혀 달라지지 않는다. 유감스럽게도 출판산업의 공공적 기반이 전혀 없는 한국 사회에서, 영세한 중소 출판사들이 아직 완전히 몰락하지 않고 근근이 연명해가고 있는 것은, 역설적이지만 해외 자본의 유입 소식에 새삼스러운 호들갑을 떨어댈 만큼이나 국내 자본 형성이 미약했기 때문이다! 또는, 손꼽히는 메이저들이 출판 시장에 출현하고 성장하는 데 발맞추어 영세한 중소 출판사들이 돌이킬 수 없는 몰락의 길로 빠져들었다는 엄연한 사실은 도대체 무엇을 의미하는가.

좀더 심하게 말하면 지금 이 순간에도 '해외 자본'과는 무관한 순수한 국내 자본임에 분명한 대형 출판사들의 '조직폭력배'나 다름없는 횡포에 떠밀려 최소한의 생존마저 위협받고 있는 수많은 영세 출판인들에게 '해외 자본'이란 오히려 '조폭'들을 시장에서 몰아내줄 당장 급한 구원의 손길로 여겨진다고 해서 그리 이상한 일도 아니다. 물론 새로 등장할 '조폭'이 이전의 '조폭'보다 더 가혹할 것이 뻔하다 해도, 이미 더이상 나빠질 것도 없는 벼랑 끝에 서 있는 처지이니 어느 쪽이 더 나을지를 가늠하는 것 자체가 무의미하다.

그러니 '문화 종속' 운운으로 출판문화의 '주체성' 상실을 우려하는 것은, 실은 아직은 충분히 기반을 잡을 만한 대규모 시장지배 자본으로는 성장하지 못했지만 바로 그것을 목표로 성장해왔으며, 그 과정에서 이미 출판문화의 '다양성'을 질식 상태로 몰아넣는 데 전력을 기울여온 일부 메이저급 출판사들의 야무진 꿈이 무너지고 있다는 가련한 비명 소리에 지나지 않는다. 아니 사실은, 그들이야말로 '해외 자본'을 끌어들여서라도 이윤의 추구라는 자본의 숨길 수 없는 욕망을 실현하려고 발버둥칠 장본인들일 것이다. 정작 가련한 것은, 그런 줄도 모르고 국내 자본에 깔려 죽는 게 해외 자본에 깔려 죽는 것보다 뭐가 나아도 나을 것이라는, 근거 없는 미망에 사로잡혀 있는 영세 출판인들이다. 그저 어느 쪽에 깔리든 죽는 것은 매일반이며, 죽는 것보다는 사는 게 백 번 나은 일이라는 동서고금의 상식을 하루빨리 깨달아주기만을 바랄 뿐이다.

그렇다면 십중팔구는 '해외 자본'의 유입으로 구체화되어 나타날 대규모 출판 자본의 본격적인 등장에 맞서, 문화적 다양성이라는 출판문화 본연의 가치를 공고히하고 헌법에 보장된 국민 기본권인 '출판의 자유'의 본질적 내용을 확보할 수 있는 길은 어디에 있는가.

그 유일한 길은 출판산업을 공공화하는 것뿐이다. 국내 자본이든 해외 자본이든, 경제적 이윤 추구만이 유일한 존재 근거인 '자본'의 개입을 철저하게 막아내는 길은, 자본으로부터 독립된 다양한 주체들이 나름대로의 가치 판단 속에 기획부터 제작에 이르는 출판물의 모든 생산 과정을 공공적인 방식으로 실현하고, 유통 또한 당연히 공정성과 투명성이 보장되는 공공적인 방식으로 이루어질 수 있도록 사회 전체가 힘과 지혜를 모으는 것뿐이다.

출판은 출판사가 잘 먹고 잘살자고 하는 일도 아니고 저작자가 벼락부자가 되자고 하는 일도 아니며, 그래서도 안 된다. 사회 구성원 전체의 더 나은 문화생활을 위한 기반을 만드는 일이며, 다만 그렇기 때문에라도 그 생산에 종사하는 사람에게 정당한 노력의 대가가 돌아가야 할 뿐이고 그 역시도 마땅히 사회가 지불해야 하는 것이

다. 그 비용을 자본이 자신에게 이윤을 가져다주는 데 기여한 대가
로 지불하도록 내버려두는 것은, 문화적 가치를 영원히 경제적 가
치의 노예로 묶어놓는 길일뿐이다.

───────

⟨간행물윤리⟩ 2005.1.

제8장

책 이 란 무 엇 인 가 , 무 엇 이 어 야 하 는 가

인문교양서,
아직은 희망이 있다고?

2011

지난 10년간 인문교양서 범주에 속하는 도서의 시장은 지속적으로 축소 일로를 걸어왔다. 적어도 현장에서 체감되는 분위기는 매년 심각하게 악화되어 왔다. 물론 해마다 '인문서 시장의 건재'를 유감없이 과시한 책들이 눈에 띄긴 하지만. 다른 분야와는 사뭇 다른 인문교양서의 본질을 되짚어 곱씹어보자. 과연 특정한 책의 괄목할 매출과 일부 '잘 나가는 책'들의 시장 독점의 결과로 도출된 시장의 계량적인 규모만을 근거로 인문서 시장의 건재나 심지어 확대를 이야기할 수 있을까.

　가령 2010년을 강타한 『정의란 무엇인가』에 쏟아진 숱한 상찬들을 음미해보자. '정의'의 문제가 화두로 떠오를 수밖에 없었던 정치사회적 배경을 들먹이는 낯설지 않은 분석들은 거의 무의미한 견강부회에 지나지 않는다. 이 주제를 다룬 책으로 이 책이 유일한 책도 아니고 '정의'의 문제를 다룬 수많은 책들 가운데 이 책이 가장 뛰어난 책이라고 볼 근거도 그다지 없다. 또는 설령 이 책이 다른 책들을 압도할 만큼 빼어나다면, 더더욱 이 책은 같은 주제를 다른 각도에서 다룬 책들이나 주제의 외연을 확대한 인접한 주제의 책들로 독자들의 시선을 이끌었어야 한다. 그것이야말로 적어도 인문교양서로서 '좋은 책'의 가장 중요한 조건이기 때문이다. 그러니 만일 이 책의 성공에 관한 분석이 옳다면, 이 주제를 다룬 동서고금의 수많은 저작들이 조금이라도 매출이 상승한 자취가 발견되어야 한다. 그러나 현실에서 그런 움직임은 전혀(!) 감지되지 않는다.

돌이켜보면, 시장에서 성공하는 인문교양서가 출현할 때마다 어김없이 뒤따랐던 주목들에서는 이와 유사한 혐의를 확인할 수 있다. 예컨대 흔히 고전에 대한 관심을 새삼 불러일으킨 것으로 평가되곤 하는 『열하일기, 웃음과 역설의 시공간』(그린비)의 경우, 2003년 출간 무렵 한두 해만 보면 그럴듯하게 여겨지기도 하지만, 이 책의 꾸준한 판매만큼 고전에 대한 '반짝 관심'이 지속되지는 못했다. 또는 2007년 출간된 『생각의 탄생』(에코의서재)이 이 책을 읽은 독자들로 하여금 이 책을 통해 접한 '천재들의 발상법'을 직접 확인할 수 있는 그들의 저작으로 이끌어냈는지도 의문이다.

이는 인문교양서 시장이 건재하기(또는 되살아나기)를 바라는 희망사항이 표출된 것이라면 이해하지 못할 일은 아니지만, 본의든 아니든 날로 황폐해져가는 시장의 실체를 매우 효과적으로 은폐한다는 점에서 결코 온당한 평가라고 할 수 없다. 요컨대 '여전히 잘 팔리는 책'이 엄연히 존재한다는 사실이 곧잘 '인문교양서의 위기'라는 또 다른 현실에 대한 우려를 공연한 엄살로 둔갑시키고 마는 것이다.

인문교양서의 침체는 단지 시장 규모의 축소로 환원될 수 있는 문제가 아니다. 다양성의 훼손을 통해 독서 문화의 질적 건강성이 회복 불가능할 만큼 악화되었으며, 그로 인해 다시 출판 다양성의 근간이 뿌리째 뒤흔들리는 악순환이 거듭된다는 것이 문제의 진정한 본질이다. 지난 시절 인문교양서 독서 시장의 나침반 구실을 톡톡히 해내던 〈현대사상〉(민음사), 〈사회비평〉(나남), 〈당대비평〉(삼인) 등 계간지들이 2000년대 초중반을 넘어서며 줄줄이 폐간해야 했던 역사가 던지는 시사점은 명확하다. '잡지 시장'만 사라진 것이 아니라 그 잡지들이 기반하던 '시장' 자체가 통째로 사라진 것이다.

〈한겨레21〉 2011.1.7.(별책)

20대는 책에 등을 돌렸는가

2011

책뿐 아니라 영화를 비롯한 거의 모든 문화상품의 시장에서 20대, 특히 20대 여성을 움직여야만 '대박'이 터진다는 공식은 이제 적어도 책에서는 더이상 적용되지 않는다. 불과 몇 년 전 자기계발서가 당대의 움직일 수 없는 트랜드로 시장을 주도할 무렵만 해도 '20대 파워'의 뒷받침이 분명히 감지되었었다. 『누가 내 치즈를 옮겼을까』(진명출판사)에서 『시크릿』(살림)까지 이어지는 도도한 물결은 대리번역을 둘러싼 잡음 속에서도 스테디셀러의 지위를 유지한 『마시멜로 이야기』에서 상징적으로 드러난다. 그러나 자기계발서 시장이 급격하게 위축되면서 독서 시장에서 20대들이 발휘하는 힘도 눈에 띄게 약화되었다. 썰물처럼 빠져나간 20대들은 도대체 어디로 사라진 것일까.

물론 20대는 결코 사라지지 않았다. 그저 '성공'은 고사하고 '생존'마저도 위협받는 현실 앞에서 '성공 신화'를 꼬드기는 자기계발서에서 등을 돌렸을 뿐이다. 사실 복잡한 사회경제적 배경을 고려하지 않더라도 자기계발서 시장의 몰락은 예견되던 일이었다. 인문교양서 시장의 침체는 그저 '트랜드'의 변화가 아니라 사회 전반에 걸쳐 문자를 읽고 의미를 해독해내는 능력이 저하될 수밖에 없음을 뜻하기 때문이다. 전통적인 의미의 '책'으로부터 멀어질 수밖에 없는 문화적 배경이 이미 내재되어 있었던 것이다. 『88만원 세대』(레디앙)로 대표되는 '세대론적 담론'들이, 심지어 20대 저자의 『김예슬 선언』(느린걸음)조차도, 정작 당사자인 20대들로부터는 기대만큼 호응을 얻지 못한 것도 그 때문이다. 하지만 '읽고 의미를 이해하는 것'만이 문화상품으로서 책이 가지는 효용과 가치의 전부는 아니다. 예컨대 드라마의 시청자로서든(『성균관 유생들의 나날』) 또는 스타의 팬덤으로서든(『세상에 너를 소리쳐!』), 가장 넓은 의미에서 엔터테인먼트산업의 파생상품으로서 만들어진 책들의 소비를 통해 20대는 분명히 존재를 드러내고 있다.

본질적인 의미의 독서 시장은 형편없이 축소되는데도, 출판 시장의 외연은 크게 동요하지 않는 것처럼 보이는 착시가 일어나는 것도 이 때문이다. 어설픈 세대론으로 모든 20대를 싸잡을 의도는 없지만, 대다수의 20대가 공유하는 문화적 환경이 지적 자극에 가장 예민한 시기를 온통 '점수 따는 기계'로 보낸 것으로 모자라 '스펙의 노예'가 되기를 강요당하는 정신적 감금 상태라는 것만은 분명하다. 그런 가운데에서도 책을 통해 자신과 세상을 바라보는 안목과 지혜를 얻는 것은 매우 훌륭한 일이지만, 설령 그러지 못하고 그저 공허하면서도 불안한 일상을 다독여 달래기 위한 액세서리로 책을 소비한다고 해서 누가 감히 탓할 수 있을까.

이들을 독서 시장의 독자로 다시 끌어들이는 것은 무척 어려운 일인 데다가 책을 만들고 유통시키는 출판산업의 범위를 훨씬 벗어난 일이기도 하지만, 반면에 출판 시장의 소비자로 당장 소구해내는 일은 적어도 그보다는 쉬워 보일 법하다. 그래서인지 출판 기획과 마케팅의 과정에서 오로지 소비자로서만 손쉽게 대상화되고 타자화된다. 그리고 그렇게 지적 소외는 구조화되고, 20대는 독서 시장에서 더욱더 사라져간다. 그들이 책에 등을 돌린 것이 아니라 책이, 아니 실은 책을 만들고 유통시키는 이들이 '당장 먹기에 곶감이 달다'고 20대 독자에게서 등을 돌린 것이다!

〈한겨레21〉 2011.1.7.(별책)

말하는 척 침묵하기,
침묵하는 척 웅변하기

2009

동성애라는 화두가 한국 사회의 공론장에서 의미 있게 언급되기 시작한 뒤로 벌써 강산이 한 번은 바뀌었다. 그 세월 동안, 나름대로 사회에 대한 비판의식을 가지고 있다고 자부하는 이들은, 마치 자신의 '진보적 의식'의 표지이기라도 한 양, 짐짓 심각한 표정으로 동성애에 대한 오래된 터부를 공박할 줄 알게 되었다. 또는 특별히 거창한 사회의식을 자랑하고 싶지는 않더라도, "그건 그저 개인의 취향 아닌가요?"라고 깜찍하게 대꾸할 줄 아는 '쿨한' 젊은이들도 수를 헤아릴 수 없이 많아졌다. 어쩌면 이제 그들, 적어도 다른 사람의 성 정체성이나 성적 지향을 놓고 왈가왈부하는 구태의연한 태도가 '촌스러운 짓'이라고 여기는 이들이 어쩌면 다수가 되었는지도 모른다. '다원주의' 만세!??

천만에! 착각하지 말자. 그럼에도 불구하고 동성애자의 인권 현실은 10년 전에서 한 치도 나아가지 못하고 제자리걸음중이다. 아직도 수많은 동성애자들이 '아우팅'의 공포 속에서 숨죽이고 있으며, 스무 살이 채 되지 않은 젊은이가 이 척박한 현실에 항의하며 스스로 목숨을 끊은 것이 불과 3년 전의 일이지만, 영화, 텔레비전 드라마는 물론 소비자본주의의 총아인 상업 광고에까지 당당하게 출몰하는 '동성애 코드'를 무슨 절묘한 해학의 장치쯤으로 기꺼이 수용하는 대중들은 언제 그런 일이 있었냐는 듯 무심한 표정이다.

요컨대 현실에서 '동성애자'는 대다수의 이성애자들에게 여전히 그 존재를 애써 지워야 할 만큼이나 불편한 존재이지만, '담론'으로서의 '동성애'는 이제 아무도 불편하게 하지 않는다. 편하게 웃고 떠들고 즐길 수 있는 아주 적절한 '소재'이며, 심지어 진보적 사회의식이나 쿨한 태도를 내보일 수 있는 '고급스러운' 화제일 뿐이다. 이 참혹한 이율배반을 어떻게 설명해야 하는가. 아니 이토록 믿어지지 않는 현실에 어떻게 저항해야 하는가.

이 지면이 내게 할애된 취지와는 어쩌면 정반대의 엉뚱한 이야기가 될지도 모르지만, 아니 틀림없이 그러하겠지만, 결론부터 말하자면, 나는 동성애에 '관해' 아무것도 말하기가 싫다. 아니 말하지 않겠다. 동성애자들의 실존적 현실은 요지부동인데, 담론만 끝간데 없이 '쿨'해지고 있는 이 기묘한 풍경은, 동성애에 '관해' 말하기가 빠져든 치명적인 함정이라고 판단하기 때문이다. 나는 이제 동성애에 '관해' 말하는 사람을(또는 텍스트를), 적어도 단지 그 이유만으로는, 전혀 신뢰하지 않는다.

가령, 골든글로브와 아카데미를 석권한 영화 〈브로크백 마운틴〉과 그 원작 소설이 표제작으로 수록된 애니 프루의 단편집 『브로크백 마운틴』(미디어2.0)이 동성애에 관한 텍스트인가? 또는 2003년 4월 동성애자인권연대의 사무실에서 자살한 고故 육우당의 이야기를 소설화한 이경화의 『나』(바람의아이들)가 동성애에 관한 책으로 범주화될 수 있는가? 나는 아니라고 단언한다.

『브로크백 마운틴』에 수록된 단편들은 와이오밍이라는 구체적인 공간에서 펼쳐지는 복잡한 삶의 양상들을 묘사하고 있으며, 표제작은 그 중의 한 편에 지나지 않는다. 굳이 말하자면, 어떤 '와이오밍 사람(들)'의 살아온 이야기(중 하나)에 지나지 않는다. 또는 한 청년의 치열한 성장 과정을 담아낸 『나』가 가령 『전태일 평전』과 달리 취급되어야 할 이유가 도대체 무엇인가. 자신의 신앙에서 제시되는 교리 때문에 실제로 적지 않은 내면적 갈등을 경험해야 하는 수많은 기독교인 동성애자들에게 한 줄기 빛을 던진 도미니끄 신부의 『성서 속의 동성애』(해울)는 그저 '대중적 신학서'이면 안 되는가.

한 걸음 더 나아가, 동성애자의 존재에 침묵하는, '연애'라고 하면 그저 당연히 '이성애'를 뜻하게 마련인 숱한 텍스트들은, 과연 동성애에 '관해' 말하고 있는 것이 아닌가. 그 모든 텍스트들이 실은 동성애에 관해 '완강한 침묵'으로 말하고 있다. 이성애에 '관해' 말한다는 것은 실은 동시에 동성애에 '관해' 말하고 있는 것이기도 하다. 적어도 '사람과 사람의 사랑'에 관해 말한다면서 '한 남자와 한 여자의 사랑'에 관해서만 말해버리고 마는 것은, 또는 거꾸로 고작해야 '한 남자와 한 여자의 사랑'에 관해 말해놓고서 그것을 '이성애'에 관한 이야기가 아니라 '(보편적인) 사랑 이야기'라고 받아들이는 것은, 이미 동성애에 '관해' 가장 강력한 메시지를 던지고 있는 것이다. 요컨대 동성애(또는 동성애자)를 '소재'로 삼았느냐를 가지고 동성애에 관한 내용이라거나 아니라거나를 말하는 것은 무의미하다. 그러니 '동성애를 다룬 책'이란 없다. 그것은 이성애자들이 만들어낸 허구일 뿐이다. 아니라면, 이 세상에 존재하는 거의 모든 텍스트가 '동성애를 다룬 책'이다. 물론 이성애자들의 편협하고 심지어 뻔뻔스럽도록 위선적인 관점에서!

물론 현실에서 극심한 억압과 배제, 차별 속에 고통받는 동성애자들이 존재하는 한, 더 힘 있는 목소리로 동성애자를 비롯한 모든 성 소수자들의 삶을 말해야 함을 모르는 바는 아니다. 또는 그런 노력 이면의 선의善意를 무시하는 것도 아니다. 그러나 그렇게 죽어라고 성 소수자에 '관해' 말하려 했던 노력의 결과가 무엇인가. 단 한 번도 자신의 문제라고 생각해본 적이 없기 때문에, 자신의 삶과는 아무런 상관이 없는(실은 상관이 없었으면 좋겠다는) 문제이기 때문에, 오히려 너그러워질 수 있는, 아니 실은 마음 놓고 너그러운 척할 수 있는, 이성애자들에게 일종의 '면죄부'가 되었을 뿐이다. 무릇 유사 이래로 사회적인 문제가 선의에 의해 해결되었던 적은 단 한 번도 없다!

영화 〈브로크백 마운틴〉의 인터넷 소개 페이지에 달린 네티즌 평의 한 구절, "동성애에는 여전히 반대하지만, 이 영화는 좀 다른 것 같아요."가 단적으로 웅변하듯이, 한국의 영화 관객들에게는 낯설기만 한 일종의 신화적 공간, 와이오밍이라는 이국적 배경 속에서 사랑을 나누는 주인공들은, 일상 너머에 존재하는 현실성이 거세된 인물들이기 때문에, 오히려 편안히 '감상'하고 심지어 '감동적인 사랑 이야기'라며 눈물을 흘릴 수 있었던 것은 아닌가. 아니 굳이 낭만주의의 핵심적 장치인 '이국 정서'까지 들먹일 것도 없다. 바로 함께 발 딛고 있는 현실을 이야기하고 있음에 분명한 『나』를 읽고도 그것을 자신의 현실로 받아들이지 못한 채 그저 "참 애석하고 안타까운 일이죠."라며 입빠르게 거드는 것으로 손을 털어버리고는 자신의 견고한 일상 속으로 아무렇지도 않게 돌아간다면, 엊그제 서울 한복판에서 벌어진 일도 와이오밍보다 더 멀리 떨어진 우주의 어느 다른 세상에서 일어난(일어났을 법한) '신화'에 불과하게 되는 것이다. 표면적으로는 우호적인 선의에 넘치지만, 실은 가장 악랄한 '배제'의 정치가 작동하는 순간이다. 엄연한 현실의 실존을 신화적 공간으로 승천시켜 내쫓아버리기!

조금은 다른 얘기지만(아니 실은 다른 얘기일 것도 없지만), 예컨대 『전태일 평전』을 무척 감동적으로 읽었다는 젊은이가 '박정희 시대'를 매우 긍정적으로 평가하던 기존의 태도를 전혀 수정할 생각조차 하지 않으면서도 스스로 아무런 모순을 느끼지 못하는 희한한 풍경이 빚어지는 것도 그래서이다. 자신의 현재적 삶과 아무런 상관이 없는 '역사적 사건' 또는 '허구적 재현'을 그저 감동적으로 감상하는 데서 그칠 때, '전태일'은 감동적이지만 현실의 수많은 전태일들은 여전히 '배부른 노동귀족들'이라는 욕설의 대상일 뿐이며, '육우당'은 눈물겹지만 현실의 수많은 육우당들은 여전히 '더러운 호모×들'에 지나지 않을 뿐이다.

다시 강조하지만, 동성애에 '관해' 말한다는 것은, 심지어 동성애에 '대해' 우호적인 태도를 취한다는 것은, 그 자체로는 아무런 의미가 없다. 오히려 말하면 말할수록 동성애자의 삶은 점점 더 대상화·타자화되어 파편화되고, 우호적이면 우호적일수록 현실에서 내쫓겨 비가시화非可視化된다. 그렇다면 무엇을 말해야 하는가. 또는 우리가 그것을 어떻게 '들어야' 하는가.

비장애인이 자신의 '비장애'가 누리는 특권을 스스로 성찰하지 못할 때, 모든 장애인에 '관한' 이야기들은 그저 시혜적 시선에 의해 대상화되는 '불쌍하고 안타까운' 이야기일 뿐이다. 이성애자가 자신의 '이성애'가 누리고 있는 사회적 특권을 스스로 성찰하지 못할 때도 마찬가지이다. 거꾸로 말하자면, 어떤 텍스트에서 자신이 자기도 모르는 새 무임승차하고 있는 기득권에 대해 성찰할 수 있는 실마리를 찾아내 불편해질 수 있다면, 그 모든 텍스트는 장애인은 단 한 명도 나오지 않는 소설도, 온통 이성애자들뿐인 영화도, 모두 장애에 '관한' 것이고 동성애에 '관한' 것이 된다. 다른 사람의 삶을 통해 나의 삶이 불편해질 수 있다는 것, 그것이 타자와 관계를 맺고 타자의 삶이 자신에게 비로소 의미를 가지게 되는 첫 출발점이다. 아무도 더이상 불편해하지 않는 '소수자 담론'이란 그 자체로 형용모순이다.

현실을 살아가는 한 인간의 실존은, 그 어떤 사회적으로 부여되는 정체성의 범주로도 온전히 환원되지 않는다. 비장애인의 삶이 서로 다르듯 장애인의 삶도 당연히 서로 다르며, 이성애자들의 사랑이 서로 다르듯 동성애자의 사랑도 당연히 서로 다르다. 그런 점에서 한데 뭉뚱그려 말할 수 있는 '보편적인 동성애'란 존재하지 않는다. 장애라는 범주가 비장애인들이 만들어낸 허구이듯, 동성애라는 범주도 이성애자들의 시선이 투영된 허구인 것이다.

『브로크백 마운틴』의 표제작에서 우리가 볼 수 있는 것은 '동성애'가 아니라, 다만 '어떤 동성애자들'의 삶, 그것의 지극히 작은 단면일 뿐이다. 그런 의미에서도 동성애에 '관해' 말하는 텍스트란 존재할 수 없다. 동성애라는 성적 지향을 가진 개인의 삶을 이야기할 수는 있겠지만, 그것이 이성애라는 성적 지향을 가진 개인의 삶을 이야기하는 것과 달리 특별한 주목의 대상이 되어야 할 이유는 없다. 신기하고 낯선 '대상'에 대한 천박한 호기심이 아니라면. 다른 사람의 삶이 내게 특별히 주목할 만한 것이 되는 유일한 이유란, 그의 존재가 내 삶에 특별한 의미를 던지고 있기 때문일 뿐이다. "그건 그저 개인의 취향 아닌가요?"라고 쉽게 말하지 말지니, 적어도 그것이 "그건 나와는 아무 상관없는 일이죠. 누군가 동성애자라는 것이 내 삶에서 무슨 의미인가요? 관심 없어요."라는 태도를 함축하고 있다면, 당신은 동성애에 '관해' 아무것도 말하지 않은 것이며, 나아가 동성애에 '관해' 표면적 의미와는 정반대의 의미를 가장 강력하게 웅변하고 있는 것이다.

　이 글을 쓰고 있는 등 뒤에서도, "소리가 세상을 바꾼다"는 상업 광고[레슬링 경기 장면에 '에로영화'를 연상시키는 배경음악을 입혀 동성애 장면으로 오해되도록 암시한 뒤 실황음향으로 전환하여 '반전'을 시도한 광고]가 아무렇지도 않게 흘러나온다. 동성애는 그저 개인의 취향일 뿐이라고 믿는 쿨한 분들은 "세상 많이 좋아진" 것으로 느껴질지도 모르지만, 나는 아무래도 불편하다. 동성애를 연상시키는 장면이 아무렇지도 않게 보여지는 것 자체를 불쾌하게 여기기 때문(실제로 그렇게 느끼는 '호모포비아'들도 현실에서는 득시글거리지만)은 물론 아니다. 과연 저 광고가 가령 (노골적인 성적 표현 자체가 금기시되었던 시절이었다면 혹 그럴 수도 있을지 모르지만) 이성애를 연상시키는 '흔해 빠진' 묘사였다 해도 의도한 만큼의 '반전' 효과를 거둘 수 있었으며 지금만큼 화젯거리가 될 수 있었을까. 또는 설령 그렇다 해도, 과연 그 광고가 동원한 '동성애 코드'를 아무렇지도 않게 하나의 서사적 장치로서 맘 편하게 즐겨도 될 만큼 우리 사회의 현실이 동성애자들의 삶에 충분히 개방적인가. 이 두 질문과 그에 대한 아무래도 부정적일 수밖에 없는 대답이 나를 몹시도 불편하게 한다. 그리고 나는 이 글을 읽는 독자들이, 논지에 수긍하고 고개를 끄덕이기보다는, 심기가 상당히 불편해지기를 진심으로 바란다. 자신의 삶을 돌아보는 일은 언제나 불편한 일이다.

〈기획회의〉 2009.5.5.

강준만에게는
무언가 특별한 것이 있다?

2004

출판물의 저자로서 강준만의 미덕을 한마디로 잘라 말하기는 무척 어렵다. 물론 그는 '좋은' 저자라면 반드시 갖추어야 할 조건들(만일 그런 것이 있다면)을 두루 갖추고 있다. 그러나 그 뻔한 요인들을 새삼스럽게 나열하는 것은 그를 설명하기 위해 그다지 의미 있는 일이 아니다. 강준만은 '장점'이 많은 저자이기도 하지만, 그보다는 그러한 '장점'들을 자신의 저작 속에서 효과적으로 활용할 줄 아는 저자라는 사실이 더 중요하기 때문이다.

예컨대 '지적 성실성'은 틀림없는 강준만의 미덕 가운데 하나이지만, '지적 성실성'이란 한 사회의 지식인이 가져야 할 당연한 덕목으로 그만의 특장점이라고 보기는 어려울뿐더러 실제로도 '지적 성실성'에서만큼은 강준만에 뒤지지 않을 연구자들도 얼마든지 있다. 지난 몇 년 동안 줄곧 연간 평균 10종 가량의 책을 내놓고 있는 거의 '괴력'에 가까운 '다작'이 그의 지적 성실성을 단적으로 드러내주는 간접적 증거이기는 하지만, 어차피 지적 생산물의 가치가 양으로만 평가될 수 있는 것이 아니라면 양적으로 많은 성과물을 쏟아내지 못한다고 해서 연구자의 성실성을 의심할 수 있는 것은 아니다. 또는 이슈를 포착해내는 시선에서부터 스스로 제시한 논점을 요리해나가는 문체에까지 총체적으로 작용하고 있는 '대중적 감각'을 그의 미덕으로 꼽는 데 이견을 제시할 사람은 그다지 많지 않겠지만, 상식적으로 생각해보더라도 연구실에서 자료 더미에 파묻혀 '고독한 작업'을 감내하고 있는 학자보다 이를테면 잡지 기자나 방송 진행자 등으로 현장에서 뛰고 있는 저널리스트들 쪽이 그 점에서는 훨씬 더 탁월할 것이다. 상아탑에 몸담고 있는 지식인 치고는 거의 '예외적'이라고 할 정도로 대중적인 감각의 글쓰기를 하고 있는 것은 틀림없는 사실이지만, 그가 활동하고 있는 영역의 출판 시장에서라면 그는 학자들을 상대로만 경쟁하고 있는 것이 아니라는 점도 분명하다.

두 번의 대통령 선거에서 『김대중 죽이기』(개마고원)와 『노무현과 국민 사기극』(인물과사상사)으로 대표되는 그의 책이 했던 적지 않은 역할에 빗대어 '킹메이커'라는 말이 회자되기까지 하는 데서 알 수 있듯이, 그가 출판물의 저자로서 자신의 팬덤을 형성해온 과정이 특정한 정치 세력과 떼려야 뗄 수 없는 관계를 맺고 있다는 점도 분명한 의미를 가지는 것이 사실이지만, 더욱 궁색해지기만 한다. 설령 그의 글들이 대부분 '정치평론'으로서 소비된 것이 사실이라 할지라도 그는 전문적인 '정치평론가'가 아닐뿐더러 특정 정치 세력의 이데올로그는 더더욱 아니다. 두 번의 대통령 선거로 국한시키더라도 그보다 훨씬 더 깊숙이 정치 상황에 개입한 '논객'들은 무수히 많다. 게다가 민주당의 분당 사태를 전후한 시기 이후로 그는 '정치평론'의 영역에서 한 동안 손을 뗐으며, 적어도 현재로서는 다음 대통령 선거에서도 그가 '킹메이커'의 역할을 할 수 있을 것이라고 기대하는 사람은 거의 없지만, 그의 필력은 여전히 왕성하고 그의 고정 독자층도 오히려 정치적 거품이 빠졌을 뿐 의연히 건재하다.

물론 이렇게 반문할 수도 있을 것이다. 위에서 열거한(또는 미처 열거하지 않은) 그 모든 미덕에서 강준만은 탁월하다고는 할 수 없을지 몰라도 분명히 그 자신만의 독특한 개성을 가지고 있으며, 그러한 점이야말로 그의 진정한 강점이 아닐까. 하지만 저작물의 속성 자체가 이미 '창조적 정신 활동의 결과'일진대 따지고 보면 나름대로 유니크하지 않은 저자가 어디 있으랴. 게다가 일정 규모 이상의 팬덤이 이미 형성되고 나면, 아무리 독특한 시선이라도 대중사회 속에 녹아들어 더이상 새로울 것이 없는 흔해빠진 언설의 범주로 자리를 옮기게 되며 실은 그것이야말로 저자들로 하여금 글을 써서 발표하게 하는 핵심적인 동인일 것이다. 실제로 강준만만큼 이 과정을 극명하게 보여주는 사례가 드물기도 하다. 정확히 10년 전『김대중 죽이기』로 화려하게 시선을 끌었던 강준만의 매우 '도발적'이었던 입론은 이제는 대중사회에서 움직일 수 없는 '상식'이 되어 있다. 가령 〈조선일보〉가 상당히 문제가 많은 신문이라는 주장은 불과 5~6년 전만 해도 상당히 유니크한 주장이었지만 지금 그렇게 말할 사람은 아무도 없을 것이다.

아무리 더 많은 이유를 찾아보려 해도, 강준만에게는 다른 아무도 흉내낼 수 없는 '무언가 특별한 것'이 없다. 즉 그럼에도 불구하고 그에게 어떤 장점이 있다면, 그것은 그것을 내적으로 구성하고 있는 낱낱의 요소들로 분해되어 환원될 수 없는 '한덩어리'의 무엇일 것이다. 물론 하나하나 떼어놓고 보면 별로 특별할 것이 없지만, 그다지 남다를 것 없는 미덕들을 한몸에 겸비하고 있다는 것 자체가 특별해 보일 수도 있고, 그런 저자가 드물다는 것도 어느 만큼 사실일 것이다. 하지만 그것은 어디까지나 사후적이고 메타적인 평가일 뿐이다. 도대체 아무것도 특별히 내세울 만한 미덕을 발견하기 어려운 저자에게 단지 그 남다르지 않은 미덕들을 골고루 갖추고 있다는 이유만으로 주목할 독자가 얼마나 될까. 그런 점에서 강준만을 그렇게 설명하고 마는 것은 매우 안이한 태도이다. 성공했기에 망정이지 혹시라도 실패했다면 역시 똑같은 이유가 제시되지 않겠는가. 듣기에는 그럴듯하게 들릴지 몰라도 사실상 강준만의 성공적인 저작 활동이 '요행'에 불과했다는 터무니없는 폭언이 되어버리는 것이다.

그렇다면 도대체 강준만에게는 어떤 특별한 장점이 있는 것일까. 이 대목에서 강준만의 장기 중 하나인 '발상의 전환'을 해볼 필요가 있다. 정말로 남달리 특별한 무언가를 가지고 있는 사람만이 '좋은' 저자가 될 수 있는 것일까. 저자를 발굴하려 노력하는 편집자들까지도 과연 (극단적인 비유를 들자면) 잠재적인 저자군을 일렬로 세워놓고 항목별 점수 매기기라도 해서 종합적인 평가를 통해 저자를 찾아내기라도 한다는 것일까. 정작 강준만의 특별함은 그간 출판물의 성공 요인으로 지목되어왔던 '좋은' 저자의 조건들과는 전혀 다른 지점에 있었던 것은 아닐까. 아니 실은 강준만뿐 아니라 모든 뛰어난 저자들도 마찬가지였던 것이나 아닐까. 광고의 카피 문구에나 어울릴 법한 '지적 성실함'이니 '대중적 감각'이니 핵심 주제 자체의 '화제성'이니 '유니크한 시각'이니를 들먹이며, 독자들이 저작물을 평가하는 직관적인 기준과는 그다지 직접적인 상관이 없는 엉뚱한 곳을 뒤지며 '행차 뒤의 나팔'만을 요란하게 불어댔던 것은 아닐까.

그래서 나는 오래 전 강준만이 막 문명文名을 떨치기 시작할 무렵에 그와 대화를 나눈 기록을 옮기면서 마지막에 붙였던 짧은 인상기를 다시 떠올려본다. "그는 시종 평범한 옆집 아저씨의 솔직담백한 표정을 머금고 있었다. 그 아저씨의 직업이 대학 교수라고 해서, 또는 직업상 조금은 남다른 작업을 하고 있다고 해서, 그리고 그로 인해 이름이 좀 알려졌다고 해서 달라질 것이라곤 조금도 없다는 듯. 그는 불온하지만 치열한 사명감에 불타는 투사가 아니었으며, 합리주의자이기는 해도 자기도취 속에서 허우적대는 이상주의자는 아니었다. 그가 쏟아낸 불온한 절망과 합리주의자의 희망, 그 뒤편을 끈덕지게 추궁해서 발견해낸 것이 그 어떤 거창한 명분이나 유장한 프로그램이 아닌 오로지 그의 자존自尊뿐이라는 평범한 결론이 차라리 소중한 의미로 다가온다. (중략) 아마도 그가 끝내 대답하지 못했던 '그가 꿈꾸는 세상'의 정체는 별다른 것이 아닐지도 모른다. 공정한 태도가 당연할지언정 남다르지 않고 지식인의 일관성도 직업이 요구하는 필수적 기능일 뿐 굳이 대단할 것도 없는, 그래서 그 자신이 특별히 뛰어날 것도 없는 —— 그저 제 자리에서 제 할 일에나 충실할 뿐 이름조차 미미한 —— 평범한 먹물일 수 있는 그런 세상이나 아닐는지."(「강준만, 불온한 합리주의자와의 만남」, 『상식으로 상식에 도전하기』)

그리고 그것은 어쩌면 지난 몇 년간 강준만의 저작들을 열광적으로 소비했던 독자들이 강준만을 통해서 꿈꾸던 세상과 다르지 않을 것이다. 요컨대 '특별한 무언가'가 있어서가 아니라 거꾸로 지극히 평범했기에 동시대를 살아가는 갑남을녀들과 다르지 않은 꿈을 꿀 수 있었다는 것 자체야말로 강준만의 '특별함'이었을 것이다. 혹시

이런 저자를 어떻게 찾느냐고 묻는 편집자가 있다면 나는 이렇게 반
문하겠다. "당신은 어떤 세상을 꿈꾸고 있는가?"

<기획회의> 2004.10.20.

팬덤, 혹은 소외의 그늘

'팬덤'이라는 문화 현상

이 글을 쓰기 위해 인터넷을 이리저리 뒤져보기 전까지, 나는 '팬덤'이라는 말을 그저 '팬'의 집합명사 정도의 의미로 단순하게 이해하고 있었던 것 같다. 예컨대 나는 꽤 오래전부터 가수 심수봉 씨의 팬이었으며, 영화감독 장진 씨의 팬이기도 했고, 문필가 고종석 씨의 팬이었다.(물론 지금도 여전히 그러하며 별다른 일이 생기지 않는 한 앞으로도 그러할 것이다.) 그리고 나처럼 그분들의 팬임을 자처하는 이들을 주변에서 적잖이 마주치곤 하는데, 나를 포함해 이렇게 나와 '취향'을 공유하는 이들을 총체적으로 아울러 일컬을 필요가 있을 때 사용하는 상당히 추상적인 개념쯤으로 생각했을 것이다. 그러니까 스스로를 심수봉이나 장진, 고종석의 팬이라고 명료하게 의식하는 나는 당연히 (만일 그런 것이 존재한다면) 심수봉 팬덤이나 장진 팬덤 혹은 고종석 팬덤의 (적어도 잠재적인) 일원이리라고 생각했다. 하지만 단 몇 번의 검색만으로도 내가 엄청난 착각을 하고 있음을 깨달았다.

제8장·책이란 무엇인가, 무엇이어야 하는가 335

결론부터 말하자면, 대중매체가 출현한 이래 대중 앞에 제 이름을 내거는 이들 뒤에는 많건 적건 언제나 '팬'이 생겨났지만, 그것이 곧바로 '팬덤'의 형성을 뜻하는 것은 아니었다. 가령 네이버 백과사전은 우리나라에서 본격적인 '팬덤'의 시원을, 1980년대 초 조용필의 '오빠부대'라고 단호하게 지목한다. 다시 말해 백과사전(또는 이 백과사전이 참고한 대중문화론)의 저자가 부주의하게 착각한 것이 아니라면, 1970년대 초의 남진이나 나훈아 같은 걸출한 스타들의 명성에 전설처럼 따라붙곤 하는 '극성팬'들의 일화는 어떤 이유에서든 '팬덤'이라고 보기는 어렵다는 것이다. 내게는 이런 입론이 얼마나 타당한지를 정밀하게 따져볼 만한 깜냥이 없지만 적어도 일말의 타당성을 부인하기 어렵다면, 이 지면에서 내게 설명의 과제로 주어진 '팬덤'이란 이미 (그저 스스로를 '팬'으로 의식하는 사람들을 집단적으로 아우르는 추상적 개념이 아니라) 특정한 적극적 실천 행위를 수반하는 구체적인 집단(또는 그 집단의 문화적 실천)을 가리키는 개념으로 자리 잡았음을 승인하지 않을 수 없다. 에둘러 말하자면, 나 말고도 고종석 씨의 '팬'은 꽤 많겠지만 그들이 '팬덤'을 형성하고 있는지는 또렷하지 않은 데 반해(나아가 고종석 씨의 '팬'들이 그의 개인주의적이고 반집단주의적인 사유의 결에 이끌린 것이라면 '고종석의 팬덤'이란 거의 형용모순이다!), 흔히 고종석 씨와 엇비슷하게 포개지는 '고정 팬'을 가진 것으로 여겨질 법한 강준만 씨의 경우에는 일종의 '팬덤'이라 부를 수 있을 만한 징후가 좀더 분명하게 포착된다.

좀더 직설적으로 말한다면, '팬덤'이란 단순히 '취향'을 공유하는 집단이 아니다. 적어도 '팬'이라고 말할 때의 '취향'은 반드시 그것을 내용으로 담은 문화상품을 적극적으로 '소비'할 때에만 의미를 가진다. 가령 심수봉 씨의 노래를 들을 때 정서적 포만감이 확대되긴 해도 콘서트는커녕 수많은 그의 음반 가운데 단 한 장에만 내 주머니를 열었을 뿐인 내가 그의 '팬'이라고 말하는 것은 무척 민망한 일이며, 장진 씨가 만든 영화가 나오면 단지 '장진'이라는 이름만 보고도 개봉관으로 달려가기를 주저하지 않는 나는 비로소 그의 '팬'이라고 떳떳이 말할 수 있을 것이다. 나아가 고종석 씨의 책을 거의 한 권도 빼놓지 않고 거의 다 읽어치웠으며 그의 신간을 한번 손에 들면 다음날 삼수갑산을 가는 한이 있어도 다 읽을 때까지 놓지 못하고 밤을 새고는 그것도 모자라 심지어 개인적인 안면을 핑계 삼아 안부인사를 겸한 '팬레터'라도 날려야 직성이 풀리는 나는 그의 매우 '열성적인 팬'임에 틀림없다. 그러나 이조차도 '팬덤'의 필요조건이지 충분조건은 아니다. 다시 말해 단순히 가수나 작곡가의 음반이나 콘서트, 배우나 연출자의 영화, 문필가의 책을 직접적으로 구매하는 행위만으로는 ('팬'이라고는 할 수 있겠지만) '팬덤'의 일원이라고 하기에 모자라다. 바로 그 점이 예컨대 남진이나 나훈아의 콘서트(당시에는 '리사이틀'이라 불리던)를 극성스럽게 쫓아다니던 팬클럽과 '오빠부대'의 신화를 남긴 조용필의 팬덤을 가르는(그것을 가르는 입론이 타당하다면) 기준일 것이다.

달리 설명해보자. 가령 내가 장진 감독의 팬이라는 사실을 나 아닌 다른 사람이 알게 되는 계기란, 또는 다른 누군가가 장진 감독의 팬이라는 사실을 내가 알게 되는 계기란, 작위적이든 우연히든 직설적인 언표로 매개된 직접적 대화 말고는 없다. 내가 누군가의 '팬'이라고 내 입으로 털어놓지 않는 이상 다른 사람이 그 사실을 알 방법은 없다. 하지만 누군가가 예컨대 빅뱅의 '팬덤'에 적극적으로든 소극적으로든 포섭되어 있다면, 우리는 그 사실을 그의 입을 통하지 않고도 얼마든지 알 수 있다. 요컨대 '팬덤'은 단순히 열광의 대상이 되는 문화상품을 직접적으로 구매하는 것 이상의 다양한 문화상품을 '팬덤'을 상징하는 표지로서 소비하는 문화적 실천을 통해 구현된다.

역사적으로 보더라도, '팬덤'은 대중문화산업이 철저하게 소비자본주의의 자장 안으로 포섭되어 자본이 (제 이윤을 창출하기 위해) 제공하는 문화상품을 소비하는 외에 문화 향유의 다른 수단이 박탈된 뒤에야 생겨난 현상이다. 그리고 그것은 '팬덤'으로서 문화상품을 소비하는 사람의 일상 구석구석까지를 제 영토로 확보한다. 바꿔 말하면 '팬덤'의 일원은 기꺼이 자신의 일상 구석구석을 특정한 열광의 대상을 매개로 재구성한다. 물론 이때 그 모든 것 역시 또 다른 문화상품들이다. '팬덤'이란, 거기에 참여하는 사람들의 주관 속에서 충분히 자발적일 때조차도 동시에 철저하게 적극적인 '마케팅'의 산물이다. 물론 그렇다고 '팬덤'의 모든 것이 마케팅에 의해 의도되고 계획된 것이라는 뜻은 전혀 아니지만, 때로 우연적 계기들에 의해 촉발되는 현상도 비일비재하지만, 그럼에도 불구하고 그 모든 것은 궁극적으로 자본의 마케팅에 의해 통제되거나 적어도 재규정된다.

이 점을 가장 전형적으로 보여주는 사례는, 적어도 그 잠재적 규모에서 대한민국 최대의 '팬덤'이라 할 수 있는 '붉은악마'이다. 이 '팬덤'의 직접적인 열광 대상은 '대한민국 축구 대표팀'이며 직접적으로 구매되는 문화상품이라고 해봐야 기실 축구경기의 입장권뿐이지만, 주지하다시피 이 '팬덤'이 유지되기 위해 소비되는 파생적

문화상품의 목록과 규모는 그 몇 백 배, 아니 몇 천 배는 될 것이다. 그리고 그것은 고스란히 문화적 '표지'로서 작동한다. 즉 일상의 차원에서부터 그러한 파생상품의 소비에 참여하는 사람들을 그러지 않는 사람들로부터 명료하게 구별해낸다. 2002년 월드컵 때는 축구장 관람석이나 또는 축구경기가 대형 스크린을 통해 중계되던 광장, 또는 텔레비전 수상기나 하다못해 라디오로 축구경기 실황을 전해들을 수 있는 공간 밖에서도, 그러니까 실제로 벌어지는 축구경기의 상황을 전혀 알지 못하는 사람들 틈에서도 어렵지 않게 "대~한민국!"의 환호를 들을 수 있었다. 누군가의 목격담에 의하면, 한국이 아닌 다른 나라끼리의 축구경기의 관람석에서조차 기실 그 경기와는 아무 상관도 없는 "대~한민국!"의 함성이 이어졌다고 한다. '붉은 악마'라는 '팬덤'이 단순히 축구 팬 또는 대한민국 축구 대표팀의 팬들의 집합이 아니라는 방증이다. 그들이 즐긴 것은 '축구'가 아니라 '팬덤' 그 자체였던 것은 아닐까.

집단 정체성, 내가 나를 의식하는 하나의 방식

연예인들의 '팬덤', 심지어 정치인들의 '팬덤'이라고 해도 '붉은악마'의 경우와 전혀 다르지 않을 것이다. 물론 누군가가 가령 조용필 '오빠부대'의 일원이 되는 가장 원초적인 계기는 대개 "그저 조용필의 노래가 좋아서"였을 것이다. 그러나 그를 '오빠부대'의 일원으로 계속 유지시켜주는 동력은 더이상 조용필이라는 가수 또는 그의 노래가 아니라, 다양한 방법으로 그에 대한 열광을 표현하는 일상적 문화 행위들 그 자체, 즉 '팬덤'에 있을 것이다. 그리고 바로 그런 현상을 가리켜 비로소 '팬덤'이라고 이름 붙인 것이다. 다시 말해 '오빠부대'가 소비하는 것은 더이상 조용필(의 노래)만이 아니라 실은 '오빠부대'라는 팬덤 그 자체인 것이다.

이것은 소외의 전형적인 양상이다. 우리는 그와 비슷한 양상을 모든 종류의 '중독'에서도 찾아볼 수 있다. 가령 "사람이 술을 마시기 시작하지만, 이내 술이 술을 마시고, 끝내는 술이 사람을 마신다"는 알콜중독에 관한 그럴듯한 속설을 떠올려보자. '술이 술을 마시는' 단계를 '팬덤'의 형성에 비유할 수 있음직하다. '붉은악마' 버전으로 바꿔 말하자면, '사람이 축구를 응원하다가, 응원이 응원을 응원하게 되고'만 것이다.('술이 사람을 마셔버리는' 마지막 단계까지는 차마 언급하지 않으련다. 2002년 당시 어느 인권단체가 「붉은악마를 부추기지 말라」는 논평을 냈다가 접속 폭주로 사이트가 다운되고 후원 철회가 이어지면서 어려움을 겪기도 했던 교훈을 떠올리자면.)

중요한 것은 그것이 바람직한가 그렇지 않은가 하는 윤리적(또는 정치적) 판단이 아니다. 가령 술이 사람을 마실 때까지 술을 탐닉하는 것이 옳은가라는 식의 질문은 이 글의 관심거리가 아니다. 차라리 현진건의 인상적인 단편소설 「술 권하는 사회」를 떠올려보는 것쯤에 비유해볼 수 있을까. 중요한 것은 많은 사람들이 도대체 무슨 까닭으로 기꺼이 "대~한민국!"의 환호에 동참하고, '오빠부대'의 물결에 기꺼이 휩쓸리고, 심지어 특정 대상에 열광적인 관심을 표명하는 것으로 모자라 (대개는 그의 잠재적 경쟁자로 설정된) 특정 대상에 노골적인 적의를 표현하는 데까지 나아가기도 하는가일 것이다. 물론 가장 단순한 대답은, 거기에 무슨 이유가 있겠느냐는 것일 게다. '붉은악마'라는 문화현상에 눈살을 찌푸린 이들이 가장 많이 마주쳤던 반론도 바로 이런 종류의 것이다. "그냥 축구가 좋아서 축구를 즐긴다는데, 그저 취향일 뿐 아닌가." 또는 조용필의 노래가 너무 좋아서 그걸 좀 유난스럽게 즐기겠다는데 거기에 무슨 이유가 있겠으며, 빅뱅이 무조건 좋다는데 무슨 다른 말이 필요하겠냐는 것이다. 하기는 투기 의혹을 받은 고위 공직자 후보가 "난 그저 땅을 사랑했을 뿐"이라는 말을 해명이랍시고 내놓았다는 세상이다.

오해 없었으면 한다. 나는 타인의 취향을 가지고 왈가왈부할 생각은 전혀 없다. 그래서 서두에서 어쩌면 뻔하디 뻔할 수도 있는 이야기를 장황할 정도로 길게 늘어놓은 것이다. 다시 되짚자면 '팬'과 '팬덤'은 전혀 다른 차원의 문제이다. 요컨대 나는 단순히 누가 누구(혹은 무엇)의 '팬'이라는 사실에 대해서라면 거기에 무슨 심오한 이유가 있을 것이라고 생각하지도 않고, 설령 그런 게 있다손 쳐도 어설프게 프로이트 흉내를 내며 '해부'를 시도하는 데는 별 관심이 없다. 가령 누군가가 내게 "네가 심수봉을 좋아하는 건, 아마 이러저러한 이유에서일 거야."라는 말을 술자리 안줏거리 잡담이 아니라 진지한 말투로 건네온다면, "그렇게 할 일이 없냐?"고 대꾸할지도 모른다. 아마 십중팔구 그럴 것이다. 하지만 가령 걸핏하면 폭음으로 이어지는 내 무절제한 음주습관에 관해 "요즘 그런 사람들 많은데, 꼭 네 경우를 꼬집어 말하는 건 아니지만, 도대체 왜들 그렇게 마셔대는 걸까?"라고 말문을 열면서 그 사회문화적 배경을 살피려 한다면, 귀를 열어 경청하려 할 것이다.

다시 '붉은악마'로 돌아가보자. 나는 태극기가 거리를 뒤덮고 국호가 응원구호로 연호되는 상황을 기꺼이 즐겼던 사람들이 모두 대단한 '애국자'들이라고는 생각하지 않는다. 다시 말해 그 열광의 이면에 대단히 심각한 수준의 정치적 '애국주의'가 작동한다(또는 그것을 매개로 재생산된다)고 보는 것은 무리가 있다고 생각한다. 입만 열면 '축구 타령'을 해서 나를 몹시도 불편하게 했던 내 주변의 어느 누구도 '애국적 열정'과는 거리가 한참 먼 사람들이었다. "대~한민국!"이라는 기표는 '대한민국'이라는 실재하는 국민국가와는 거의 무관하다. 굳이 그 기의를 지목하자면 차라리 "대~한민국!"이라는 기표 그 자체일 것이다. 나아가 "빨갱이가 되자(Be the red)!"라는 무시무시한(?) 구호를 가슴팍에 보란듯이 새겨넣은 티셔츠가 불티나듯 팔렸을 때, 그것은 그 문장의 의미와는 거의 아무 상관도 없는 사건이었다. 거기에 어떤 문구가 씌어 있었어도 그 셔츠를 입는 그 어느 누구도 전혀 신경 쓰지 않았을 것이다. 중요한 것은 그 티셔츠가 '붉은악마'의 상징이었다는 사실 자체이다. 이 '팬덤'을 통해 소비된 것은 축구도, 국가대표 축구팀도, 심지어 '애국적 열정'도, 또는 '붉은 색'이라는 상징조차도 아니다. 그것은 일종의 '소속감'이었고, 같은 옷을 입고 같은 구호를 외치는 것을 매개로 확인되는 '일체감'이었을 것이다. 바꿔 말하면 '팬덤'의 배후에는 소속감이나 일체감에 대한 '결핍'이 도사리고 있다.

이것은 일반화가 가능한 명제일까. 가령 조용필 콘서트에서 "오빠~!"라는 함성이 터져 나올 때, 그것이 말 그대로 '조용필 오빠'를 부르는 호칭이었을까. '오빠부대'의 주축이 대개 나이 어린 소녀들이었기에 이런 별칭이 생기기는 했겠지만, 더러는 남성도 있고 또는 따지고 보면 '누나'뻘이 되는 이들도 있었을 것이고 그들도 때로는 "오빠~"의 함성에 (조금은 장난스럽게라도) 제 목소리를 보태는 것이 적어도 일상적 상황에서 그 표현을 사용하는 것만큼 어색하지는 않았을 것이다. 이때 열광의 대상은 그저 매개물일 뿐이다. 자신의 문화적 정체성을 확인하는 집단적 제의祭儀이기 때문이다. 되풀이 강조하자면, 그가 즐기는 것은 조용필의 노래가 아니라 자신이 조용필의 '팬덤'에 속해 있다는 사실 자체이다.

비슷한 일은 종교 현상에서도 찾아볼 수 있다. 더러 진지한 신앙인들이 아주 없는 것은 아니지만, 대개 우리가 주변에서 쉽게 볼 수 있는 사람들의 종교 활동은 본원적인 의미의 '신앙'과는 별 상관이 없는 경우가 많다. 이때 종교를 매개로 한 특정한 문화적 실천들은, 그 사람이 어떤 문화적 정체성을 가진 집단에 속해 있는지를 확인시키는 것 이상의 의미를 가지지 않는다. 실은 바로 그것을 스스로에게 확인시키는 것이 그러한 활동의 가장 중요한 목적일 것이다. 특히나 한 개인의 정체성을 곧잘 그가 속한 집단으로 환원시키곤 하는 한국 사회에서라면, 이것은 한편으로 너무나 자연스러운 욕망이다. 각 종교 단체에서 주장하는 교인 수를 합산하면 전체 인구의 두 배가 넘는다는 우스개가 나돌 만큼 한국 사회에 '종교적 열정'이 넘쳐나는 것과 '팬덤' 현상의 만연은 과연 아무 상관도 없는 일일까.

소외를 넘어서

흥미로운 점 하나는, 일부 '스포츠' 영역을 제외하면 성인 남성들이 '팬덤' 현상의 주축이 되는 사례는 거의 없다는 것이다. 다양한 '팬덤'들은 주로 청소년층을 중심으로 형성되며, 여성에게서 더 쉽게 나타난다. 텔레비전에 매체 주도권을 넘겨준 라디오 매체에서도 일찍이 이와 비슷한 일이 일어났는데, 라디오의 가장 인기 있는 프로

그램들은 청취자들이 참여하는 '양방향성'에 기반하고 있다. 1970
년대부터 그렇게 청취자들의 '엽서'(요즘은 전화나 문자, 인터넷 게시판
참여)를 주요 소재로 활용하며 두터운 고정 청취층을 확보한 프로그
램들은 전통적으로 오전 10시대의 주부 대상 프로그램과 심야 시간
대의 청소년 대상 프로그램이었다. 과연 우연일까.

거꾸로 질문해보자. 과연 어떤 집단적 정체성으로도 환원되지 않
는 개인과 개인이 상호 존중 속에서 연대를 만들어갈 수 있는 사회
에서라면, '팬덤'이 쉽사리 나타날 수 있을까. '팬덤'을 자본의 마케
팅이 호출해낸 것은 분명하지만, 누구든 자신의 삶에서 스스로 주
체일 수 있는 문화적 토양에서라면 '팬덤'의 이름으로 불러낸다고
속없이 불려나갈 사람들이 과연 얼마나 될까.

불행히도 우리는 지금 그런 세상에서 살고 있지는 않은 것 같고,
앞으로도 꽤 오랫동안 그럴 것 같다. 따라서 '팬덤'의 생명력도 꾸준
할 것 같다. 출판산업도 시장 자본주의의 체제 안에서 작동하고 있
는 만큼, 이 도저한 욕망을 어떻게든 문화상품의 소비로 소구해내
며 끊임없이 영토 확장을 꾀하는 자본의 논리에서 자유로울 수는 없
을 것이다. 비유하자면 과도한 음주는 물론 건강에 해롭지만, '술 권
하는 사회'가 의연하게 버티고 있는 한, 술 소비는 결코 줄지 않을
것이며 그에 상응하여 주류 회사는 물론 동네 주점에 이르기까지 손
님을 꾀기 위한 마케팅에 열을 올릴 것이다. 하지만 두말할 나위 없
는 '중독성 유해 물질'을 더 팔기 위해 애쓴다고 또는 그런 소비에
편승한 파생상품(대리운전, 숙취해소 음료 등등)을 개발하려 머리를
쥐어짠다고 그것을 윤리적으로 비난할 수는 없는 일이다. 그러니
기왕의 팬덤을 활용하거나 나아가 새로운 팬덤을 창출해내는 데 효

344

과적인 전략을 모색하는 일도, 날로 위축되어 가는 시장에서 생존하기 위한 한국 출판의 엄연한 당면 과제 중 하나일 것이다.

하지만 술 팔아(혹은 술에 기대) 먹고사느라 '술 권하는 사회'에 눈을 감을 수는 있을지 몰라도, '팬덤' 팔아(혹은 팬덤에 기대) 먹고사는 게 어쩔 수 없는 현실이라 해서 '팬덤 권하는 사회'에까지 눈을 감아버릴 수는 없는 일이다. '팬덤'이 출판이 도외시할 수 없는 시장임에 분명하다 해도, 그와 동시에 '팬덤 권하는 사회'는 출판을 통해 넘어서야 할 현실이기도 하기 때문이다.

〈기획회의〉 2009.3.20.

책이란 무엇인가, 무엇이어야 하는가

2011

1990년대 중반 왕자웨이 감독의 〈중경삼림〉이 개봉했을 때, 어느 문화평론가가 "이제 영화는 영화가 아닌 무엇인가가 되었다"는 인상적인 분석을 내놓은 것을 들은 적이 있다. 첫 장면부터 마지막 장면까지 몰입해서 볼 필요도 없고, 심지어 특정 장면들만을 발췌해서 보거나 앞장면보다 뒷장면을 먼저 본다 해도 그 가치가 크게 훼손되지 않는, 기존에 우리가 '영화'라고 알고 있던 것과는 사뭇 다른 '새로운' 장르의 영상예술이 출현했다는 요지였던 것으로 기억한다. 다분히 과장이 섞인 1990년대식의 '호들갑스러운' 언설이기는 하지만, 이런 진단에 동의하건 동의하지 않건 "과연 영화란 무엇인가"라는 근원적인 질문에 대답하지 않을 수 없게 하는 도발적인 문제 제기였던 것만은 분명하다.

이제 와서는 기억에서마저도 아련한 해묵은 에피소드를 새삼스레 다시 떠올려낸 계기는, 몇 해 전 『마시멜로 이야기』를 둘러싸고 일어난 적잖은 파문이었다. 대다수에게 이 사건은 '대리번역'이라는 부당한 관행을 만천하에 드러낸 사건이었겠지만, 내게는 단지

346

그에 머물지 않고 "과연 책이란 무엇인가"라는 근본적인 질문을 일깨운 사건이었기 때문이다. 물론 더 거슬러 올라가자면, 가령 『체 게바라 평전』(실천문학사)의 성공에 대한 의문(출간 직후 몇 달 만에 10만 부를 돌파했고 현재까지 40만 부가 넘게 팔렸다지만, 도대체 그 많은 사람들이 이 책을 제대로 읽었다면 왜 이 나라가 이 모양 이 꼴이겠는가) 등에서 희미한 실마리들이 차곡차곡 쌓여 있던 탓이 크기는 했다. 그리고 2010년에 상반기에는 법정 스님의 입적이라는 사건이, 하반기에는 〈성균관 스캔들〉이라는 드라마의 흥행이, 베스트셀러 목록에 결정적인 영향을 미치는 것을 보면서, 이 화두를 제기하는 것이 단지 예외적인 사건을 '상징적인 징후'이기라도 한 양 짐짓 과장하는 것만은 아니라는 확신에 이르게 되었다. 누구도 "책은 정말, 이제 책이 아닌 무엇인가가 되어버린 것인가", "과연 책이란 무엇인가"라는 질문을 마냥 회피할 재간은 없어 보인다.

아니나 다를까. 2011년에도 이 화두는 끈질기게 뒤통수를 간지럽혔다. 드라마 〈시크릿 가든〉의 흥행이 흔히 '주원이의 서재'라 일컬어지는 현상을 만들어내더니, 영화 〈도가니〉가 원작 소설 『도가니』를 초대형 베스트셀러로 자리 잡게 했고, 인터넷 라디오 팟캐스트 〈나는 꼼수다〉에 대한 열광 속에 『닥치고 정치』(푸른숲)를 비롯하여 〈나꼼수〉 출연진의 책들이 줄줄이 베스트셀러 목록을 장식하고 있다. 그리고 이것이 올해에 들어 난데없이 일어난 특징적인 사건이 아니듯, 이러한 경향은 내년에도 또 그 다음해에도 적어도 당분간은 지속될 수밖에 없으며 또한 점점 더 강화되리라는 것까지도 충분히 짐작할 수도 있다.

따라서 '왜 하필 이 시점에 『도가니』가(또는 『닥치고 정치』가) 성공할 수 있었는가'라는 질문은 어리석다. 그것은 2011년에 일어난, 또는 필연적으로 2011년에 일어날 수밖에 없었던 특징적인 사건이 아니기 때문이다. 이미 최근 몇 년간에 걸쳐 뚜렷한 흐름으로 진행되어온, 적어도 지난해에 충분히 가시화된 일련의 현상이 '올해에도 어김없이' 드러난 것일 뿐이며, 또는 '올해에는 더 눈에 띄게' 강화된 것일 뿐이다.

최근 몇 년을 돌이켜보자. 책이 '이슈'를 선도한 일이 있던가. '예외적으로' 언급할 만한 경우조차 찾을 수 없다! 물론 '이슈'가 책을 만든다고 하면 당연히 억지겠지만, 적어도 '이슈'가 '책에 대한 주목'을 선도한다. 책 만드는 사람들의 공연한 허위의식이 아니라면 언제는 안 그랬던 적이 있냐는 반문이 있을지도 모르겠지만, 멀리 갈 것도 없이 가령 『가시고기』(밝은세상)가 몰고 왔던 '아버지' 열풍이나 『아침형 인간』(한스미디어)이 사회적 신드롬을 불러일으켰던 사례를 떠올려보자. 보편적이었건 예외적이었건, 분명 책에도 트랜드를 선도하는 힘이 있었다. 그리고 그 힘이 점점 약해졌다는 것을 더는 부인할 수 없지 않은가.

그래도 개운치 않다면, 차라리 질문을 이렇게 바꿔보면 어떨까. "왜 2009년에 출간된 『도가니』가 이제 와서야 새삼스럽게 주목받을 수 있었는가." 또는 좀더 심하게 몰아붙이자면, "왜 이 소설의 배경이 된 인화학교 문제는 이 소설 출간 당시에는 사회적 이슈로 떠오르지 못했는가." 이유는 단 하나밖에 없다. 이 문제를 사회적 이수로 만든 것은 유감스럽게도 『도가니』라는 소설이 아니라 그 소설을 원작으로 만들어진 같은 이름의 영화다. 이 과정에서 책이 한 일이란 영화의 소재를 제공한 것뿐이다.

여전히 '책이란 다른 모든 텍스트의 기반이 되는 본원적 텍스트'라는 교과서적인 믿음을 포기할 수 없는 이들이라면, 그것만으로도 대단한 일 아니냐고, 어떻든 소설이 없었다면 영화가 만들어질 수 있었겠느냐고 반문할 수도 있겠다. 하지만 전혀 그렇지 않다는 것을 다름 아닌 『도가니』의 사례가 극명하게 보여준다. 널리 알려진 대로, 이 소설 또는 영화는 '실화'에 기초하고 있다. 엄밀히 말해 영화의 소재는 '소설' 이전에 '실화'이며 설령 '소설'로 씌어지는 중간 과정이 생략되었다 해도 얼마든지 영화로 만들어질 수도 있었다. 그리고 그랬다 해도, 영화의 완성도만 확보되었다면 충분히 지금만큼 '이슈'가 될 수도 있었다.

그렇다면 이것은 부정적으로 삐딱하게만 볼 문제인가. 물론 그렇지는 않다. 출판이라는 편협한 시야에서 벗어나 전반적인 문화산업의 지평에서 보자면, '원 소스 멀티 유즈'의 논리가 황금률로 안착되어가는 거대한 흐름의 한 단면일 수도 있다. 요컨대 앞서 언급했던 『마시멜로 이야기』는 사실 전통적인 의미의 '책'이 아니라 일종의 '캐릭터 상품'이었다.(그래서 '짝퉁'에 지나지 않는다는 사실이 그토록 공분을 일으킨 것이다.) 그렇다 한들 '책'이 '캐릭터 상품'이어서는 안 될 까닭이라도 있는가. 다시 말해 '주원이의 서재'로 화제가 되었던 책들이 '하지원의 머리띠'와 다를 바 없이 소비되었을 뿐이라 해서, 그 자체로 도대체 무슨 문제가 있는가. 영화나 드라마를 성공시키고도 큰 재미를 못 보는 원작 소설들도 수두룩하게 널린 마당에, 그렇게 사장되는 것보다야 책도 잘 팔린다면 더 좋은 일 아닌가. 〈나꼼수〉는 폭발적인 주목을 받는데 정작 그 주역들이 써낸 책의 판매가 신통치 않다면, 오히려 그게 더 아쉬운 일 아닌가. 나아가 사회적 존경을 받는 인물이 타계하고 애도가 줄을 잇는데도 정작 그의 저작이나 평전이 별다른 주목을 끌지 못한다면, 그게 차라리 문화적으로 훨씬 더 황폐한 일이 아닌가.

이 모든 지적들은 옳다. 실은 그렇기에 새삼스럽게 고민할 수밖에 없는 것이다. 만일 '책'은 '캐릭터 상품'일 수도 없고 그래서도 안 된다고 손쉽게 치부해버릴 수 있다면, 그런 책은 '실은 책이 아니다'라고 무시해버리면 그뿐이다. 고민하고 말고 할 건덕지가 없어진다. 특히나 한국 문화산업의 역사에서 그런 사례는 헤아릴 수 없이 많다. 가령 '대중음악'을 경원하며 '클래식'만이 진짜 음악이라고 믿는 이들이 아직도 얼마나 많은가. 하지만 그런 태도가 얼마나 시대착오적이고 또한 모순적인지는 길게 설명할 필요도 없을 것이다. 그래서 피할 수 없는 질문에 마주칠 수밖에 없다. "과연 음악이란 무엇인가". 마찬가지다. 도대체 책이란 무엇인가. 우리가 지금껏 단지 관습적으로 믿어왔던 '책'의 의미와 역할과 기능과 속성이 현실적으로 유효한가. 혹은 앞으로도 유효할 것인가.

그렇지 않다면, 과연 책은 무엇이어야 하는가. 책은 도대체 무엇을 할 수 있을 것인가. 그것이야말로 40만 부가 넘게 팔렸다는 『도가니』가, 20만 부가 넘게 팔렸다는 『닥치고 정치』가, 또는 내년에도 그 다음해에도 끊임없이 쏟아져 나올 (적어도 책이 만들지는 않은 '이슈'에 힘입어 탄생할) 숱한 베스트셀러들이, 지금 우리에게 던지고 있는 화두이다.

〈기획회의〉 2011.11.5.

엔터테인먼트와 문학

2009

공자가 정리한 『시경』은 그 시대의 유행가 모음집이었다. 그리고 이를 의아해하는 제자에게 '시삼백사무사詩三百思無邪'라고 그 의미를 설명해주기도 했다. 지금은 우리가 고전으로 받아들여 글로 읽고 있는 대부분의 시가문학들 역시 당대에는 널리 애창되던 노래의 가사였다. 그러니 어쩌면 역사 속에서 면면히 흘러내려온 시가문학의 전통은 지면 위에 활자로 박힌 시집들보다는 지금의 대중들이 흔히 콧노래로 흥얼거리곤 하는 대중가요의 가사들로 이어지고 있는 것인지도 모른다.

소설로 대표되는 서사문학의 역사에서도 그 시원은 일종의 공연 대본이었다. 고대 그리스의 서사시 전통이나 셰익스피어까지 들먹일 것도 없이, 가령 『춘향전』이 있고 나서 그것이 판소리 〈춘향가〉로 변형된 것이 아니라 거꾸로 판소리 〈춘향가〉의 사설이 소설의 형태를 갖춘 『춘향전』의 뿌리였다. 공연을 필름이나 전자매체에 담을 수 있게 되면서 그 전달과 향유의 범위가 크게 넓어졌을 뿐, 서사물을 대중들 앞에 공연하는 전통은 지금도 여전히 이어지고 있으니 영화를 비롯한 다양한 형식의 영상물들이 그것이다.

게다가 꼭 글자로 기록될 수 있는 것만 문학이 되는 것은 아니다. 기록문학보다 구비문학의 전통이 더 깊고 폭이 넓기도 하거니와, 문학을 언어의 예술이라고 정의할 때 언어 기호의 본원적 형태는 글 말이 아니라 입말이라는 점도 분명하다. 특히나 소설과 같은 서사 장르에서 문학성의 본령이 다름 아닌 그 서사 구조에 있다고 할 때, 현대의 다양한 영상 서사물을 문학의 영역에서 배제하기는 더욱 곤란해진다.

그런데도 문학의 본질에서 볼 때 그 역사적 전통이 고스란히 담겨 있으며 문학의 본원적 기능을 충실히 구현하고 있는 다양한 대중문화적 창작물들을 우리가 선뜻 문학의 한 양상으로 이해하지 못하고 기껏해야 문학의 인접 분야쯤으로 여기곤 하는 것은, 최대한의 이윤 창출을 위해 끊임없이 분절화를 꾀하는 문화자본의 분업 구조 때문이기 쉽다. 대중소비사회로 특징 지어지는 현대 산업사회에서는 문화적 생산물 역시도 일차적으로는 '문화적 향유'보다는 '경제적 소비'의 대상일 수밖에 없으며, 다양한 문화적 생산 활동도 이를 대중사회 안에서 유통시킬 수 있는 자본주의적 문화산업의 틀 안으로 포섭되어 있기 때문이다.

흔히 대중들의 오락거리로 치부되곤 하는 대중문화 생산물들이 자본화된 엔터테인먼트산업과 불가분의 관계에 있다는 것은 주지의 사실이지만, 경제적 소비보다는 문화적 향유를 위한 예술성을 추구한다는 점에서 엔터테인먼트산업과 일정한 거리를 두고 있는 듯 보이는 이른바 '본격문학'이라고 해서 자본주의에 기반한 산업 구조 바깥의 별세계에서 이루어지는 활동이 아니다. 이를테면 예술성을 추구한다는 본격문학과 오락성을 추구한다는 대중문학의 경계는 다분히 자의적이며 본질적으로 무의미하다. 소설이라는 장르 자체가 이미 근대의 산물이기도 하거니와 기실 모든 소설은 대중소설이다.

예술과 오락을 굳이 구분하려는 헛된 시도는 비단 문학을 둘러싸고만 일어나는 독특한 현상이 아니다. 가령 이른바 '클래식'과 '대중음악'의 경계는 누가 정하는 것인가. 좀더 심각한 표정으로 말하자면 오락은 예술이 될 수 없는가. 엄밀한 의미에서 예술에서 느끼는 감동도 실은 즐거움의 감정이 작용한 결과이며, 그런 점에서 예술에도 틀림없이 오락적 요소가 포함되어 있다. 또한 반대로 예술성이 결여된 오락도 얼마든지 있을 수 있고 그 자체로도 충분히 의미있을 수 있지만, 그것이 예술로 승화된다고 해서 오락성이 반감한다거나 사라져버리는 것이 아니며 오히려 예술적 감동이 곁들여졌을 때 오락적 즐거움 또한 고양되는 경우가 훨씬 더 많다.

이렇듯 문학에 대한 협소한 이해가 서정성이든 서사성이든 당대의 문학적 감수성이 충실히 반영된 수많은 문학적 성과들을 도외시함으로써, 문화적 가치와 경제적 가치를 함께 담보해야 할 중요한 문화산업 가운데 하나인 엔터테인먼트산업이 오로지 이윤 확대를 위한 자본의 탐욕으로만 치닫도록 방조하는 결과를 낳기도 한다.

이것은 엔터테인먼트산업을 위해서도 결코 바람직한 일이 아니다. 흔히 말하는 서사의 위기는 전통적인 의미의 문학에 대한 영화 등 영상산업의 승리만을 의미하지 않는다. 오히려 현실은 정반대이다. 영화문법의 예술적 완성도에 대한 전문적 식견이 없는 순수한 관객의 입장에서 오락적 즐거움만을 가지고 평가하더라도, 최근 몇년 사이에 부쩍 상당히 짜임새 있게 잘 만들었다는 느낌이 들게 하는 영화의 대부분에서 원작이 일본 소설(심지어 일본 만화)이라는 씁쓸한 사실을 확인하게 되는 일이 잦아졌다. 방송 드라마 역시 허술한 서사 구조를 감추기 위한 눈속임으로 선정적인 상황을 되풀이 설정하다가 '막장 드라마'라는 유행어까지 생겨나기에 이르렀다.

이것이 과연 소설 시장의 위축, 소설 창작의 위축과 무관한 일일까. 1990년대 중반 소설 시장을 주도하던 서사적 상상력이 그로부터 몇 년 뒤 '천만 관객 시대'를 선도한 숱한 영화들의 탄탄한 서사에 고스란히 배어 있었다. 그리고 문학 쪽에서 서사의 위기가 심각하게 이야기되나 싶더니, 불과 몇 년 사이에 그 화려했던 한국 영화가 '위기'를 말하고 있다. 우연일까. 물론 영상 장르의 특성상 서사 구조 못지않게 스펙터클이 중요하기는 하지만, 화려한 눈요기를 위해 막대한 제작비를 투여한 이른바 '대작 영화'들이 줄줄이 흥행 참패를 하는 것은 스펙터클이 모자라서가 아니라 서사가 부실한 탓이다. 요컨대 문학이 없으면 엔터테인먼트도 없다.

이 점을 좀더 극명하게 보여주는 사례는 활자매체와는 특성이 달라 단선적 비교가 곤란한 영상매체가 아니라 같은 활자매체이면서도 문학으로서의 예술성보다는 엔터테인먼트로서의 오락성 쪽에 더 방점이 찍히곤 하는 이른바 장르문학들이다. 예컨대 무협지를 놓고 진지한 표정으로 문학성을 이야기하는 광경은 상상만으로도 우스꽝스럽다. 그야말로 재미있자고 읽는 책은 재미만 있으면 된다. 하지만 그 재미는 도대체 어디에서 나오는 것일까. 동어반복 같지만, 서사물의 재미는 그 서사에 있다. 무협이든 판타지든 에스에프든 장르적 분위기의 묘사가 제아무리 훌륭하다 해도 애당초 서사가 빈곤하면 재미있을 수가 없는 것이다.

문학의 시대가 엔터테인먼트의 시대로 대체되고 있는 것처럼 보이는 건 일종의 사회적 착시 현상이다. 문학의 위기는 엔터테인먼트의 위기로 귀결할 수밖에 없다. 그래서 엔터테인먼트의 시대에도 문제는 다시 문학이다. 가령 서사 문학에 국한해 말하더라도, 왜 작금의 한국 사회에서 서사적 상상력이 질식 상태인지, 소설이 안 읽히는 것이 단순히 영상매체가 주도하는 매체 환경 탓이기만 한지, 그럼에도 우리 삶에서 서사적 감수성이 여전히 필요하다면 그 의미는 어디에 있을지, 나아가 엔터테인먼트산업이 생산하는 오락물 속에서 문학은 도대체 어떤 방식으로 존재할 것인지, 진지하게 대답을 준비해야만 한다.

곳곳에서 시 낭송회가 성황리에 열리고 시집이 불티나듯 팔려나가는 것도 물론 좋은 일이지만, 시에는 까막눈이어도 유행가 가사는 줄줄이 꿰면서 곧잘 흥얼거리기도 하는 대중들이 많아진다고 해서 그보다 나쁠 것은 없다. 중요한 것은 언어 기호의 정서적 공명이다. 시를 읽지 않는 것 자체보다 더 큰 문제는 대중가요조차도 가사가 귀에 들어오지도 입에 붙지도 않는다는 것이다. 또는 좋은 소설이 많이 창작되는 것도 좋은 일이지만, 탄탄한 짜임새를 갖춘 영화나 만화, 게임 시나리오가 그보다 더 많이 창작된다고 해도 문학의 입지가 좁아지는 것은 아니다. 중요한 것은 서사적 상상력이다. 읽을 만한 소설이 드문 것 자체보다 더 큰 문제는 영화에서도 만화에서도 게임에서도 서사 구조가 약화되고 있다는 것이다.

〈소태산문학〉 2009.

함께 새벽을 열어갈 '사람'을 부르며

2012

한 해를 새로운 마음으로 희망차게 열고 싶어 하는 것은 인지상정이다. 그러하기에 새해 벽두부터 기운 빠지게 하는 현실의 단면을 시시콜콜 들춰내는 건 좀체 내키지 않는 일이다. 그렇지만, 새해가 밝았다고 해서 무엇 하나 달라질 것 없는 현실을 외면한 채 듣기에만 좋을 따름이지 실속이라곤 전혀 없는 공허한 내용을 덕담이랍시고 '스스로도 믿지 않을' 거짓 희망을 늘어놓는 것은 더더욱 내키지 않는다.

지난 10년 남짓 동안 출판 시장은 하루가 다르게 황폐해져왔고, 이제 더는 어떻게 손을 쓸 수 없는 지경에 이르렀다. 이런 상황에서 그저 "올 한 해도 잘 견뎌봅시다" 말고 그 이상의 어떤 덕담이 가능할지 가늠이 되지 않는다. 혹자는 총매출액에 근거한 시장 규모가 그런 대로 유지되거나 심지어 확대되기도 한 것을 두고, 이런 극단적인 단언이 지나치다고 여길지도 모른다. 그러나 단순히 경제적 이익만을 목적으로 하지 않는 '문화산업'에서 문제는 '양'이 아니라 '질'이다. '돈 놓고 돈 먹기'식의 난장판이 되어버린 가운데 독점이 심화되는 출판 시장에서, 헌법이 보장하는 출판의 자유는 '시장에서 우위를 차지한 일부 출판 기업의 무분별한 이윤 추구의 자유'로 전락했으며, 문화 다양성은 질식 상태로 치달아 입 발린 소리로조차 실종된 지 오래이다.

그것이 "사업 번창하시라"는 덕담을 별 뜻 없는 인사치레로조차 망설이게 되는 까닭이다. 이미 번창을 누릴 만큼 누리는 분들에게 더욱 번창하시라는 것은 독점적 지위를 더욱 견고하게 다져서 문화 다양성의 목을 조이시라는 망발이 될 터이고, 아직 그만한 힘을 가지지 못한 분들에게라면 능력껏 재주껏 분발하여 출판의 본질에서 점점 멀어지는 방향으로 일로매진하시라는 악담이 될 터이며, 그만한 번창은 언감생심이고 그저 하루하루를 버텨내는 것만으로 힘겨운 대다수에게는 매우 잔인한 조롱에 지나지 않을 터이다.

더욱 참혹한 것은 의례적인 덕담조차도 민망하게 만들어버리고 마는 현실적 조건 자체가 아니다. 이런 현실을 타개해나갈 힘과 지혜를 모아낼 뾰족한 방법이 묘연하다는 것, 적자생존의 냉혹한 질서 속에서 각개약진에 내몰리며 제 앞가림만으로도 버거운 나머지 출판 생태계의 선순환을 꾀하는 연대는 가시적인 움직임은커녕 아주 작은 싹조차 아쉽다는 것, 그리하여 조금이라도 변화의 물꼬를 틀 수 있는 단초를 마련해보자는 반가운 목소리조차 공허하고 비현실적인 구호에 머무르게 한다는 것이다. 요컨대 '죽음에 이르는 병'은 다름 아닌 '절망'이거니와, 이대로라면 출판 시장은 붕괴로 치달고 말 것이라는 극단적인 전망도 그리 무리한 추론이 아니다.

듣자하니 문화체육관광부가 2012년을 '독서의 해'로 선포했다고 한다. 안팎으로 어려운 조건 속에서 독서진흥이라는 큰 뜻을 세워

적잖은 준비를 해오신 분들에게는 대단히 죄송하지만, '책 읽는 문화'란 이벤트를 통한 독서 캠페인으로 진작될 수 있는 것이 아니라 믿는 내게는 그저 희극적으로만 여겨진다. 가령 올해는 총선과 대선과 같은 굵직한 정치 이벤트들이 즐비하게 기다리고 있고, 정치권에서도 여야를 막론하고 사활을 걸고 국민의 이목을 붙들려 안간힘을 쓸 터이다. 그리고 민주 사회에서 주권자인 국민이 정치 일정에 관심을 집중하는 것은 바람직할지언정 그릇된 일이 아니다. 또한 총선에서 대선으로 이어지는 길목에는 올림픽이라는 그야말로 국제적인 규모의 거대한 눈요깃거리가 떡하니 버티고 있다. 얼마나 많은 예산이 '독서의 해'라는 명목으로 풀려나올지는 모르겠지만, 그 존재감은 극히 미미할 것이 틀림없다. 적어도 '책 읽는 일'이 정권의 향배에 관심을 가지는 일보다 한 사람 한 사람의 삶에서 더 중요한 일로 여겨지지 않는 한, 숱한 드라마들이 속출하게 마련인 국제 체육 행사보다 재미있는 일로 다가오지 않는 한, 실속 없는 예산 낭비에 지나지 않을 것은 불을 보듯 훤한 일이고 더 심하게 말하자면 그 와중에 엉뚱한 사람들의 배나 불려주는 꼴이 되지 않는다면 천만다행이겠다.

어렵사리 준비한 뜻있는 일에 공연한 재를 뿌리자는 심술이 아니다. 지금껏 펼쳐져온 크고 작은 '독서 캠페인'들은 늘 그런 식이었다. 별다른 사회적 관심을 끌지도 못한 채 '아랫돌 빼서 윗돌 고이는' 집안 잔치에 그친 경우는 말할 것도 없거니와, 어느 정도 주목을 받아 '성공'으로 기억되는 경우조차도 정작 속내를 들여다보면 그 주목으로 인한 '쏠림'의 폐해가 적잖았으며 결과적으로 '독서진흥'을 통해 출판 생태계를 건강하게 하기는커녕 문화 다양성을 뿌리부터 뒤흔드는 황폐화에 일조해왔다. 이왕 '독서의 해'를 선포했다면, 관련 예산은 그런 구태의연한 전시성 홍보 이벤트에 낭비되어서는 안 된다. 그러나 사업계획은 이미 촘촘하게 잡혀 있을 것이고, 정부는 특히나 정권 말기에 '가시적인 결과물'로 드러날 수 없는 일에는 결코 돈을 쓰지 않을 테니, 이런 비판조차도 허망한 일이다.

날로 위축되어가는 독서 인구를 확대하기 위해서는 '책을 읽자'는 백번 지당하신 말씀을 귀에 못이 막히도록 되풀이하는 캠페인이 아니라 좀더 근본적인 차원에서의 사회 개혁이 필요하다. 누군들 '책이 마음의 양식'임을 몰라서 책을 멀리한단 말인가. 역설적이지만, '독서진흥'을 위한 예산은 문화생활을 영위할 수 있는 삶의 여유가 확보되는 복지 기반 확대나 노동시간 단축 따위를 위한 노력에 쓰여야 한다. 또한 한창 감수성이 왕성한 성장기의 청소년들이 '책 읽는 습관'을 몸에 익힐 수 있으려면, 한 발만 삐끗 잘못 내디디면 이후의 삶이 나락으로 떨어지게 만드는 비인간적이고 반문화적인 교육 풍토를 개선하려는 노력이 선행되어야 하고, 공공도서관을 중심으로 지역사회에 자발적인 독서 커뮤니티가 형성될 수 있도록 지원하고 '취업 학원'으로 전락한 대학사회에 책을 매개로 '비판적 사유'가 숨쉴 공간이 확대되는 것을 사회적으로 지지해야 한다. 이토록 기본적인 조건이 확보되지 않은 채 내세워지는 독서진흥 방안은 모두 기만이다.

그런 의미에서, 가령 베이징국제도서전 주빈국관 운영 등 올해에도 어김없이 야심차게 준비되는 출판계의 여러 행사들에 대해서도 다분히 냉소적이다. 빈사 상태에서 허덕이는 환자에게 색동옷을 아무리 곱게 입힌들 아무리 뽀얗게 분칠을 한들 건강을 회복하는 데 조금이라도 도움이 되거나 생명이 연장되는 것은 아니다. 그런 일에 할애할 시간과 노력, 비용이 있다면 차라리 위에서 열거한 독서 문화의 인프라를 확충하겠다는 정견을 가진 정치세력과 연대하여 구체적인 정책을 개발하고 그러한 정책이 관철될 수 있도록 출판계 안팎의 뜻을 모아 정치적 압력을 형성하는 데 사용하는 편이 '출판업의 대내외적 위상'을 높이는 데 훨씬 효과적일 것이다. 덧붙이자면, '책 읽는 문화'를 위한 기본적인 조건들과는 정반대 방향의 사회정책을 추진하겠다는 정견을 가진 정치세력에 아부하며 '구색맞추기'에나 동원되는 게 고작일 노력이 필요하다는 뜻은 전혀 아니니 불필요한 오해는 없었으면 한다.

독서 인구의 확대라는 과제가 '늦었다고 생각할 때가 가장 빠를 때'라는 점에서 늦어도 한참 늦었지만 이제부터라도 차근차근 시작해야 할 일이라면, 당장 시급한 당면 과제는 출판업을 '겉으로 남고 안으로 밑지는' 만성적인 적자 산업으로 자리매김하며 재생산 기반을 치명적으로 위협하고 있는 유통 문제의 해결이다. 온갖 예외로 누더기가 되고 편법의 여지로 구멍이 숭숭 뚫린 채 유명무실해져 가고 있는 도서정가제를 온전한 모습으로 다시 세우는 게 출발점이다. '완전 도서정가제' 없이는 그 어떤 장기적인 처방도 '사후 약방문'일 따름이다. 특히나 '선거의 해'이니만큼 출판업계가 열 일 제쳐놓고 사활적으로 매달려야만 하는 문제이다.

물론 이런 노력들을 한다고 해서, 2012년의 시장 상황이 획기적으로 나아지지는 않을 것이다. 출판 시장의 황폐화는 더 악화될 것이고, 독점은 더욱 심화될 것이며, 꾸준히 양서를 출간해온 출판사들이 경영난으로 문을 닫는 가슴 아픈 일도 늘어날 것이다. 오랜 숙원인 '완전 도서정가제'를 관철시키기도 쉬운 일은 아니지만, 설령 어렵사리 성공한다 해도 당장 장밋빛 미래가 펼쳐지는 것도 아니다. 하물며 사회 개혁이나 문화적 인프라 구축이 하루아침에 이루어지는 일이 아닌 다음에야 독서 인구의 급격한 위축도 그 어떤 노력에도 불구하고 적어도 당분간은 감내할 수밖에 없다.

그래서 새해 아침에 품어보는 가장 작은 소망 하나는, 10년 넘도록 한 해도 거르지 않고 품었던 식상한 내용이기는 하지만, 출판에 생계가 걸린 동료들이 무기력과 절망을 딛고 힘과 지혜를 모아낼 수 있는 조직적 매개(라도 좋고 네트워크의 마당이라도 좋다)의 아주 작은 싹이라도 틔울 수 있었으면 한다는 것이다. 밤이 깊을수록 새벽이 가깝다는 것이 자연의 이치이기는 하나, 사람살이에서라면 새벽을 여는 '사람'이 없이 새벽은 거저 오지 않음을 알기 때문이다. 그냥 넋 놓고 앉아서 속수무책으로 당하지 않으려면 해결해야 할 과제는 첩첩산중인데, 정작 주체들의 연대는 미약하니 과연 우리 문제를 누구더러 대신 해결해달라고 할 것인가. 마음이 무겁기만 하다.

〈출판문화〉 2012.1.

3천 사수대 24, 28, 34
4부 조수연합 201
『88만원 세대』 319

── ㄱ
『가시고기』 348
간행물윤리위원회 9
강무성 189
강준만 329~334, 336
고종석 335~337
공공도서관 34, 35, 52, 89~92,
　265, 359
공정거래위원회 95~97
교양 26~28, 32~34, 151, 199, 200
교정 256, 258
국공립대 통합 35
국제표준도서번호 110
김규항 70, 172, 200
『김대중 죽이기』 330
김두식 162
『김예슬 선언』 319

김종수 114~116

── ㄴ
『나』 322~324
〈나는 꼼수다〉 347
나훈아 336, 337
남진 336, 337
『노무현과 국민 사기극』 330
『누가 내 치즈를 옮겼을까』 318
〈느낌표〉 67, 145

── ㄷ
『닥치고 정치』 347, 350
〈당대비평〉 23, 24, 317
대마불사 50, 104
대한출판문화협회 114
『도가니』 43~45, 347~349
도박 54, 211
도박판 49
도서관 119, 121
도서정가제 10, 15, 49, 63, 69, 89,

95, 99

독서교육종합지원시스템 140

독서의 해 357

독서 커뮤니티 34, 35, 134, 139,
  280

동성애 321~328

되사들이기 46, 49, 117, 131, 132

디지털 교과서 291

── ㅁ

『마시멜로 이야기』 55, 56, 346, 349

『만장일치는 무료다』 7, 153

매니저 276

메이데이 185~187

문화 다양성 25, 66, 70, 78, 96,
  311, 357

『문화로 먹고살기』 6

문화향유권 25, 96

── ㅂ

백원근 7

번역문화 55

번역출판권 82~87

베스트셀러 31, 34, 43~49, 57, 58,
  71, 119, 132, 167, 347

베이징국제도서전 359

보도자료 127

북섹션 56, 124

북에디터 82, 88, 107, 130, 174,
  179, 189, 201, 204, 209, 251

붉은악마 338~342

『브로크백 마운틴』 322~324, 326

빅뱅 337, 341

── ㅅ

〈사회비평〉 23, 317

삭스커민즈 247

『삼국지』 149

상상력 354

『상업문화 예찬』 79

『생각의 탄생』 316

〈생활의 발견〉 245

섀도 라이터 190

서울출판예비학교 239

서평 6, 56, 126, 130~133, 145,
  225

〈성균관 스캔들〉 44, 45

『성균관 유생들의 나날』 44, 319

『성서 속의 동성애』 323

〈세계일보〉 113

세미나 문화 28

『세상에 너를 소리쳐』 319

소녀시대 274

「술 권하는 사회」 340

스크린쿼터 171

스타 시스템 277, 278

스포일러 148~152

『시경』 351

시장의 복수 138

〈시크릿 가든〉 347

『시크릿』 318

실질문맹률 55

심수봉 335

―― ㅇ

아마추어 158, 223

〈아웃사이더〉 23

『아침형 인간』 348

『아프니까 청춘이다』 45

앙드레 쉬프랭 77~79

애덤 스미스 109

에디터십 101, 247, 305

『열정의 편집』 77

『열하일기, 웃음과 역설의 시공간』
    316

오빠부대 336~342

왕자웨이 346

원고청탁 275

〈유주얼 서스펙트〉 148

이계진 199

이벤트 경쟁 57

이상화 264

인물과사상 23

『일리아스』 148

일정 배반의 법칙 189

―― ㅈ

잠정 287

장진 335

재테크 155

전국언론노동조합 출판협의회
    준비위 9

전자책 37, 39, 41, 42

『전태일 평전』 29, 323

절판 122

정운영 209

정은숙 247

『정의란 무엇인가』 46

정종진 114

조용필 336

주원이의 서재 44, 347, 349

〈중경삼림〉 346

지식소매상 160

지식인 사회 276

―― ㅊ

『차라리 깃발을 내려라』 300

책값 35, 38, 48, 63, 64, 79, 90, 91,

95, 96, 108, 123

『체 게바라 평전』 347

최성일 15

『춘향전』 149, 351

출판금고 114, 116

출판문화산업진흥원 9

출판협동조합 114

『헌법의 풍경』 162

〈현대사상〉 317

현진건 340

—— ㅌ

타일러 코웬 79

〈트로이〉 148~151

—— ㅍ

판매시점관리 110, 115, 263

〈패션 오브 크라이스트〉 149

팬덤 133, 280, 319, 330, 331,
      335~345

『편집자 분투기』 101, 247

『편집자란 무엇인가』 247

품질 경쟁 63, 64, 95, 129

프레시안북 6

—— ㅎ

한국어 253, 254, 308

한겨레교육문화센터 241, 246

한기호 7, 98, 124, 304

호모포비아 327

출판생태계 살리기: 자기기만과 무기력을 넘어

2012년 9월 10일 1판 1쇄 인쇄
2012년 9월 17일 1판 1쇄 발행

지은이 —— 변정수
펴낸이 —— 한기호
책임편집 —— 오효영
편 집 —— 이은진·박윤아
경영지원 —— 홍주리
펴낸곳 —— 한국출판마케팅연구소

　　　　　　출판등록 2000년 11월 6일 제10-2065호

　　　　　　주소 121-839 서울시 마포구 서교동 484-1 삼성빌딩 A동 2층

　　　　　　전화 02-336-5675 팩스 02-337-5347

　　　　　　이메일 kpm@kpm21.co.kr

　　　　　　홈페이지 www.kpm21.co.kr

인 쇄 —— 예림인쇄 전화 031-901-6495 팩스 031-901-6479
총 판 —— ㈜송인서적 전화 031-905-0900 팩스 031-905-0955

ISBN 978-89-89420-80-4 03010
값 18,000원